高等院校旅游专业系列教材

旅游商品学

（第二版）

刘敦荣　等编著

南开大学出版社
天　津

图书在版编目(CIP)数据

旅游商品学/刘敦荣等编著. -2版. -天津:南开大学出版社,2005.9(2012.9重印)
(高等院校旅游专业系列教材)
ISBN 978-7-310-01718-8

Ⅰ.旅… Ⅱ.刘… Ⅲ.旅游商品-商品学-高等学校-教材 Ⅳ.F590.8

中国版本图书馆CIP数据核字(2005)第058437号

南开大学出版社出版发行
出版人:孙克强
地址:天津市南开区卫津路94号 邮政编码:300071
营销部电话:(022)23508339 23500755
营销部传真:(022)23508542 邮购部电话:(022)23502200
*
天津市蓟县宏图印务有限公司印刷
全国各地新华书店经销
*
2005年9月第2版 2012年9月第7次印刷
880×1230毫米 32开本 9.625印张 2插页 260千字
定价:17.00元

如遇图书印装质量问题,请与本社营销部联系调换,电话:(022)23507125

本书第二版作者

刘敦荣(第一章)

刘敦荣(第二章)

刘敦荣(第三章)

刘英(第四章)

肖胜和、刘敦荣(第五章)

刘敦荣(第六章)

徐洁(第七章)

刘敦荣、王红霞(第八章)

谢国荣(第九章)

廖勤、覃江浩(第十章)

谌世龙(第十一章)

刘敦荣、高元衡(第十二章)

谢雨萍(第十三章)

罗清德(第十四章)

成伟光(第十五章)

刘敦荣(本书第二版总纂)

出版说明

随着我国改革开放和社会主义市场经济的发展，旅游业以不断增长的势头迅速发展，已经被正式列入国民经济序列。与此同时，高等院校的旅游教育与研究也在长足发展，并且为旅游业的各个部门输送了大量的专业人才。目前设置旅游专业的高等院校已达300多所。

旅游形势的发展要求旅游教育从理论上跟踪、总结旅游业的成就得失，并及时反映到教学研究中来，目前极需要有一批适应形势发展、反映旅游学最新理论与动态的教材，服务于旅游学科建设，这是我们组织编写高等院校旅游专业系列教材的宗旨。

我社的旅游教材起步早，品种多，并且以理论基础扎实、实用性强的特点，得到国内广大高校师生的认同。应许多高校旅游专业师生的要求，我社重新策划出版这套系列教材。我们以教育部指定的旅游管理专业的主干课程作为依据确定选题，以各高校旅游专业中有影响、有研究的教师、学者作为作者主体，以反映旅游学科的新观点、新材料、新成果作为教材编写内容的指导原则。新编旅游专业系列教材有如下特点：理论性较强，起点较高，既注重同国际旅游学术研究接轨，又反映我国旅游教育与研究的实际；注重实务性，可以直接服务于旅游业的不同部门；使用最新资料和例证，反映旅游业的最新动态。

这次出版的新版教材，与我们原有的30余种教材，基本上涵盖了高等院校旅游专业设置的课程，而且我们将根据旅游业、旅游教育形势的需要，不断地修订原有教材，增加新选题，使之日臻完善，更好地为广大高等院校旅游专业的师生服务。

新版旅游专业系列教材与作者分别为：

旅游学概论（第5版）　　李天元编著（南开大学）

旅游市场学（修订版）　　林南枝主编（南开大学）

旅游经济学（修订版）　　林南枝　陶汉军主编（南开大学）

旅游心理学(第2版)	刘　纯编著(上海大学)
旅游心理学(修订版)	甘朝有编著(南开大学)
旅游企业人力资源管理	赵西萍编著(西安交通大学)
饭店经营管理原理	丁　力编著(浙江大学)
餐饮经营管理(第2版)	吴克祥编著(暨南大学)
饭店前厅与客房管理	余炳炎　朱承强编著(上海旅专)
旅游资源与开发	甘枝茂　马耀峰主编(陕西师大)
旅行社经营与管理(修订版)	杜　江编著(北京第二外国语学院)
旅游法教程(修订版)	王　健编著(南开大学)
旅游饭店财务管理(修订版)	徐　虹编著(南开大学)
旅游美学(修订版)	乔修业主编(南开大学)
旅游管理信息系统	邸德海主编(西安交通大学)
新编中国旅游地理	刘振礼　王　兵编著(北京旅游学院)
旅游商品学(第2版)	刘敦荣等编著(桂林旅游高等专科学校)
国际旅游发展导论	罗明义著(云南省旅游局)
旅游景区管理学	赵黎明 黄安民 张立明著(天津大学等)
现代饭店管理学	郑向敏(华侨大学)
生态旅游	田　里　李常林(云南大学)
饭店财务会计	李亚利　郭　郢编著(青岛大学)
中国旅游客源国概况	陈家刚编著(南开大学)
导游业务	陶汉军　黄松山编著(国家旅游局)
中国历史文化	杨英杰编著(辽宁师范大学)
饭店业督导原理	刘　纯编著(上海大学)
旅游英语(高级)(第2版)	段开成编著(暨南大学)

这套教材除了适用于高等院校的旅游专业外,还可作为高职教育、自学考试的专业教材,以及旅游业高级人员的培训教材。

欢迎使用这套教材的师生与专业人员,提出宝贵意见,帮助我们改正其中的疏漏与不当之处。

南开大学出版社

2003年7月

第二版前言

现代旅游业是商品经济高度发展的结果，而我国旅游业的发展，也不过二十多年的历史。从市场生命周期的角度来看，我国旅游业只是处在投入期末或成长期开始的阶段。无论业务实践或是理论指导，都还是处在总结、发展、探索的时期，特别是旅游的一些基础理论，如旅游的概念、旅游的本质、旅游产品、旅游商品、旅游文化、旅游生态等，不但在我国，就是在国外，这些理论问题也还是处在发展、探索、建设的阶段。因此，我以旅游商品问题为切入点，编写了国内第一本《旅游商品学》。

旅游商品问题，是旅游市场商品经济理论问题，而旅游市场经济，若没有科学的旅游商品经济理论，那么旅游商品经济的实践，则是盲目的实践，没有科学理论指导的实践。现在国内外的旅游界，普遍把旅游工艺品看作旅游商品，而把旅游企业提供给旅游市场的，如有形的景区、景点、设施和无形的服务等，称之为旅游产品。看来这个结论是有待商榷的。

旅游商品的科学概念，是由它的本质属性所决定的。旅游商品之所以为旅游商品，是因为：第一，它是为了出卖，不是为了自己享用的；第二，它又不同于一般物质商品，它不出卖商品的所有权，而只出卖观赏权、体验权、使用权、享受权，所以旅游景区、景点、设施、设备及旅游服务，便成为了旅游商品，而非一般的物质商品。产品问题，按照马克思主义的观点，产品是指经过人类劳动生产、加工，具有价值和使用价值，不用于出卖的劳动物品。而现在理论界一些同仁却认为旅游景区、景点、设施设备才是旅游产品。马克思主义认为产品是不出卖的，既然这些同仁认为景区、景点是产品，而产品又是不出卖的，那么，难道就留给旅游企业的人员自己使用、自我观赏吗？显然是不可能的。可以说，世界上还没有这种不用于出卖的旅游景区、景点。

基于这些认识，我们编写了《旅游商品学》。根据需要，目前修订再版。

本书出版发行后，便受到了社会的广泛关注。全国各省市和旅游院校广泛采用本书作为旅游专业教材或培训教材，后又重印，现又修订再版。我应邀在华东师范大学给旅游研究生作了题为“旅游商品理论与实践”的讲座，报告了本书的主题思想，当场受到“新观点、新体系、新发展、新思维”的评价。我根据本书观点发表了关于旅游商品的论文多篇，有的也为一些报刊或专集转载，有的为国内有关学术组织评定特等奖、一等奖等。《中国旅游报》于 2003 年 1 月 8 日以“‘旅游商品学’填补国家空白”的标题，对本书作了专门报道。其他如《旅游时报》、《广西日报》、《桂林日报》、《桂林晚报》等，也作了专门报道，广西电视台和桂林电视台也播放了本书出版的专题电视。我想，社会各方对本书之所以关注，主要是为了探求新的旅游理论，以求促进旅游事业的健康发展。

由于参加本书撰写的作者工作分散及变动，都无暇修订，本人虽在广东、上海讲学，任务繁重，只好在百忙中对本书从头至尾作了全面的修改，因而错误难免，请读者多多指正。第八章内容的观点、结构需要变化，是我重新另外撰写的。第十二章作了内容结构的巨大调整，由我把全章原有的二节内容改写为五节内容。原拟增加娱乐旅游商品、散客自助旅游商品、专项旅游商品等章节，也只好留待以后再版时补充了。其他实证分析等案例以及少量数据变化，也未及全部调整充实，特深表遗憾。

本书的修订，诚望国内外专家、学者、同仁和读者惠于批评指导。以求共同研讨争辩，使这本初创的《旅游商品学》尽善尽美，更好地为发展和完善我国社会主义旅游市场经济服务，书不尽言，不胜感谢。

刘敦荣
2005 年 3 月 8 日

前　言

随着科技生产力的发展，市场经济的繁荣，人民日益增长的收入中可自由支配比率的不断提高，以及可自由支配的闲暇时间的增多，旅游越来越成为人们高质量生活内容的组成部分。旅游业不但是朝阳产业，是世界上最大的经济产业之一，而且将保持强劲、持久的增长势头。据预测，到 2020 年，国际旅游人数将超过 16 亿人次，旅游收入将超过 2 万亿美元。我国将成为世界旅游强国。现在，旅游业正在逐步成为我国国民经济新的经济增长点。全国已有 25 个省、区、直辖市把旅游业作为区域经济发展的支柱产业或龙头产业。

市场是商品交换的场所，市场经济是商品需求与供给运行活动的经济。事实证明，旅游业已成为市场经济十分重要的组成部分。旅游市场经济是旅游商品的需求与供给运行活动的经济。旅游商品是旅游市场早已存在的客观事实，这就亟须总结旅游商品市场经济运行的经验，亟须建立一门既能指导旅游商品在市场经济中的有效运行，又能适应培养旅游人才的教材建设需求的学科。本人长期从事旅游教学和科研，切望为此尽一份微薄之力，萌发了创建《旅游商品学》的愿望。并且得到了桂林旅游高等专科学校、凉山大学以及出版社的高度重视与大力支持。数年来，我八易其稿，终于确定了《旅游商品学》的体系结构、章节内容、论点论据，并在桂林旅游高等专科学校王枬校长主持下召开了创建《旅游商品学》学科的学术研讨会，区、市和兄弟院校的领导，有关教授、专家、学者 25 人参加了研讨，全书体系结构得到了与会者的一致肯定。

本书力求创造自己的特色，首次创建了《旅游商品学》的体系、结构，对旅游产品、旅游商品作出了系统、科学、新的阐述，对旅游商品类型及其划分，对旅游商品文化和商品文化建设，对旅游商品的市场需求等方面，都提出了新的学术观点并进行了论述。同时，为确立旅游业成为我国社会主义市场经济体系的重要组成部分，也提出了有力的佐证。

本教材的著述思路是以马克思主义关于商品和商品市场的理论为依据，以“三个代表”重要思想为指导，解放思想，大胆创新，紧密结合我国旅游市场商品经济的实践和旅游业对旅游商品科学理论的要求，为促进我国旅游教材建设和旅游商品经济的繁荣发展，努力作出我们应有的贡献。

许多教授学者先后就本书的结构体系、学术观点提出了极为宝贵的有价值的建议，从而使本书得到了补充、调整、完善和充实。他们是：桂林旅游高等专科学校校长王枬博士、教授，广西师范大学社会文化与旅游学院副院长周作明教授，桂林市旅游局局长李志刚博士，桂林旅游学会沈国华会长，桂林工学院旅游学院院长程道品教授、博士，广西旅游商品研究所所长帅立功教授，桂林旅游高等专科学校副校长李肇荣副教授、黄国良副教授，桂林旅游高等专科学校科技处副处长王熙兰编审，桂林工学院旅游学院林刚副教授，桂林旅游高等专科学校旅游经济管理系林增学主任。又，程道品教授对本书第十二章作者初稿的撰写进行了指导。周作明教授对本书书稿的八个章节进行了审阅，提出了宝贵的意见，还为本书作了许多组织工作。为此，向他们表示衷心的感谢！

本书首次出版，难度较大，加之我们学术水平有限，错误和不妥之处在所难免，我们期望得到读者指正、帮助。

刘敦荣

2001年11月18日

目　　录

第一章　绪　论

学习目的

要求掌握旅游商品学的概念、性质和结构体系，掌握旅游商品学研究的对象、内容、任务和方法，正确认识旅游商品学研究的目的、意义和作用。

主要内容

- 旅游商品学的概念、性质和结构体系
- 旅游商品学研究的对象、内容和任务

  旅游商品学研究的对象——旅游商品的使用价值

  旅游商品学研究的内容——旅游商品的质量、系统组合、整体优势

  旅游商品学研究的任务——旅游商品的特性及影响其使用价值的相关因素　旅游商品类型、商品组合、商品开发、商品市场需求、商品使用价值的实现　旅游商品项目的可持续发展　旅游商品的文化建设
- 旅游商品学研究的意义

  促进旅游商品和旅游经济的繁荣　促进国民经济的发展　促进旅游商品价值的实现　促进生态旅游资源的可持续发展

第一节 旅游商品学的概念、研究对象和性质

一、旅游商品学的概念和学科体系

（一）旅游商品学的概念

旅游商品学是研究旅游商品使用价值和影响其价值实现的相关因素以及旅游商品开发、组合和文化建设的客观规律的科学。

旅游商品使用价值的基础是旅游商品质量。因此，旅游商品学应围绕商品质量，研究与其相关联的各种影响因素，研究旅游商品开发最佳组合及其发展规律，研究旅游商品的文化建设，研究旅游商品的类型、质量评价，研究旅游商品的可持续发展等问题。

（二）旅游商品学的学科体系

旅游商品学的完整科学体系，由旅游商品学总论和旅游商品学分论构成。总论部分是指旅游商品学学科体系框架的主体部分，如旅游商品学、旅游商品学概论、旅游商品学导论等。分论部分是指旅游商品学学科体系的骨架部分，如景观旅游商品、民俗旅游商品、都市旅游商品、散客旅游商品、专项旅游商品、旅游服务商品、旅游文化商品、旅游设施商品、旅游饭店商品、旅行社商品、旅游交通商品、旅游购物、旅游商品市场营销、旅游商品管理等。

二、旅游商品学的研究对象

根据旅游商品学的概念，旅游商品学的研究对象，就是研究旅游商品使用价值和影响其使用价值实现的各种关联因素的客观规律。旅游商品的使用价值表现了旅游商品的特殊矛盾。

科学研究的对象是观察、思考、研究的客体。而“构成某一门科学的

对象”，是指“对于某一现象的领域所特有的某一种矛盾的研究”。[①] 而旅游商品学研究的客体是旅游商品，旅游商品领域所特有的某一种矛盾，是旅游商品的使用价值。通过旅游商品使用价值的研究，就可以揭示旅游商品形成、发展的客观规律，就可以分析影响旅游商品质量的各种关联因素。旅游商品的使用价值与旅游商品交换价值的关系是对立统一的关系。旅游商品的使用价值是在交换流通和消费过程中实现的，是在旅游商品组合、开发、评价，旅游商品建设和管理中实现的。因此，旅游商品的生产、交换、消费、组合、评价、建设、管理等，都是影响旅游商品使用价值和商品质量的各种关联因素。

三、旅游商品学的性质

从旅游商品学研究的内容看，旅游商品学是一门文理结合的多学科交叉的边缘性学科。从旅游商品学研究的对象，即从旅游商品的使用价值看，旅游商品学又是一门为旅游开发、经营管理服务的应用性学科。

从旅游商品学的学科性质看，旅游商品学既具有自然科学的属性，又具有社会科学的属性。自然科学的属性，表现为旅游商品学围绕商品质量研究旅游商品构成、品质特性、功能用途等；社会科学的属性，表现为旅游商品学围绕商品质量研究与其相关联的各种社会影响因素，诸如商品的社会适应性，市场需求的变化性、地方性、民族性、传统性、文化性等。

概括地说，旅游商品学的性质是一门包含自然科学和社会科学在内的多学科交叉的技术经济应用科学。既是一门文理结合的多学科交叉的边缘性科学，又是一门为旅游商品建设和经营管理服务的应用性科学。

---

① 《毛泽东选集》第1卷，人民出版社1952年版，第297页。

第二节 旅游商品学研究的内容、任务和方法

一、旅游商品学研究的内容

（一）研究旅游商品的质量

旅游商品学的研究对象是旅游商品的使用价值，而旅游商品的使用价值，在质的方面体现为旅游商品质量的优劣，因为旅游商品的使用价值，在质上表现为旅游商品的有用性。旅游商品使用价值的内涵构成，是旅游商品的质量和旅游商品的类型，而旅游商品类型的核心问题，也是质量优劣问题，所以旅游商品学的中心研究内容，就是旅游商品质量优劣的问题。

旅游商品质量，一般是指旅游者对旅游商品精神文化感受的程度和社会需求与评价的总和。旅游商品的质量，也是指旅游者和社会需求对旅游群体商品满足的总和。旅游者和社会对旅游商品的需求与满足程度，表现为旅游商品的质量等级和旅游商品的质量优劣，所以商品质量问题是商品使用价值判断的尺度。旅游商品质量及其有关问题，是旅游商品学研究的中心任务。其中包括旅游商品质量标准与质量管理，影响旅游商品质量的因素，旅游商品质量的分析和评价，旅游商品的文化品位，旅游商品的可持续发展水平。

（二）研究旅游商品的数量组合

旅游商品的使用价值在量的方面体现为旅游商品类型的比例关系。商品类型的结构体系层次水平的组合配置，应符合旅游市场需求的变化，并从本地的实际出发，呈现出自身的特色。所以旅游商品类型品种及其有关问题，是旅游商品学研究的又一个重要内容。其中包括：旅游商品分类、旅行社商品、旅游饭店商品、旅游交通商品、旅游设施商品、旅游服务商品、旅游购物商品、旅游商品类型的组合及评价、旅游商品开发、旅游商品消费需求、旅游商品文化品位、旅游商品美学、旅游商

品信息、旅游商品环境与污染、旅游商品生命周期、旅游商品可持续发展等。一个旅游地区或景区商品的开发，必须对相关旅游的数量规模和类别的最佳组合，作出最科学的规划设计。

（三）研究旅游商品类型的系统组合和整体优化

旅游商品研究对象、内容和任务，应为旅游商品开发和旅游商品项目可持续发展提供理论指导，提供决策依据，因而应研究旅游商品类型的系统组合和整体优化。

系统组合，就是把各类旅游商品按照市场需求和本地实际进行开发设计或重新调整进行最佳的组合，形成一个不可分离的系统整体。

整体优化，就是使整体的功能效益大大地大于部分商品的功能效益，从而达到最佳效益的优化目的。

系统组合是整体优化的手段，整体优化则是系统组合的目的。

（四）旅游商品的宏观研究和微观研究

旅游商品学研究旅游商品的使用价值、商品品质、商品类型与组合，它既有宏观研究的内容，又有微观研究的内容。

1. 旅游商品学的宏观研究

旅游商品学宏观研究的内容，主要是对各种旅游商品类型横向的共性问题和基础理论问题的研究。如《旅游商品学》、《旅游商品学总论》、《旅游商品学基础》、《旅游商品学导论》等科研课题的内容，都是涉及各类旅游商品共性问题的研究。又如旅游商品学的概念、研究对象和内容、研究任务和方法，旅游商品质量，旅游商品类型，旅游商品开发、组合、评价标准，旅游商品供求，旅游商品美学，旅游商品的生态环境保护，旅游商品生命周期，旅游商品可持续发展等，都是各类具体旅游商品的基础理论问题的研究。

2. 旅游商品学的微观研究

旅游商品学微观研究的内容，主要是对各种旅游商品类型纵向的个性问题的研究。如《旅行社商品学》、《饭店商品学》、《旅游交通商品学》、《旅游设施商品学》、《旅游购物》等所涉及的具体内容的研究。而各类旅游商品的具体内容，又因其个性特点的不同而有所不同。主要表现为各类商品的结构、性质、功能、特点、文化品位、服务、生产、供给、消费、质量标准、维护、检验和影响质量的因素等方面的不同。而这些问题又是分析、评价各类旅游商品的准则和依据。

二、旅游商品学研究的任务

(一)研究旅游商品的使用价值

旅游商品学研究的任务,是以其研究对象为基础确定的。旅游商品学研究对象的客体,是研究旅游商品的使用价值和影响其使用价值实现的各种关联因素的客观规律。

(二)研究旅游商品开发、商品组合

旅游商品开发,是指旅游商品供应商根据旅游资源的潜在价值和旅游市场的需求变化,而进行的旅游商品规划设计和实施的过程。旅游商品组合是指旅游供应商在旅游规划设计过程中,研究如何充分利用旅游商品,配置各种有利的因素和资源,有效预防各种不利因素的消极影响。有利的因素,如特色的旅游资源、知名的旅游形象品牌、完善的旅游设施、旅游线路和活动的最佳组织与安排、最佳的个性化服务、优美的环境、国家政策的支持等。消极影响的不利的因素,如自然景观资源缺乏特色、交通尚欠方便、旅游设施尚不完善等。对这些不利因素,则可从服务个性化、人文景观、商品文化建设、市场定位等方面策划创意,从而创造自己的特色,以避免或减少消极因素的不利影响。如深圳的“锦绣中华”、“中华民俗村”、“世界之窗”就是在缺乏自然景观旅游资源的不利情况下,进行最佳的策划创意的旅游商品组合。总之,对旅游商品开发、组合的客观规律,应予以充分认识、遵循和有效的利用。

(三)研究旅游商品需求及其发展变化

旅游商品开发和组合,必须以市场商品需求为导向,必须掌握其发展变化的脉搏,使旅游商品能充分满足旅游者的需求。这既是旅游商品学研究的任务,也是旅游商品开发的首要原则。

(四)研究旅游商品的特性及影响其使用价值的相关因素

旅游商品不等同于一般的物质商品,旅游商品有其自身的特性。旅游商品最主要的特性是只出卖观赏权、体验权、使用权,而不出卖所有权;它的生产和消费是同步进行的;是以无形的服务为主体的;是不能

贮存和转移的。一般物质商品的使用价值是先在生产领域中形成，然后通过流通领域进入消费领域才实现的，而旅游商品的使用价值的形成和实现，主要是在生产与消费的同步过程中进行的。因此，旅游商品的特性，是旅游商品学研究任务的基础。只有通过对旅游商品特性的研究，旅游商品学才具有开发旅游市场，指导旅游实践的重大价值。

市场是商品交换的场所，如果旅游市场没有旅游商品交换的存在就不成其为市场，旅游商品之所以能够通过市场交换，就在于旅游商品所具有的使用价值的特性。而旅游商品质量是实现旅游商品使用价值的基础。影响旅游商品质量，即影响使用价值的因素，有旅游景点的资源特色、旅游服务商品的质量、旅游商品文化的品位、旅游环境、旅游自然资源生态等。

（五）研究旅游商品的文化建设

旅游的本质，是旅游者精神文化需求的满足，没有文化精神需求的旅游，不是旅游。因此旅游商品学研究的重要任务，是研究各类旅游商品的文化建设问题，即研究旅游企业商品的文化建设，旅游景观商品的文化建设，旅游设施商品的文化建设，旅游服务商品的文化建设，民俗旅游商品的文化建设等。

（六）研究旅游商品项目的可持续发展

研究旅游商品项目的可持续发展，就是在旅游开发的同时，研究如何使自然环境的生态得以可持续发展，研究如何使旅游商品项目自我滚动在经济上得以可持续发展。

研究自然生态环境的可持续发展，就应研究在开发、利用旅游资源的同时，着重研究如何保护自然生态环境，研究如何把确保自然生态环境的可持续发展放在景区开发的首位。

研究旅游商品项目在经济上的可持续发展，就应研究旅游商品的开发、设计、销售，如何使旅游者的需求获得最大的满足，使旅游商品的使用价值能尽快实现，从而获得最佳的经济效益，以便在经济上能得以滚动发展。

三、旅游商品学研究的方法

旅游商品学的研究方法，也和其他学科一样，既有共同的研究方法，又有体现其学科特点的特殊的研究方法。

共同的研究方法，就是采用唯物辩证的根本方法。即旅游商品的开发、规划、设计、制定实现旅游商品使用价值的战略策略，一切都要从实际出发，以市场需求为导向，从系统整体长远的战略原则出发，辩证地去研究旅游商品学的各种问题。因此，应认真地学习马克思主义的经济理论，学习党和国家的有关方针政策，同时也要认真研究国外的有关经验和方法，取其精华，创新引用。

特殊的研究方法，就是从旅游商品使用价值这一特殊矛盾出发，根据旅游商品的特点、旅游精神文化的本质需求和市场需求的发展变化，加强旅游商品文化品位的建设，探索适应我国国情的并具有地方特色或旅游企业特色的旅游商品发展新路。

第三节 旅游商品学研究的目的和意义

一、旅游商品学研究的目的

（一）总结研究旅游商品经济的实践，促进旅游业的发展

本来旅游现象的产生，几乎与人类的劳动生产是同步的。由于开始在人类的生活中，处于极不显著和非重要的位置，自然受到历史发展的局限，因而长期以来未能将旅游作为一门独立的学科进行研究。直到近代工业革命发生以后，特别是第二次世界大战后，旅游逐渐成为人们生活中不可缺少的组成部分。旅游商品的供应商为了满足旅游市场的需求，以旅游商品为核心内容的旅游经济迅猛崛起，成为国民经济中的朝阳产业，其发展速度远远超过国民经济的其他行业，我国已把旅游业作为国民经济新的增长点。旅游不但已受到人们的重视，并对旅游现象的

各个方面进行了深入的研究，形成了各种旅游学科，如旅游经济学、旅游市场学、旅游学、旅游资源学、旅游饭店管理、餐饮管理、旅游心理学、旅游公共关系学、旅游财务管理等。但从商品的角度对旅游商品的基础理论概念的科学界定，对旅游商品的体系、功能、系统、特征、类型，旅游商品的开发和影响旅游商品质量的关联因素等问题，却一直缺乏深入的研究。尽管人们多次试图从这些问题着手，希望能对半个多世纪的旅游实践进行总结，并上升构成系统的理论，形成科学的结构体系，创建旅游商品学，以促进旅游商品经济的发展。我国几个省的旅游出版社也多次规划，计划出版第一本《旅游商品学》，但终因种种因素，如学科理论体系、结构内容均难以确立，特别是基础理论概念，如旅游商品、旅游产品的科学概念，在我国学术理论界尚无定论，以致直到今天，尚未能创立这一学科。姑且不论本书的质量如何，但对这一学科的研究和创立来说，应该说是一个有益的探索和良好的开始，也应该说是对旅游业发展要求的初步回应。因此，旅游商品学的研究目的之一，应该是总结半个多世纪旅游商品发展的实践，研究旅游商品经济如何朝着国民经济新的增长点迅速发展。

（二）发展和完善旅游学科体系的建设

随着旅游业的繁荣发展，在普通旅游学学科确立后，旅游经济学、旅游市场学、旅游资源学、旅游心理学等分科研究都相继开展并建立起了相应的分支学科，这些学科的建立和发展都为旅游经济的发展作出了积极的贡献。但现在惟一缺乏也是实践要求亟须创建的，是对旅游商品的系统研究，以及把建立旅游商品学提到议事日程。在这样的背景下，旅游商品学的研究目的，应该说是为了完善旅游学科总体体系的建设，同时也是为了建立独立完整而严密的旅游商品学体系。

（三）满足旅游专业教学的急需

从 20 世纪 70 年代起，旅游学科的教学在我国就开始了。但作为学科的建设，无论是在自然科学或是在社会科学体系中，比较起来毕竟是年轻的全新学科。因此，课程的设置、结构体系的完善，应该允许有一个发展的过程。当时的课程多是应用性的，如旅游经济学、旅游市场学、旅游饭店管理、旅行社管理、导游业务、旅游资源开发、旅游英语等。而在教学实践中,人们早就感到亟须建立一门从商品的角度去深入分析旅游的核心细胞——旅游商品,并进而探索和建立旅游商品的理论和科学结构体系的旅游商品学课程。基于多年来的这一客观需求,本书终于初步完成了奠基工作,尽管不可避免地还会出现这样那样的不足或缺陷,但随着今后教学实践的发展,必然会日趋完善。总之,通过这一课程的讲授和研究,对于满足旅游专业教学的急需,应该说是具有一定的价值的,这也是旅游商品学研究的目的。

(四)培养提高旅游从业人员的理论水平和管理技能

旅游商品学是以旅游商品为中心,研究其使用价值和影响其价值实现的相关因素,以及旅游商品开发、组合和文化建设的客观规律的科学。既从理论上对旅游商品及其相关问题进行科学阐述,也从实践应用上进行总结分析和探索。通过旅游商品学的学习和研究,会使旅游从业人员的理论水平和管理素质得到很好的提高。

二、研究旅游商品学的意义

(一)促进旅游商品和旅游经济的繁荣和发展

旅游商品学产生于旅游商品生产、交换和消费的实践,因此旅游商品交换和消费是旅游商品学发展的基础条件。旅游商品的交换,就是对旅游商品使用价值的交换,而旅游商品使用价值的交换和旅游商品的消费,又是旅游商品经济的核心内容,因此旅游经济实质上就是旅游商品经济。旅游商品经济的重要核心内容是旅游商品及其使用价值,而旅游商品学的研究对象,是研究旅游商品及其使用价值,是研究旅游商品使用价值的实现。可见,研究旅游商品学对促进和繁荣旅游经济的发展有着举足轻重的作用。

(二)促进国民经济的发展

2001 年 1 月 8 日全国旅游发展工作会议明确了在今后一个时期内我国旅游发展的总体思路:“以邓小平理论及其旅游经济思想为指导,按照‘三个代表’的要求,依托我国丰富的旅游资源,立足日益增长的海内外旅游市场需求,深化改革,扩大开放,加强领导,强化管理,加大扶持力度,把旅游业作为国民经济新的增长点进一步发展壮大。”多年来，在旅游业的实践中，我国的旅游业凭借着得天独厚的资源优势和社会经济快速发展的良好环境，取得了举世瞩目的成就，完成了从资源大国向亚洲旅游大国的跨越，确立了朝着世界旅游强国迈进的目标。据统计，我国旅游业2000年一年接待入境的游客8348.09万人次，创汇62.31亿美元，国内旅游收入3175.54亿元人民币，旅游总收入4518.95亿元人民币。旅游业已成为无可争议的国民经济新的增长点。

旅游业带着世纪写就的辉煌跨入新世纪的门槛，面对的是如何为实现十六大任务和我国现代化建设第三步战略目标作出更大贡献的新课题，以及向世界旅游强国迈进的新任务。在这种背景下，学习和研究旅游商品学，必将有利于促进旅游经济的发展。

我国经济建设的实践已经证明，旅游业已成为国民经济新的增长点，在扩大内需、拉动经济增长、提高人民生活质量方面发挥了日益重要的作用。显然，旅游商品学的研究愈益具有重要的现实意义。

（三）迎接旅游消费新时代的到来

据世界旅游理事会的预测，到2020年，全球旅游总收入占GDP的比重和旅游业提供的就业机会分别达到11.6%和2.5亿个。

据世界旅游组织（WTO）《旅游业：2020年前瞻》的展望报告，到2020年，全世界每年将有16亿人到外国旅游，每年的国际旅游花费是2万亿美元；每年将有160亿人在本国国内旅游，花费是20万亿美元。

又据统计报道，国际旅游的重心正在向亚太地区转移，在未来20年，东亚和太平洋地区是全球旅游业发展最快的地区。据世界旅游组织（WTO）预测，到2010年，全世界将有1.95亿人次到这一地区旅游，到2020年这一数字将翻一番，达到3.97亿人次。也就是说，整个东亚和太平洋地区将吸引全球四分之一的旅游者，而该地区的出境旅游到2020年将达4.05亿人次，约占全球旅游人数的26%。亚太旅游世纪正在悄然来临，WTO秘书长弗朗西斯科·曼朗吉利亚预言，2020年中国将成为世界第一旅游大国，将有1.37亿人前往参观旅游。

上述对旅游业未来的预测，是科学的可信的。因为世界科学技术的发展已进入了一个新的飞跃的时代，生产力水平的迅猛提高，社会经济的高速发展，使得人们可供自由支配的收入和可供自由支配的余暇时间增多，为旅游业的发展创造了最基本的有利条件，旅游正在逐步成为人们日常生活的重要组成部分。人们渴望通过旅游带给自己特殊的精神感受和充实的文化生活。这说明旅游的消费时代已经到来，这正是旅游发展的全球化的趋势。

旅游消费的核心是旅游商品使用价值的实现，而旅游商品的使用价值正是旅游商品学研究的对象，所以学习和研究旅游商品学对迎接旅游消费化的时代将具有重要的积极意义。

（四）促进旅游生态的可持续发展

2000 年 12 月，在由 WTO 和 UNEP（联合国环境署）以及中国国家旅游局、海南省政府联合举办的亚洲—太平洋地区岛屿可持续旅游业国际会议上通过的《海南宣言》（草案）指出："旅游业可持续发展是旅游业必须遵循的原则，通过旅游业我们可以促进互动和友谊，提高环境意识并促进世界未来的和平。"可持续发展是新世纪永恒的主题。作为可持续发展的重要组成部分——保护旅游生态，代表了未来旅游的发展趋势。联合国将 2002 年定为"国际生态旅游年"，联合国可持续发展委员会要求国际机构、各国政府和私人企业都要行动起来，支持这一活动。保护旅游生态正是旅游商品学结构体系中的重要研究内容，它将总结以往开展保护旅游生态的成功经验，并积极探索新的路子。学习和研究旅游商品学，必将有力地促进生态资源的永续利用和旅游生态的可持续发展。

思考题

1. 试阐述旅游商品学的概念。
2. 试阐述和分析旅游商品学的研究对象。
3. 试分析旅游商品学研究的内容。
4. 试阐述旅游商品学研究的任务。
5. 试简述学习和研究旅游商品学的意义。

第二章　旅游产品与旅游商品

学习目的

在准确理解马克思主义关于产品、商品科学概念的基础上，要求准确理解旅游产品和旅游商品的科学概念及其内涵，要求掌握旅游商品的特点，正确认识旅游商品的类型及其划分，正确运用旅游商品的原理于旅游业的实践。

主要内容

- 马克思主义关于产品、商品的科学概念
- 旅游产品、旅游商品的科学概念及其内涵
- 旅游商品的特点

  观赏性　文化性　艺术性　服务性　生产与消费的同步性　不能贮存性
- 旅游商品类型及其划分

  旅游有形商品　旅游无形商品　旅游核心商品　旅游商品类型划分

第一节 产品和商品

研究旅游产品、旅游商品的科学概念，应先弄清楚产品、商品的科学概念。

一、产品

（一）产品的概念

产品是经过人类劳动生产或加工，具有使用价值和价值，不用于出卖的劳动物品。如各种生活和工业物品，都是经过人类劳动生产或加工具有使用价值和价值的劳动物品，只要不用于出卖，都可称之为产品。而空气、泥土、沙石等，虽具有使用价值，但都是未经人类劳动生产或加工的物品，只能叫天然物品。因为它尚不具有价值，不能称之为产品。但这些天然物品，若经过人类劳动加工、开发、搬运、改造以后，因注入了人类劳动，只要不用于出卖，便可成为既具有使用价值又具有价值的劳动产品了。

人们常说劳动创造价值，是因为人类的劳动是有价值的。而人类在其社会的不同发展阶段对同一种类的自然物品进行加工所生产的同一品种的产品，因自然物品本身质量的差异和加工者熟练技能的高低以及使用工具的优劣等因素，致使投入的具体劳动量也产生了差异，因而其具体价值也因具体劳动的差异而有差异，这种差异是通过价值衡量得以体现的。价值是指凝结在产品中的一般的、无差别的社会必要劳动量。但不管产品具体劳动差异程度如何，都是注入了人类无差异劳动数量的，都是具有价值的。因此，凡产品都是具有双重属性，即使用价值和价值属性的劳动物品。使用价值是其自然属性，价值是其社会属性。

（二）产品的特点

1. 社会属性

即价值的属性，它体现全社会生产该商品所凝结的无差别的社会必要劳动量。所以产品是经过人类劳动或加工而生产的全社会的劳动物品。从而表现了产品对社会的依赖性、从属性和赖以存在的社会性，因此产品具有社会属性的特点。

2.自然属性

是由具有能满足生产者某种需要的使用价值的属性，即产品的有用性。生产者之所以生产该产品，就是因为它具有有用性。产品的有用性是由产品构成的成分、性质、形态所决定的。

3.只供生产者自我消费

即主要是供生产者自己消费，也可供给他人消费。

4.不出卖、不交换，不进入社会流通交换领域，不是以出卖或交换为目的而生产的物品

这是形成为产品的根本特性，也是与商品概念相区别的分界线。

这四者是互相联系不可分割的整体。

二、商品

(一)商品的概念

商品是指生产者为了交换或出卖而生产的社会劳动生产物品，是使用价值和价值二重性的统一体。使用价值是指劳动物品具有能满足人们某种需要的有用性。但有些东西虽然具有使用价值，却不是劳动生产物品，就没有价值，也不是商品，如空气、阳光。而某些有用的劳动物品，虽具有使用价值又是劳动生产物品，但如果不用于交换或出卖也不能成为商品。只有用来出卖或交换的劳动生产物品，才是商品。

劳动物品的出卖或交换是生产力发展的结果。由于社会生产的发展，出现了社会分工，商品交换才成为必要。最初生产者用自己的劳动物品去交换别人的劳动物品，进行等量劳动的交换，畜牧业从农业分离出来以后，农业产品和畜牧业产品便需要进行交换，从而出现了最初的商品。随后，社会分工越发展，商品生产和商品交换也就越发展，于是商品生产便逐步发展成为专业的商品生产，自然经济便逐步发展成为商品经济了。

商品之所以能够交换就是因为它具有价值，价值是凝结在商品中

无差别的社会必要劳动量，是决定等价交换的因素，因此价值是交换价值的基础，交换价值则是价值的表现形式。通过交换，商品的功能与消费者的需求得到了统一，即商品的使用价值得到实现，消费者的需求得到了满足，主体和客体即购买者和商品通过交换得到了统一。这种统一的过程，也是商品实现其使用价值出卖或交换的过程。

（二）商品的属性

1. 属性的概念

马克思主义哲学认为，属性是指事物本身所固有的质的规定性，即事物本身所固有的特性。这个特性是由组成该事物的成分、性能、数量、结构等因素所规定的，这个特性又是通过该事物在与其他事物之间的相互联系中表现出来的。而任何事物又具有多种属性，但总的可分为本质属性和非本质属性。本质属性，是指体现事物的基本特征，并能以此与其他事物相区别。如"思维"、"制造生产工具的能力"是人的本质属性，这是人与动物相区别的本质属性。非本质属性，则是指不能体现事物的基本特征，不能以此与其他事物相区别的属性。如"有上肢和下肢"为人的非本质属性，它不能以此与动物相区别，因为动物也有上肢和下肢。

2. 商品属性

商品属性，是指商品的质的规定性，即商品本身所固有的特性。商品的本质属性，表现为商品所具有的价值和使用价值的属性，即社会属性和自然属性。这是商品的二重性，一切商品都具有二重性。

3. 商品的自然属性

使用价值是商品的自然属性。使用价值是指商品的有用性。有用性则是指商品本身的构成，固有的性质、功能、形态等特征所形成的属性，即能够满足人们某种需要的属性。故使用价值是商品的自然属性。如食盐具有咸味，咸味便是食盐自身固有的性能，这种性能便是食盐的自然属性。商品的自然属性是由组成商品的成分、性质、形态的特征决定的。商品的交换价值也是商品重要的自然属性，商品之所以成为商品，是因为它能被用于交换和出卖，商品之所以能被交换和出卖，就是因为它具有使用价值，使用价值是消费者购买和交换的出发点。所以交换价值和使用价值一样，均具有商品的自然属性。

4. 商品的社会属性

价值是商品的社会属性。因为价值是凝结在商品中的一般的无差别的社会必要劳动量，而社会必要劳动量反映的是人与物的关系，表现的是商品对社会的从属性、依附性以及赖以存在的社会性，故价值是商品的社会属性。

（三）商品的社会性

1. 社会性的概念

社会性是指人们在其进行的一切活动中，都是在一定的社会环境中进行的，因而必然与方方面面的社会关系相联系相依附，从而会受到相应的影响和制约。这种特性就是社会性。商品都是在一定的社会环境条件下全社会共同生产的，因此商品都具有社会性。

2. 商品使用价值的社会性

凡是商品都具有使用价值，但不能反过来说，凡是有使用价值的东西都是商品。如农民用粮食向地主交纳地租，这些粮食虽有使用价值，但却不是商品，因为它不是用来交换的。又如空气虽具有最重要的呼吸使用价值，但不需要用于交换，故不是商品。所以商品不但应该具有使用价值，而且还应该具有与其他商品相交换的属性，即还要有交换价值，使用价值则是交换价值的物质承担者。因此，也就不能单纯将使用价值视为商品的自然属性，商品使用价值应该是商品的自然属性与人和社会交换需要之间的满足关系，或者说，商品的有用性是通过商品交换实现了人和社会对商品需求的满足关系。

商品的自然属性，是商品的使用价值，但不等于物的属性就是商品的使用价值。因为商品的使用价值是物的效用、功能。而物的属性指物的性质、特征，它并不一定具有有用性。因此，物的属性不等于商品的使用价值。马克思指出：商品对于商品生产者或经营者，“没有直接的使用价值，否则，就不能把它拿到市场上去，他的商品对别人有使用价值”①。这就是说，商品的使用价值，必须通过商品交换，使人和社会的

① 《马克思恩格斯全集》第23卷，人民出版社1972年版，第103页。

某种需求得到满足，才能实现。马克思又说："使用价值表示物和人之间的自然关系，实际上表示物为人而存在。"[①] 由此可见，商品使用价值既具有物质的有用性，又具有明显的社会性，它具有双重含义。

因此商品使用价值的社会性，就是指商品使用价值的实现必须受到社会市场交换过程中的各种有关社会因素的制约的影响，才能满足人和社会的有关需求。这就是商品使用价值所具有的明显的社会性。

3. 商品价值的社会性

价值是凝结在商品中的一般的、无差别的人类社会必要的劳动量，故商品的价值是由凝结在商品中的社会必要劳动量决定的。商品虽然是为了交换或出卖而生产的劳动物品，但在物的外壳掩盖下，反映了一种特定的社会生产关系，这种社会生产关系表现为社会生产力的发展水平、商品生产者的生产技能和劳动的熟练程度，以及生产该商品的社会必要劳动量等社会因素的制约和影响，这就是商品价值的社会性。故商品价值的社会性，就是指社会的相关因素对商品价值影响制约的特性。

4. 商品价值交换的社会性

价值交换是商品价值的表现形式，是一种使用价值同另一种使用价值相交换的量的关系或比例。商品是为了出卖或交换而生产的社会劳动物品，作为商品，为了交换，不仅应具有物质的有用性，而且还必须具有社会的有用性，即应具有满足社会需要的属性。否则商品交换就不能实现，商品的价值也不可能实现。这就是商品在交换过程中商品价值交换的社会性。因此，商品价值交换的社会性是指商品价值的交换，应在具有物质有用性的同时，还必须具有满足社会需求的有用性。

5. 商品生产的社会性

商品生产的社会性，指商品生产都是社会性的生产，反映了商品所处的社会经济形态的本质特性。因为任何特定社会的生产任务和要求，决定于该特定社会的经济形态。因此，商品生产的目的、方向，总是服务于特定社会经济形态所决定的社会生产任务和要求的。

① 《马克思恩格斯全集》第 19 卷，人民出版社 1963 年版，第 405 页。

同时，商品生产的目的是为了进行社会交换，商品交换的基础是满足人和社会的需要。商品交换表面上反映的是物与物的关系或人与物的关系，而实质上所反映的是人与人之间的关系，是商品生产者、商品经营者和商品消费者之间即人与人之间的利益关系。这种人与人之间的利益关系，在商品交换与满足人和社会需要的过程中，以价值的特性表现出来。这就说明商品生产是依存于是否能满足人和社会需要的这一社会性目的的，因此商品生产具有鲜明的社会性。

（四）商品的特点

1.商品是具有使用价值和价值的有形的社会劳动物品或无形的服务。

2.商品生产的目的，不是供生产者自己消费，而是为了出卖或交换，供他人和社会消费的劳动物品。马克思指出："一个物可以有用，而且是人类劳动产品，但不是商品。谁用自己的产品来满足自己的需要，他生产的就只是使用价值而不是商品。要生产商品，他不仅要生产使用价值，而且要为别人生产使用价值，即生产社会的使用价值。"①

3.商品只有通过交换，其价值才能得以实现。商品能否卖出去，是其价值能否实现的表现。

4.商品是人类和社会需要的物化体现，人类生产的各种商品，已成为丰富多彩的商品世界。

在人类、社会不断增长的物质和精神需求的动因下，人类生产了种类繁多、形形色色的商品。既包括了物质商品，如生产资料商品和生活资料商品，也包括了无形的知识商品，如技术商品、文化艺术商品、信息商品、服务商品、咨询商品等。人类社会已形成为极其丰富、无奇不有的商品世界。

（五）商品的形态

根据商品概念及其特点的论述，可将商品的形态归纳为核心商品、有形商品和无形商品。

1.核心商品

---

① 《马克思恩格斯全集》第23卷，人民出版社1972年版，第54页。

核心商品,是指消费者借商品的机体,以实现和满足他所要追求的目的而购买的商品。如人们购买照相机,并非需要它的机体本身,而是要凭借机体,实现满足拍摄场景画面的目的。又如人们购买进入公园的门票,并非要购买公园本身,而是要凭借在公园内漫步游览,以满足其对公园景观的观赏与感受的目的。商品的这种有用性或功能的大小,是构成核心商品的特征。任何商品,如果不具备消费者所能实现和满足其追求目的的功能,消费者就不会购买。

核心商品可以独立地存在于商品的机体之内,如照相机内的功能等,也可能存在于有形商品或无形商品之中,并成为它的最基本最主要的核心组成部分,如旅游的游览观赏、旅游服务等。这种核心商品往往还要通过消费者使用和亲身的体验与感受才能获得。

2.有形商品

有形商品,是指那种参加交换具有物质形态的劳动商品,或者说是为了参加市场交换而生产的凝结着社会必要劳动量的物质形态的商品。所以有形商品也就是物质商品的实体。商品实体是由商品的成分、结构、外观、质量、品种、商标、包装等多种因素构成的有机整体,这是一般物质商品市场的主体商品。

3.无形商品

无形商品,是指那种为了商品交换而生产但又不具有物质外壳实体形态的劳务商品,也是凝结着人类社会必要劳动量,为参加市场交换而生产的非物质形态的商品。所以,无形商品也就是非物质形态的商品。无形商品通常由服务、信誉、感受、观赏、知识、服务者文化素质、咨询等要素组成。无形商品在一般普通物质商品市场中,不是市场交换的主体商品,而是购买者所获得的附加商品——附加利益和服务。如售后服务、质量保证、信息、安装调试、广告宣传、免费送货、奖励、奖券、咨询等等。但无形商品在旅游市场、信息市场、教育培训市场等非物质交换的商品市场中,却成为市场交换的主体商品,相反,某些有形的物质商品的购买便成为非主体商品了。如旅游者在旅游市场所要购买的是无形的观赏、感受和服务,至于购买有形的物质商品与否却不是他的主体需求,如对工艺品,是可买可不买的。

根据上述商品的形态，可列表如下：

表 2-1　商品形态

形态	核心商品	有形商品	无形商品
内容	商品功能	质量	服务、感受、观赏、知识、教育
		品种	信息、信誉、咨询
		外观	质量保证
		标志	安装调试
	购买者的追求	包装	广告宣传
		商标	免费送货、售后服务
		成分	奖励、奖券
		结构	
备注		在普通物质商品交换市场中为主体商品	在非物质商品交换市场中为主体商品

第二节　旅游产品和旅游商品

一、什么是旅游

(一)旅游的概念

研究旅游产品和旅游商品，首先应研究什么是旅游?旅游概念在国内外共有数十种之多，但许多均未表述出其根本属性和本质之所在。旅游，是指旅游者为了求得精神文化需求的满足，所进行的具有劳作与休闲二重性质的非迁居性的旅行游览活动。这是人们的一种特殊的精神文化生活方式。偏重于劳作性的旅游叫做价值创造性旅游，如会议旅游、商务旅游等；偏重于休闲性的旅游叫做价值欣赏性旅游，如观光旅游、民俗旅游等。

(二)旅游的含义

1.旅游具有劳作与休闲的二重性质

劳作，是指人们的劳务工作行为。休闲，是指人们的消遣、娱乐、精神文化享受性的行为。旅游对二者兼而有之。但古代旅行是以劳作为主体目标的，在劳作工作之余，引发游览审美的闲情逸致和对大自然景色的留恋与欣赏，所以享受性、娱乐性仅处于附属的地位。如人们在生产、赴任、出征、经商等活动中，有时也引发娱乐休闲的需求。而现代旅游则是以休闲、娱乐、享受为旅游的主体目标，劳作则处于附属的地位。如有的旅游者在其旅游活动中，有时也附带产生一些商业、劳务的或其他方面的需求。因此，无论古代旅游或是现代旅游，劳作与休闲兼而有之。

2.旅游劳作与休闲双重性质的比重在不断变化

人类的旅游活动，越是远古，劳作的比重越大，休闲的比重越小，主要是属于价值创造性的旅行；而越是现代，休闲的比重越大，劳作的比重越小，甚至趋向于零，则主要是属于价值欣赏性的旅游。这种变化，是由于时代的进步，科技、经济、交通的发展和人们经济收入与闲暇时间增多，而引起人们生活方式不断改变的结果。这也表现了人类从必然王国向自由王国不断转变的历史进步。

3.旅游的本质是旅游者精神文化的追求

在人们的古代价值创造性的旅行中，休闲、娱乐、游览、审美、对自然景色的欣赏与留恋，虽然是处于旅游的附属地位，但这种景色欣赏、游览审美的本质表现，是人们的精神文化的追求。

人们的现代价值欣赏性的旅游，是以游览审美、景色欣赏、学习知识、休闲娱乐、精神文化的享受追求为主体的大众性的旅游。

因此，不论古代旅行，还是现代旅游，其本质都是人们精神文化的追求。文化性是旅游的本质特征。

二、旅游产品

对产品和商品的理论概念有了科学的理解，对旅游产品和旅游商品的理论概念，也自然会得到科学的理解。

按照产品的科学概念推理，旅游产品是经过人类劳动生产或加工，具有使用价值和价值，不用于流通交换的旅游劳动物品。而实际上这样的旅游产品可以说是不存在的。因为产品的特点之一，是指为自己或为他人的消费，不是为了交换而生产的劳动物品。因此，不可能有旅游者只为自己的旅游消费而专门生产旅游产品。这种旅游产品只能是昔日的皇家园林，官宦人家的园林、花园，如北京的颐和园、承德的避暑山庄、上海的豫园、苏州的园林等。

三、旅游商品

（一）旅游商品

1.旅游商品的概念及其内涵

旅游商品，是指供给者为满足旅游者的旅游需求，暂时出卖观赏权、体验权、使用权、享受权，而提供的具有使用价值和价值的有形旅游劳动物品与某些无形社会人文资源和各种无形服务的总和。它既具有普通物质商品的属性，又具有不同于普通物质商品的特性，它既包含有形的旅游商品，也包含无形的旅游商品，而且以无形的旅游商品为主体。这种无形的旅游商品，主要表现为观赏、体验、使用与享受的旅游服务商品。马克思指出："服务这种劳动所提供的特殊使用价值，就像其他一切商品也提供自己的特殊使用价值一样……这一点并不使它例如同某种机器（如钟表）有什么区别。"[①] 又说："某些服务、或者说，作为某些劳动或劳动的结果的使用价值，体现为商品……例如，一个歌唱家为我提供的服务，满足了我的审美的需要；但是，我所享受的，只是同歌唱家本身分不开的活动，他的劳动即歌唱一停止，我的享受也就结束；我所享受的是活动本身，是它引起我的听觉的反应。这些服务本身，同我买的商品一样。"[②] 所以，旅游商品对于旅游者来说，他所购买的仅仅是一种文化精神的"感受"、"经历"和"体验"。而这种"体验"和"感受"，是通过整合了的旅游资源为物质基础和精心安排的全方位的服务实现的。

根据马克思关于商品概念的表述，旅游商品概念应具有如下内涵：

（1）旅游业中无形的活劳动服务，同有形普通的物质商品一样，都具有使用价值和价值，都是旅游商品。

---

① 《马克思恩格斯全集》第26卷第1册，人民出版社1972年版，第435页。

② 《马克思恩格斯全集》第26卷第1册，人民出版社1972年版，第436页。

(2)旅游无形商品的生产和消费是同步进行的。

(3)普通有形的物质商品,随着交换购买过程的完成,是可以带走的。而无形的旅游商品,如饭店床位的享受、景点观赏和各种服务,是带不走的,而且是旅游商品中的主体商品。

(4)旅游商品出卖的只是观赏权、体验权、使用权、享受权,而不出卖所有权。

2.旅游商品的形态

(1)旅游核心商品

旅游核心商品,是指旅游者能借以满足和实现其精神文化的需求与享受的商品。如旅游者购买的游览景点或去公园的观赏,并非需要购买景点或公园的本身,而是凭借其观赏功能,实现旅游者的精神文化享受的目的。旅游者可在景区或公园内闲情逸致、漫步游览、尽情观赏以实现其游览目的。旅游商品的这种观赏性,是构成旅游核心商品品牌的具体表现。观赏性品位越高,旅游核心商品的价值就越高,前往购买的旅游者就越多。或者说旅游者感受价值的大小,就是旅游核心商品价值高低之所在。所以,旅游核心商品也是无形的非物质性的旅游商品。

(2)旅游有形商品

旅游有形商品,是指那种具有物质形态的旅游商品。这种有形的旅游商品实体又分两种形态:一种是只提供旅游者观赏、感受体验的旅游商品实体,如旅游景区、景点、博物馆、园林、动物园等;另一种则是只供旅游者定时使用的旅游设施物质实体,如饭店客房住宿、交通车辆的使用、服务的享用等。这两种商品都是不可以带走的。因为它不出卖所有权,更不出卖服务人员本身。

旅游有形的物质商品是旅游商品的重要组成部分,若没有有形的旅游商品为旅游者创造便利的条件,无形的主体旅游商品的销售是难以实现的。

在旅游有形商品中,如旅游资源、旅游设施、饭店床位等与普通物质商品不同,它被销售的只是它的观赏价值功能、效用,使旅游者获得精神文化的感受、体验,而不是商品体的本身,它是不能被带走的,并且可以重复多次销售。而普通物质商品被销售,虽然也是商品的功能和效用，但功能和效用是存在于商品体内，它是可以被带走的，是不可重复销售的。

这里应着重指出，我国旅游界不少人认为，美术工艺品、名人字画、地方名特产品才是旅游商品，其理由是它们出现在旅游市场，是由旅游者购买的。这种观点是错误的。因为旅游商品的性质概念，是由其本质属性决定的，不是由谁购买或在哪里出卖所能决定的

美术工艺品、名人字画等，既可以出现在旅游商品市场，也可以出现在普通的一般物质商品市场；既可以由旅游者购买，也可以由非旅游者购买。当然，人们把这种有形的物质商品看作旅游购物商品，对于旅游市场开发和管理，有其有利的一面。应该说这是可以成立的。但必须明确，旅游购物商品是指旅游者购买物质商品所有权的商品，它属于一般的物质商品，在称谓上添上“旅游”二字，也不能改变它的物质商品的本质属性。所以，对旅游者购买所有权的物质商品，不能认为就是旅游有形商品。

(3)旅游无形商品

旅游无形商品，是指那种不具有物质形态并且占主导地位的旅游劳务品。这是旅游商品的主体商品。如旅游景观的观赏与享受，民族风情的欣赏与参与，旅游活动的组织安排的参与和服务，人文景观的观赏与感受等。旅游者从离家直到回到家里的整个旅游活动经历，无论吃、住、行、游、购、娱等都离不开旅游行业对他提供的服务。旅游者旅游的目的，主要就是冲着无形商品而来的。如果没有这种无形的旅游商品，其他有形的旅游商品也就无人购买，旅游者前往旅游目的地的旅游消费需求也就无从实现，也不可能产生。正因为如此，旅游业才能称为服务性行业，亦可称为出售服务和风景的行业。

旅游商品的形态，也和普通市场流通的商品一样，即划分为核心商品、有形商品和无形商品。所不同的是普通市场流通的商品中，有形商品是市场的主体商品，而旅游市场流通的商品中，无形商品则是市场的主体商品。旅游商品的形态，可列表如下：

表 2-2 旅游商品形态

形态	旅游核心商品	旅游有形商品	旅游无形商品
内容	旅游者的追求	形体	观赏
		外观	经历
		标志	体验
		结构	服务
		品种	文化精神感受
	旅游商品功能	美学	享受
		设施	信息、信誉
		舒适性	安全
		文化性	奖励、奖券
		艺术性	
备注		为旅游者实现其旅游目的创造条件	旅游商品中为主体商品

(二)旅游商品的产生和发展

1.旅游的产生和发展

旅游商品是随着旅游的产生、发展而产生和发展的。旅游是一种综合性的社会经济文化现象,是人类社会经济发展的历史产物,而且将随着社会经济的发展而发展。纵观旅游历史,它经历了三个历史阶段:古代旅行、近代旅游和现代旅游。旅游现在已成为人们极为重要的一种生活方式。

(1)古代旅行

原始社会前期,由于生产力的低下,人类没有旅行的需求,随后人类进入了新石器时代,出现了农业和畜牧业的大分工;到了原始社会晚期,手工业又从农业和畜牧业中分离出来;到原始社会末期和奴隶社会早期,商业又从农业、畜牧业和手工业中分离出来。这三次人类社会大分工,便开始了旅行活动的萌芽。随着奴隶制经济的发展和繁荣,随着国家的形成和发展,便促进了人类旅行活动的发展。

国家的形成,封建社会制度的建立,特权阶级的出现,便出现了最早的自然观光旅行,如公元 7～8 世纪阿拉伯帝国的朝见君主或圣地的朝觐制度的长途旅行,我国古代的帝王巡游、官史宦游、买卖商游、文化漫游、宗教出游、佳节庆游等。

(2)工业革命促进旅行向旅游转化

15 世纪西方工业革命兴起,导致了世界大规模的航海旅行,如哥伦布航行发现了美洲新大陆,麦哲伦、狄加诺的船队第一次绕地球一圈的航海大旅行。

到了 18 世纪中叶,世界上第一次出现了真正自觉的有特定目的的自然观光旅游,如达尔文的环球航行。

18 世纪 60 年代开始的工业革命,大大地促进了生产力的发展,推动了新式交通工具的产生,使较大范围、较远距离的旅行成为可能;工业革命带来了阶级关系的新变化,扩大了旅游者规模,参加旅游的阶层和人数迅速增加;工业革命加速了城市化进程,促进了城乡之间的流动;工业革命改变了人们的工作性质和生活方式,为旅游的大众化创造了条件。这样,工业革命的结果,就促进了原来不是以游览观光为主要目的的旅行活动,转化为以游览观光、休闲度假、娱乐为主要目的的旅游活动。

(3)近代旅游和现代旅游

近代旅游,从 1841 年英国托马斯·库克(Thoms cook)建立世界上第一家旅行社——通济隆旅行社,标志着世界近代旅游业的诞生。随着旅游人数的增加,旅游圣地的迅速发展,饭店业的逐渐兴起,特别是 1908 年饭店业开山鼻祖斯塔特勒在美国纽约的布法罗建造了第一座商品饭店,第一次明确了饭店的商品就是服务,从而饭店的兴起就成了近代旅游的一个重要特征。

现代旅游,是指第二次世界大战以后迅速普及的社会化、规模化、大众化的旅游。现代旅游是战后生产力科学技术的高速发展、世界经济的迅速发展、交通运输工具的进步、人口的迅速增长、城市化进程的加快、人们文化审美素质的提高,以及政府对旅游的支持,推动了人们回归大自然旅游发展的结果。

现在,由于人们可供自由支配收入的增长和闲暇时间的增多,旅游已成为人们不可缺少的生活方式,加之人与人之间的各种交往,国家与国家之间的外交、贸易、文化、科技、学术等活动的开展,国内地区之间各种活动与往来,旅游已成燎原之势,据世界旅游组织(WTO)《旅游业:2020年前瞻》的展望报告,到2020年,全世界每年将有16亿人到外国旅游,每年的国际旅游花费是2万亿美元;每年将有160亿人在本国国内旅游,花费是20万亿美元。这充分展示了全世界未来旅游的巨大空间,旅游是一个具有强烈诱惑力的巨大市场。

2. 旅游业和旅游商品的产生和发展

旅游业是随着旅游的产生发展而产生和发展的。人们开展旅游活动,就必然伴随着吃、住、行、游、购、娱的相应需求,由于市场供求规律的作用,就会促使相应供给行业的产生。而旅游业与旅游商品又是同时产生和发展的。旅游业没有旅游商品,旅游业就不能形成,而旅游商品的形成和发展,旅游业才能得以形成和发展。旅游商品是旅游业发展的依托,旅游业是旅游商品形成和发展的必然结果。

旅游业是指旅游的供应商为满足人们的旅行、游览、观赏的需求而开发旅游资源,兴办旅游设施,提供服务,提供旅游商品的行业。包括旅行社、旅游交通、旅游饭店以及其他为旅游直接服务的行业,如饮食、娱乐等。

世界旅游业的中心是商品经济最发达的欧洲、美洲,但现在世界旅游重心正向亚太地区转移。世界国际旅游者的人次数,欧洲接待的约占65%~70%,美洲约占20%。世界范围内国际旅游总收入欧洲占60%,美洲约占20%~25%。而自1960年以来,亚太地区国际旅游者的人次数占世界总量的比例已由1.1%上升到11.5%,国际旅游收入已由1.7%上升到13.5%,亚太旅游世纪正在悄然来临。旅游业在世界范围内已成为一些国家的社会经济发展的支柱产业。旅游在我国已成为国民经济发展的新的经济增长点,这是因为当代世界已是和平与发展为主流的时代、高新技术化的时代、消费化的时代,特别是可供人们自由支配的收入和可供自由支配的余暇时间的增多,为旅游的发展创造了最基本的条件,旅游已成为人们生活不可分割的重要组成部分。

旅游在我国已成为国民经济发展新的经济增长点。因为中国是世界旅游资源最丰富的大国,中国正在以旅游资源大国向亚洲旅游强国跨越,到2020年,中国旅游将向世界第一强国跨越。中国旅游发展正进入全面加速期,发展势头非常强劲。世界旅游组织(WTO)秘书长弗朗西斯科·曼朗吉利亚预言，到2020年，中国将成为世界第一旅游大国，将有1.37亿人前往参观旅游。

总之，旅游已成为人们审美享受的消费方式，这是人类消费的一种发现、创造和升华，它是一个无限广阔的需求市场，旅游业的发展对国民经济的发展，具有巨大的关联带动作用。它的发展速度已成为各行业之冠，是世界上最大的产业之一，我国在各旅游区、点投资总额已超过3700亿美元，旅游投资将产生巨大的乘数效应。旅游业是一个不可替代的永远的朝阳产业，旅游商品的发展有着无限广阔的空间。

（三）旅游商品的二重性

旅游商品既然是商品，就必然具有一般物质商品的属性。一切商品都具有使用价值和价值的二重性，因此旅游商品也具有使用价值的自然属性和价值的社会属性。

1.旅游商品的自然属性

使用价值是旅游商品的自然属性。旅游商品的使用价值是指商品的有用性，即能够使旅游者通过游览观赏获得精神文化需求满足的属性。这是旅游商品体如自然景观、人文景观所固有的性质、功能、形态等特征所决定的。

旅游商品的使用价值即它的有用性，与一般物质商品的有用性是不同的，即只能供旅游者就地观赏，就地游览，就地消费，是不能带走的，留下的只是美好的经历、感受和回忆。

2.旅游商品的社会属性

价值是旅游商品的社会属性。它与一般的物质商品的社会属性是一致的。其价值的大小，也是由凝结在旅游商品中的社会必要劳动量的大小决定的。反映的虽是人与物的关系，但表现的却是商品对社会的从属性、依附性以及赖以存在的社会性，如旅游商品依附于旅游者的需求和满足，依附于整个社会而存在。旅游者对旅游商品的购买所付出的代价，是以社会凝结在旅游商品中的社会必要劳动量所决定的，这就是旅游商品的社会属性。

3.旅游商品的社会性

旅游商品因其具有使用价值，也和一般物质商品一样，能实现人和社会对其需求的满足，即实现作为社会群体的旅游者对旅游商品观赏需求的满足，这种满足必然通过社会市场的交换，并受到社会各种相关因素的制约和影响，这正是旅游商品使用价值社会性的表现。

旅游商品因其具有价值，而价值是指凝结在旅游商品中的社会必要劳动量，这种社会必要劳动量必然受到社会生产力发展水平的影响和制约，这也是旅游商品社会性的表现。

旅游商品交换价值的社会性，表现为旅游商品所具有的供人们美学观赏和精神文化满足的有用性，不但能为社会的个人所购买，而且能为社会的群体所购买，从而使其价值得以实现。

旅游商品生产的社会性，也表现为旅游商品的生产紧紧依存于能否满足社会个人和社会群体的需要这一社会性的目的的。

四、旅游商品的特点

旅游商品作为商品必然具有与物质商品相同的特点，即具有使用价值和价值；生产的目的是为了实现交换，供他人和社会消费。但作为旅游商品，它又具有不同于物质商品的自身特点，它具有观赏性、文化性和服务性等特点。

（一）观赏性

观赏性是指旅游商品通过人们对它的观赏游览，具有使人获得美的意象和美的感受的特性。这是旅游商品本身的美学特征及其独具特色的观赏形象所产生的特性。不同类别的旅游商品，其观赏性的特征也是不同的。

自然旅游景观商品的观赏性，表现为旅游资源景观的美学价值，是指自然旅游资源在特定条件下形成的山、水、洞、石、动植物等各自或相互组合而形成的，具有一定形态特征的天然自然景观。自然景观可形象地比拟为人、物、兽、禽等，有的惟妙惟肖，栩栩如生，是一种有较高观赏游览价值的自然旅游资源，如桂林的山、水、洞、石，张家界的自然景观等。这种景观资源经过规划设计开发，就成为了自然景观旅游商品。

人文旅游景观商品的观赏性，主要表现为人文旅游景观的文化艺术价值。人文旅游景观是历史发展所形成的各种有形的文化精粹、遗物或社会风俗、文化传统等。前者如北京故宫的古代建筑与古代文化遗物，西安的秦陵兵马俑遗迹，以及为展现这些东西而建成的博物馆、纪念馆等；后者如我国各地的民族节日、民族风情、地方艺术等。人文旅游景观可展现昔日前人的科学、文化、艺术的发展水平和光辉成就或社会地方民族风情和地方艺术特色。通过观赏可以受到深刻的爱国主义教育，并可学到许多新的知识，扩大视野，舒展情怀。

现代社会经济发展成就也是一种具有观赏价值的旅游景观商品。一些能展现现代科学技术的大型工程项目，如三峡水电工程、大型港口，以及现代化的城市建设，如深圳、上海浦东的开发等，不但具有进行可供观赏游览的价值，而且具有爱国主义教育的巨大价值。这种人文旅游景观资源经过规划设计开发后，就成为了人文景观旅游商品。

（二）文化性

1. 文化性是旅游者旅游的本质需求

旅游是旅游者为了满足其精神文化需求，离开常住地而开展的旅行游览活动。因此，文化因素是旅游者的主要动机，旅游的本质是一种文化现象。而旅游商品是商品经营者出售给旅游者消费的有形的社会劳动物品或无形的服务。因此，旅游商品必须具有能满足旅游者精神文化需求的功能和内涵，这就是旅游商品所具有的文化性特点。

2. 文化是旅游资源的主要内涵

旅游资源之所以成为旅游资源，并对游客产生极大的吸引力，关键就在于它具有深厚的资源文化。旅游资源主要有人文旅游资源和自然旅游资源。资源文化意蕴越深厚越独特，旅游资源的价值就越高。

人文旅游资源文化包括历史文化、民俗文化、宗教文化、园林文化、建筑文化、饮食文化、服饰文化、艺术文化、现代人造旅游资源和经济建设成就等，都是一个国家和民族文化的形象体现。

自然旅游资源虽是大自然所赋予的，但它本身却是一种资源文化，它具有内在的优美的文化内涵和美学的欣赏价值，能使人们获得难忘、留恋的美的享受，对人们的游览具有极大的吸引力。如自然资源文化中有山水文化、奇石文化、岩溶文化、地质文化、田园文化、溶洞文化等。而且优美的自然资源一般都经过人类的开发、整治、修饰、加工、美化，从而打上社会文化的印记。如黄山、泰山、长江三峡等，它们和华夏民族的传统文化与审美观念已是水乳交融密不可分了。

3.文化是旅游业的灵魂

旅游业为旅游者提供的旅游商品，应以满足旅游者的文化享受和精神愉悦为根本。如提供的餐饮，不仅要吃饱、吃好，还要让旅游者享用具有传统美食文化特色的名菜名点。提供的住宿不仅要让客人消除疲劳，还应让客人享受到具有一定文化内涵的设备设施与文化品位的接待和服务。总之，旅游业为旅游者提供物质消费商品或精神消费商品，都应以文化品位和内涵为依托为根本，以文化精神消费构成旅游消费的核心和灵魂。

4.较高的文化素质是对提供旅游商品从业人员的基本要求

旅游从业人员在管理和服务的过程中，不仅应在理念、着装、举止、修养、礼节、语言等方面表现出应有的文化品位，而且应在专业知识、管理的文化意识，以及其他相应的文化知识方面，要尽可能具有广博的文化知识与文化修养，才能体现出旅游商品文化的高品位。

（三）服务性

旅游商品是以提供无形服务为主体的商品。旅游商品如果离开服务，离开旅游景点、饭点设施、线路组织、策划安排中的服务，旅游者就不可能前来旅游，所以旅游业是以提供服务商品为主体的行业。如果旅游商品没有服务，旅游业就无法形成和发展。旅游商品的服务性，表现为服务的理念形象、行为形象和视觉形象，即可见性服务和不可见性服务。具体表现为服务的文化品位，服务态度的周到、热情、亲情，以及服务的技能等。因此，服务是旅游商品中的主体商品，旅游商品若没有服务，就不能成为商品。

（四）生产与消费的同步性

由于旅游者所要购买的旅游核心商品是要通过游览、观赏、参与等消费活动获得经历中的体验、感受和享受，这就必然形成商品的生产过程，同时也是商品的消费过程。给消费者留下的是美好的回忆，具体表现为旅游者在景观游览观赏中的感受。在其吃、住、行、游、购、娱过程中，所享受的服务都是处在生产与消费的同步进行之中的，旅游者消费完了，经营者的生产服务也就结束了。

（五）不可贮存性

不可贮存性，是指旅游商品具有不可能由经营者贮存起来，到一定的时候集中销售，或由旅游者购买并贮存起来把商品带走，到一定时间集中消费的特性。这一特性是由旅游商品的生产与交换消费的同步性决定的。因此，旅游者购买旅游商品后，必须在一定时间、地点、范围内进行消费享受，否则就会失去时效，造成损失。同样，旅游商品经营者也必须尽快把商品销售出去，否则不但会失去时效，也会造成收入的流失。如饭店的床位今天未能卖出去，其收入就流失而无法挽回。景观商品也是同样一个道理。同理，游客也不可能把景观、景点、床位、服务等买回去贮存享用。

（六）季节性

季节性，是指旅游商品受季节气候变化因素的影响而具有淡季旺季的特征。随着节假日的增多，这一特性更加明显。

有些旅游企业为使淡季不淡，使淡季变成旺季或使旺季更旺，开发了许多吸引人们旅游的项目，努力提高旅游商品的文化品位和内容，丰富旅游商品的内容，创造了许多有益的经验。

五、旅游商品的组合与旅游服务商品的构成①

旅游商品既完全具有市场经济的商品特性，又不同于一般的物质商品。对比于物质商品来说，旅游商品则是一种特殊的商品，旅游商品是由有形商品、无形商品和核心商品构成的。核心商品蕴含在有形和无形商品之中，而旅游企业推出的有形商品，又是由各种旅游商品组合而成的整体商品，无形商品主要是指服务商品，服务商品又是由可见性服务与不可见性服务构成的。这就需要对旅游商品的组合和旅游服务商品的构成进行研究。

（一）旅游商品的组合

旅游商品的组合，是指旅游商品经营者为满足旅游者的各种需求，

① 参见吴广孝等著《旅游商品的开发实务》，复旦大学出版社 2001 年版。

针对旅游者的吃、住、行、游、购、娱的需求，针对旅游商品的形象设计、文化品位、服务规范、旅游特色、环境卫生、安全保证等各种因素组合成的综合性整体性的商品。而这个整体性旅游商品是由其各自丰富的内容、各自相对独立的旅游商品组合构成的，如旅游景观商品、旅游服务商品、旅行社商品、旅游饭店商品、旅游交通商品、旅游娱乐商品、旅游民俗商品、旅游设施商品等。这些旅游商品都是分别由其各自相关的因素组成的，但这些商品又都成为旅游整体商品构成的组合部分，它们只能配合和依赖总体商品的配套销售，自己才能得以销售。从来没有那位旅游者只单独购买某一单项旅游商品而前往旅游目的地进行旅游消费的。这种旅游商品组合就是旅游商品实体。

（二）旅游服务商品的构成

1.旅游服务商品的可见性服务

旅游服务商品的可见性服务，是指旅游商品经营者向旅游者或市场潜在的旅游者提供看得见的所有服务。是旅游商品构成的重要组成部分，也是旅游企业商品视觉形象的重要组成部分。《旅游商品的开发实务》（吴广孝等著）一书中把可见性服务分为三大部分：

（1）静态的可见性服务。这是指能够体现旅游企业的服务理念和宗旨的看得见的静态的形象物。这些形象物都是为旅游者服务的，是企业商品构成的重要组成部分。如自然旅游景观、人文旅游景观、饭店建筑、旅游设施、旅游环境、旅游企业名称、旅游品牌标志、旅游企业象征图案、旅游吉祥物、旅游企业营销口号、旅游窗橱陈列、旅游服务人员的着装、旅游产品设计说明书、旅游经营广告、工作场所和环境的美化及个性化设计、旅游交通工具、旅游景区景点的标志牌和路标及警示牌、旅游招贴画、旅游地图、旅游指南，甚至小小的旅游纪念品的包装纸等。

（2）动态的可见性服务。这是指能体现旅游企业服务宗旨和理念的各项看得见的服务活动，也是旅游商品构成的重要组成部分。如旅游问讯处、旅游展览会、旅游商品展示会、旅游促销活动、旅游新闻发布会、旅游联谊活动、旅游门市部等。这些活动，拉近了旅游者和旅游商品经营者的距离，使消费者加深了对旅游商品及其经营者的了解。

（3）面对面的可见性服务。这是旅游商品经营者从业人员主动与旅游者直接接触，想客人之所想，急客人之所急，面对面地提供最热情、最细致、最完美的可视性个性化服务。如整洁的着装、仪容、仪表、真诚的态度，礼貌文雅的用语和娴熟的服务技巧等。这种面对面的可见性服务可集中体现为仪态、用语和技巧三个方面。

2. 旅游服务商品的不可见性服务

旅游服务商品的不可见性服务，是指旅游商品经营者为旅游者提供的一般看不见但能感觉到的服务。这些服务虽然不为旅游者所见，但确是为旅游者提供完美服务的重要组成部分，因而也是旅游商品构成的重要组成部分。如旅游企业的服务宗旨和理念、企业组织管理、人员培训等。这种看不见的服务，旅游者通过服务人员面对面的看得见的行为形象和视觉形象，可获得直接的感受和信赖。因此，如果没有不可见性质的服务，也就不可能有可见性的服务。

旅游商品的可见性服务与不可见性服务，构成了旅游商品的整体服务。它们的关系，可绘图表示如下：

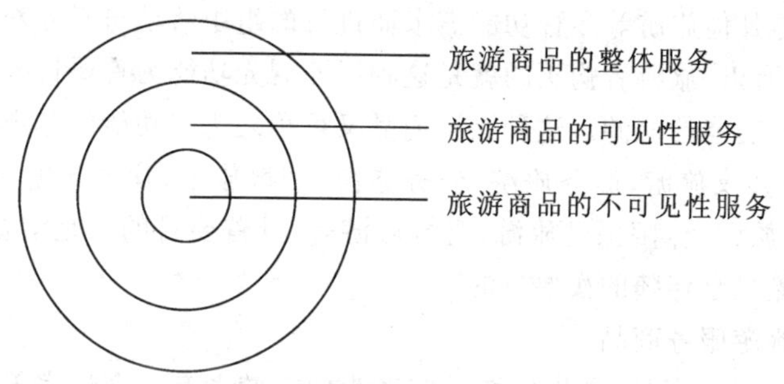

图 2-1　旅游商品服务构成示意图

六、旅游商品类型的划分

旅游商品的类型极多，而且是随着旅游市场的变化而不断发展、变化的。其类型划分，因划分的角度不同而有不同，掌握和了解旅游商品的各种类型及其划分和变化，对于科学地开发旅游商品，繁荣旅游市场，促进旅游业的发展和加强旅游业的管理，具有重要的积极意义。

（一）按旅游商品构成划分

按照旅游商品构成划分，有旅游核心商品、旅游无形商品和旅游有形商品。

（二）按旅游商品功能划分

1. 观光旅游商品

观是指看、游览的意思；光是指景物，如春光、风光。观光就是游览观赏自然风光和人文景观。观光旅游商品是指旅游经营供应者为旅游者提供具有以游览、观赏自然景观和人文景观单一功能为目的，并进行组织活动、线路安排、接待服务的设计总和。旅游者购买的就是这种设计总和。这种旅游商品又可称之为单一功能的观光旅游商品。

2. 非观光旅游商品

非观光旅游商品，是指因旅游者的旅游活动不是以观光游览为首要目的，而是以实现其他任务为首要目的，如会议旅游的首要目的是参加会议。是旅游供应者为旅游者提供在满足其首要目的的基础上，又能伴随满足其他旅游等多种功能需求而进行的组织活动与服务安排的设计总和。所以，旅游者购买的就是这种以非观光功能为首要目的同时又具有其他功能的旅游。这种旅游商品又可称之为多功能的非观光旅游商品，如会议旅游、商务旅游、公务旅游、宗教旅游、疗养旅游、探亲旅游、度假旅游、休闲保健旅游，避暑旅游等，其首要目的不是游览观光，游览观光只是伴随的次要目的。

3. 旅游服务商品

旅游服务商品，是指旅游供应者为使旅游者有一个最完美的经历和感受而提供的各种服务内容的总和。包括旅游经历设计、旅游活动、组织安排及各种劳务服务等。总之，包括为旅游者在其旅游活动过程中的吃、住、行、游、购、娱所提供的所有服务，而且不但要使客人满意，还要使客人感到惊喜，这是一种无形的服务商品。旅游服务商品是旅游商品中的主体商品。这种商品包括静态的可见性服务、动态的可见性服务和不可见性服务。

（三）按企业性质划分

1. 旅游饭店商品

旅游饭店商品，是指旅游饭店为满足旅游者食、宿等需求和精神文化享受而提供的有形设施和无形服务的总和，是以饭店大厦或其他建筑设施为凭借，为旅游者提供住宿、饮食、娱乐、购物或其他服务为内容的旅游商品。这种商品就其依存的经营实体来说，它是一个企业，但这里的商品内涵，则是指企业为旅游者提供的有形和无形的服务的总和。

由于旅游市场的发展和旅游者的需求，旅游饭店商品就出现了不同类别和不同等级。现在出现的有商务型饭店商品、度假型饭店商品、长住型饭店商品、公寓饭店商品、汽车饭店商品、BB 家庭式饭店商品等。

由于饭店商品存在服务商品项目的多寡和服务商品质量的优劣，根据国家的“星级标准”，将饭店划分为不同的等级，一般分为五级。用“星”(★)的数目来表示，称之为星级。星数愈多，表示饭店的等级愈高。一般来讲，一星级、二星级饭店属低档饭店，三星级饭店属中档饭店，四星级、五星级饭店属高档饭店。因此，饭店等级不同，服务商品质量也就存在着差异和不同的等级要求。

2.旅行社商品

旅行社包括旅游公司或其他同类性质的组织，是从事生产、组合旅游商品和提供旅游中介服务与销售的一种旅游企业。旅行社商品则是指旅行社这类企业从事中介旅游服务活动而进行的线路设计、活动安排和优质服务。具体是指招徕游客、接待游客、组织活动、安排线路、导游陪同、优质服务等无形服务商品。

3.旅游景观商品

景观原意是泛指地表的自然景色，而旅游景观商品则是指旅游供应商为吸引旅游者前往观赏游览，在原有资源的基础上进行加工、设计、美化而提供的自然景观商品和人文景观商品。

4.旅游交通商品

交通原系各种运输和邮电通信的总称，而旅游交通商品则是指为旅游者由定居地到目的地往返的空间转移，以及在各地区往返的空间转移而提供的各种相关服务和设计的总和，这是旅游经营者为满足旅游者空间转移而供应的旅游商品。

(四)按旅游商品级别划分

1.世界自然文化遗产旅游商品

世界自然文化遗产旅游商品,是指旅游商品经营者对世界自然文化遗产进行开发、设计、包装、加工、组织、管理,组织旅游者前往游览观赏的商品。如对世界自然文化遗产的张家界加工、设计后,便是这种商品。

2.世界奇迹旅游商品

世界奇迹旅游商品,是指旅游商品经营者对世界奇迹进行开发、设计、包装、加工、组织、管理,供旅游者游览观赏的商品。如对世界第八大奇观秦陵兵马俑的加工、设计后供旅游者游览观赏,便是这类商品。

3.国家级重点风景名胜区旅游商品

4.省(自治区)级重点风景名胜区旅游商品

5.区域旅游商品

以上3、4、5种级别的旅游商品,都是以其风景名胜级别的景色为依托,进行开发、设计、包装、加工,并组织旅游者前往游览观赏的商品。

(五)按旅游者的旅游目的划分

1.生态旅游商品

生态是指人类与地球上全部生物及其生活领域自然环境的平衡状态系统,或指一定范围内的人类与生物及其生活领域自然环境的平衡状态系统。

生态有植物生态、动物生态、微生物生态、个体生态、种群生态、群落生态、城市生态、能量生态、行为生态等。生物总是在一定的自然环境中生存的,自然环境是生物所处的各种外界因素(或力量),环境对生物的形态、构造、习性、分布有着决定性的影响和制约作用。因此,环境的变化和破坏,将在一定时期内严重影响环境与生物群落间的物流和能流,以致失去平衡,从而造成生物群落的逆向演替,甚至达到破坏和崩溃状态,从而造成无法弥补的损失。

如果由于人类的各种活动,导致局部地区乃至整个生态系统结构和功能的严重破坏,便会出现生态危机,从而危及人类的生存和发展。

生态旅游是在对自然生态保护的前提下,供求双方遵循维持平衡,可持续发展的理念、职责和行为规范的一种旅游方式。严格地说,它不是一种独立的旅游的形态,它是孕含在一切旅游形态之中的保护生态的理念、职责和行为。①

旅游业虽系“无烟工业”,但并非“无污染工业”,人们已越来越深刻地认识到传统的大规模的旅游活动,已经对自然生态环境造成了巨大的危害。因此,开发生态旅游商品,就是为了促进对生态环境的进一步保护,这是旅游业发展的方向。

2. 民俗旅游商品

民俗指一个民族在其长期历史发展中,在物质文化、精神文化及婚姻、家庭等社会生活诸方面,所形成的本民族共同心理素质的传统习惯。民俗旅游商品,就是指旅游经营者对某些民俗资源进行设计策划、加工提高、组织安排,吸引旅游者前往参观欣赏的旅游商品。如深圳中华民俗村、云南昆明的民俗村。

3. 森林绿色旅游商品

森林绿色旅游商品,是指旅游经营者以森林资源为依托,并对其进行加工设计、规划安排,供旅游者回归自然、参观游览观赏的旅游商品。

4. 地质旅游商品

地质旅游商品,是指以地质资源为依托,并对其进行加工设计、规划安排,组织旅游者前往参观游览的旅游商品,如丹霞地貌旅游商品、岩溶地貌旅游商品。

5. 区域旅游商品

区域旅游商品,是指在国内一定地区范围内对各种旅游资源进行加工设计、规划安排,组织旅游者前往参观游览观赏的综合性的旅游商品。在一个地区范围内,既有自然景观的旅游商品,也有人文景观的旅游商品。

6. 山水旅游商品

山水旅游商品,是指以自然山水景观为依托,并对其进行开发、设

---

① 参见刘敦荣、刘英、韦海洲《生态旅游的科学概念与应用》,《桂林旅游高等专科学校学报》2004 年第 6 期。

计、规划、安排，组织旅游者前往游览观赏的旅游商品。这是旅游商品中的主要商品，旅游者绝大部分都是为了名山胜水而前往游览观光的。如名甲天下的桂林山水旅游，每年前往旅游观赏的中外游客，已超过1000万人之多。

7.文物旅游商品

文物是指遗存在社会上或埋藏在地下的人类历史文化遗物。如古建筑、古文化遗址、古墓群、石窟、石刻、古工艺美术品、古代字画、古书、古文物以及革命文献资料等。

文物旅游商品，是指以人文资源为依托，并对其进行开发、设计、规划，安排旅游者前往观赏的旅游商品。这也是旅游商品中的主要商品，旅游者绝大部分也都是为了文物奇观而前往游览观光的，如前往我国的长城、北京故宫、秦陵兵马俑、敦煌石窟、龙门石窟等处游览观赏的数不胜数。

8.会议旅游商品

会议旅游商品，是指在满足旅游者的首要目的，即在参加会议的基础上而为其规划、设计、组织开展的旅游活动商品。

9.商务旅游商品

商务旅游商品，是指在满足旅游者的首要目的，即在从事商务活动的基础上而为其规划、设计、组织、开展的旅游活动商品。

10.养老保健旅游商品

养老保健旅游商品，是指在满足旅游者首要目的，即在颐养天年、保证健康的基础上，为其规划、设计、组织、开展旅游活动的商品。全世界将逐步成为老龄化的社会，老人越来越多，老人最主要的任务是养老保健，因此养老保健旅游商品是最具广阔市场的旅游商品。

11.娱乐旅游商品

娱乐旅游商品，是指在满足旅游者的首要目的，即在参加某些娱乐活动，如参加音乐会、专项演出、会演、民俗节庆的观赏等的基础上，又为其设计、规划、组织、安排的旅游活动的商品。这也是很有发展前途的旅游商品，因为从事娱乐享受的人将日益增多。

12.休闲旅游商品

休闲旅游商品，是指专为人们愉快地渡过闲暇时间而开展组织游览观赏活动的旅游商品。如我国的周末旅游、“五一”和“十一”黄金周旅游、春节旅游、人们闲暇时间的旅游等。

13. 探险旅游商品

探险旅游商品，是指专为富于冒险精神的旅游者设计规划，避开群体游客的旅游线路和传统的旅游点，加强安全设施和保护举措，组织安排到群体游客很少的特殊地方开展探险活动，以满足其好奇心理和寻求刺激的旅游商品，如攀岩、探洞等。

14. 宗教旅游商品

宗教旅游商品，是为了满足旅游者以宗教朝圣、求法为目的，而设计、规划、组织、安排前往宗教圣地开展活动的旅游商品。这种旅游商品的目的地多系古老的寺庙和教堂，不仅有历史悠久的传统文化，也有多年的极具文化价值的雕塑艺术和建筑形式。因此，非宗教朝圣、求法的旅游者也乐于前往观光游览。

15. 体育旅游商品

体育旅游商品，是为满足以体育锻炼、体育交流、体育比赛观赏、体育比赛支持为目的的人群的要求，而规划设计、组织安排的旅游商品。组织体育旅游的国家和地区，需要配置专门的体育设施和体育场所，旅游者方可参加有关体育旅游活动。如围绕举办历届奥运会、亚运会及各种级别的体育比赛，旅游商品供应者无不紧紧抓住商机，规划设计组织了多种体育旅游商品。

16. 徒步旅游商品

徒步旅游商品，是指不使用任何交通工具，仅靠步行而进行的较长距离，有计划、有安排，以健身或实现一定的感受体验为目的，既可由旅游社组织，亦可由游客自行组织旅游的旅游商品，如沿着长征路线而开展的徒步游览观赏旅游。人们通过轻松自由的徒步旅游，可以详尽全面地观赏了解沿路的风光景色和人们的风俗习惯。这种旅游不仅能锻炼身体，又能增长知识、观赏风光，得到美的享受。

随着人们对健康锻炼的重视，特别是老年人，对这种旅游的需求正在日益扩大，表现在有些个人独自开展或组织三五人为伍进行这种旅游活动。有些国家的旅游公司和旅行社专门经营这种旅游业务，如意大利的一家旅行社组织旅游者从佛罗伦萨启程，用9天时间，每天步行10英里(约16公里)，途中要经过原始森林、村庄、葡萄园、教堂和一些名人的故乡等，旅游者还可品赏当地佳酿和菜肴，终点是圣吉亚诺。一路上，在导游的带领下，旅游者也有较多的自由活动。如果有人感到劳累，也可乘坐一段路程的汽车。

徒步旅游，最好由旅游社组织，使旅游者在食宿安全方面得到最大的方便。现在徒步旅游者日益增多，已呈扩大发展趋势。

17.野营旅游商品

野营旅游商品，是指旅游商品经营者组织家庭、亲友或旅游者通过乘车、徒步、骑自行车到郊外、山区、农村、森林、海滨等固定的野营地旅行、宿营，为其提供设备、餐具、帐篷或房屋，让客人自己动手生火、烧饭、烹制食品而规划、设计、组织、服务的旅游商品。

野营旅游由于经济方便，清静浪漫，因此很受旅游者的欢迎，在欧美一些国家发展较快。在联邦德国，据野营俱乐部统计，每年参加野营旅游的约400万人，过夜人次达1800万。

18.烹饪旅游商品

烹饪旅游商品，是指旅游商品经营者为使旅游者学习掌握某几种特有菜肴或名菜的烹饪技术，而组织设计的旅游活动商品。这种商品很受旅游者的欢迎。这种旅游商品多为学校、饭店或旅行社推出。如意大利的一所烹饪学校，开办了“学会佛罗伦萨烹饪绝技”的专项旅游，时间一周，学做地道的意大利名菜，还组织参观当地的名胜古迹，每人收费1995美元。

我国名菜佳肴享誉世界，开发烹饪专项旅游商品是大有可为的。

19.海外修学旅游商品

海外修学旅游商品，是指旅游商品经营者组织国内旅游者到国外学习某项技能并进行游览活动的旅游商品。

修学旅游商品项目是以集体形式进行的，或是由旅行社组织，或是由双方有关的单位组织，采取包价收费形式，即在一定时间内由承接单位一次性收取交通费、食宿费、参观游览费等。

我国现在已开始开展这项旅游活动，如在假期一些高等学校就举办这项旅游活动，这项商品活动不仅扩大了参加者的眼界，增长了知识和技能，同时也增进了国与国人民之间的友谊。

20.文化知识学习旅游商品

文化知识学习旅游商品，是指旅游商品经营者为旅游者学习文化科技知识、扩大视野设计的学习性的旅游商品。如组织旅游者去到社会的某些文化知识领域学习，前往某些都市观光，参观某些现代大型企业工业产品的生产过程，参观某个名牌大学，以及参加文化活动，观赏某些音乐、戏剧的演出，参观博物馆、天文台、水库，参观体育比赛，参观影视的拍摄和制作等。这种旅游商品已经形成并日益发展扩大。

以上20项旅游商品，只是粗略的概括。应该指出，各项旅游商品的开发，将随着旅游者的需求变化而不断创新、发展、变化。

(六)按旅游者的特征划分

1.银色市场旅游商品

银色市场，是泛指市场上发白如银的老年人市场。银色市场旅游商品，是指专为老年人旅游策划组织的旅游活动商品。这种旅游商品，既要有类似于养老保健和休闲旅游商品的活动内容，又不完全同于二者的内容。这种旅游活动商品，既要使老年人在游览观赏中获得精神、文化上的最佳感受，又要保证其健康、愉快而不劳累；既可以长住，又可以短期停留。在长住或停留过程中，应为其作出宾至胜家的策划安排，使其获得中国式的家庭温馨，其日常生活、学习起居均安排有序，每天还可安排任其所乐的各种文化学习的内容。每隔一段时间还可分批组织他们到国内各地进行短期的旅游，然后又回到长住旅游基地。旅游时间随客人需求而定，或一年半载或数年乃至终身均可，这种银色市场旅游商品实际上可成为非观光旅游商品的主要内容。

由于银发老人与日俱增，有钱的富豪老人也日益增多，他们对这种银色市场旅游商品是十分为欢迎的，这种商品将具有广阔的发展前途和良好的经济效益。

2.家庭旅游商品

家庭旅游商品，是指旅游商品经营者以本地资源为依托，以家庭成员的整体特殊需求为出发点，组织安排相应游览活动的旅游商品。这种商品符合旅游者的发展需求，有着广阔的发展前途。

3.青少年夏令营旅游商品

青少年夏令营旅游商品，是指旅游商品经营者配合有关部门的需求，为青少年组织的夏令营而配合开展的游览观光活动的旅游商品。这种商品为青少年学生所喜爱，具有广阔的发展前途。

4.散客旅游商品

散客旅游商品，是指旅游商品经营者为针对日益增多的散客旅游者的个性需求而组织安排的较为自由灵活的旅行游览活动的旅游商品。散客旅游是旅游市场发展的趋势，这种旅游商品完全符合市场的需求。

5.团队旅游商品

团队旅游商品，是以团队集体为单位，按照预定的活动日程和线路而组织安排的现行常规旅游活动的旅游商品。这是目前旅游市场的主要旅游商品。

总之，旅游类型的划分，因划分的角度不同，从而出现这样那样的旅游商品。最基本的就是自然景观旅游商品和人文景观旅游商品，或者说是单一功能的观光旅游商品和多功能复合型旅游商品，其他各种各样名目的旅游商品都可包含其中。之所以划分如此多的旅游商品，一是旅游商品开发实践指导的需要，二是旅游商品理论研究的需要。

七、研究旅游商品问题的积极意义

（一）有益于建立完善的旅游学科体系

旅游已逐渐成为人们不可分割的重要的生活方式，旅游业已成为国民经济最大的朝阳产业，旅游科学为适应旅游实践发展的需求，已经基本形成了自己的旅游学科体系。但旅游商品学至今尚未建立，运用马克思主义关于产品和商品的理论原理去研究和准确地理解旅游产品、旅游商品的科学含义，从而为建立旅游商品学奠定科学的理论基础，对补充完善旅游学科体系，具有十分重要的积极意义。

（二）有益于指导旅游商品实践的发展

尽管旅游市场旅游商品的供应者早已为旅游商品的开发、设计、规划、组织，在实践中开发了许多能充分满足旅游者各种需求的旅游商品，并获得了很好的经济效益。但因对旅游产品、旅游商品的科学概念的理解尚处在不够清晰的状态，因而使得我国旅游商品实践一直处于盲目的缺乏理论指导的不清醒的状态之中，因而就使得旅游商品供应者难以根据市场的供求规律和要求，自觉地指导自己去进行旅游商品开发的实践。

旅游商品是以无形服务为主体的商品，因而一切旅游服务、规划、设计、组织、管理等，都是为了旅游者需求而开展的。这种无形的服务是旅游商品，就应该依照商品市场的价值规律、供求规律的调节和要求进行投入产出的实践。如果不承认无形的旅游服务是商品，而认为它是产品，那么这种无形的服务就只能按照产品的生产消费规律去实践去投入产出，显然是行不通的，也是与当前旅游业的实践要求不相符合的。所以，有了对旅游产品、旅游商品理论概念的科学理解，就有了对实践的科学理论指导，旅游业就能按照旅游商品市场的有关规律去开发、创新、实践。

（三）有益于促进旅游业的繁荣和发展

没有正确理论的指导，就没有正确行动的实践。旅游商品实践有了正确理论的指导，旅游供应者在开发每一商品项目时，就会思考如何让旅游商品沿着市场经济的轨道健康地发展，自然也就会促进旅游业的繁荣和发展。

案例分析一 世界级国家自然保护区——张家界

我国第一个国家级森林公园——张家界国家森林公园，位于湘西的张家界市。这里属于亚热带山原型季风性湿润气候，光照充足，雨量充沛，贮藏着丰富的旅游资源。整个公园以世界上罕见的石英砂岩大峡谷地貌为主体，区内奇峰耸立，怪石林立，溪水淙淙，云雾缭绕，古林葱葱，洋溢着原始的自然情调与生态风貌。张家界国家森林公园是我国生物多样性极为丰富的地区之一。据估计，园内有陆生脊椎动物50科116种，列入国家珍稀动物的就有30多种。植物资源方面仅高级植物就有3000多种，世界五大种系在这里一应俱全。木本植物的种类居全国之首，乔本植物比整个欧洲还要多出一倍，裸子植物占世界总数的一半。此外，张家界国家森林公园还拥有一些世界罕见乃至绝无仅有的奇花异草、珍禽异兽，如龙虾花、五色花、中国鸽子花及背水鸡、玻璃蛇等。

同时，作为张家界国家森林旅游资源的主体景观，砂岩大峡谷风光堪称一绝。在这块面积为390平方公里的土地上，壮丽而参差不齐的石峰列队成阵，横无际涯，使人不由惊叹“造物主”的鬼斧神工。

1992年，联合国教科文组织在详尽考察了张家界森林公园后，于同年12月将其纳入世界遗产名录，从而填补了我国纯自然遗产的空白。

张家界国家森林公园列入世界遗产，这意味着它具有独特的和世界性的保护价值，为了全人类的利益应予特别保护。为此，张家界市始终坚持开发旅游资源与保护生态环境并举的方针，在致力于把区位优势、资源优势转变为产业优势和经济优势的同时，把确保景区生态放在旅游开发的第一位。

也就是说，在保护自然景观——发展旅游——振兴经济——促进生态环境的良性循环中，一切行为都必须以保护和发展生态平衡为前提。在自然保护区建设中，旅游开发者严格按照国务院审批的《武陵源风景名胜区总体规划》作为景区开发和保护事业的主要决策依据，大力保护张家界国家森林公园的自然生态系统。如严禁在景区内安排有污染和不恰当的建设项目，最大限度地降低各种污染与破坏，保持保护区的原始面貌；停止景区内乃至周边地带的农耕行为，退耕还林，让世代以农为主的居民转为从事旅游服务等第三产业；景区内设立环境保护站，全面推行以“全日保洁”为主要手段的景区环卫程序目标责任制度；对捕杀野生动物、滥砍滥伐森林等行为进行坚决打击。

由于坚持旅游开发要以环境保护为前提，张家界国家森森公园保持了36年无火灾的纪录，整个景区的植被覆盖率达97%。生态环境得到了保护，旅游得到了发展，成为森林保护、旅游开发的一面旗帜。

案例分析二　　香港的旅游资源

香港是亚洲旅游业最发达的地区之一,这十多年以来,每年接待境外旅游者达500万人次以上。然而这里既没有驰名的文物古迹,也没有名山胜水,那么香港旅游业的发展是否就不以旅游资源为基础,旅游资源在香港旅游业发展中就不具有重要意义?回答并非如此,其实香港旅游业的大发展正是建立在一定旅游资源优势的基础上。

首先,香港经过20世纪60和70年代的发展,迅速成为一个现代化的国际工商业都市,形成了金融中心、黄金贸易中心、航运中心。高楼大厦林立,交通设施完善,以及高效率的企业精神,使城市面貌日新月异,成为一个极具时代感的城市,赢得了"东方之珠"的美誉。这种具有特色的现代都市风貌是吸引众多旅游者前去观光,促进香港旅游业发展的一项重要旅游资源。

其次,香港作为一个自由港,除烟、酒及燃油外,不设关税,商品价格相对便宜,而且品种齐全,新产品多,较大的购物店铺及购物中心、超市等达一千多个,使香港成为一个极有吸引力的"购物天堂",许多人顺路要到香港一游,购买些商品带走,甚至有许多人专程到此购买商品。因此"购物天堂"自然成为吸引游客的又一重要旅游资源。

第三,香港的美食令人垂涎欲滴,在这里,从家常小菜以至佳肴盛宴;从广东、北京名菜至地中海式食品,式式具备。中国各省美食亦在此云集,因此香港又被誉为"亚洲美食之都"。许多人到香港能够品尝异国他乡美味佳肴,也是旅游目的之一。

第四,香港有多种形式的休闲游乐设施,如水上乐园、太空馆、九龙公园、沙田马场、雀鸟花园、艺术馆、文化中心及较多的郊野公园等。特别是海洋公园,它是东南亚规模最大的娱乐消闲中心,集现代科技、优美的自然环境与多样的游乐内容于一体,体现了时代的特征,可以满足各类游客的需求,是许多到香港的人很愿去的地方,每年游人超过300万人次。

上述内容均是具有一定吸引力的旅游资源。由此可见,香港旅游业的发展虽然有其他因素的影响,如科学的管理、广泛的宣传、深入的旅游开发等，但仍是以一定的旅游资源为基础，旅游资源在旅游业发展中具有极其重要的意义。

案例思考

试根据本章所论述的关于旅游产品、旅游商品的科学概念和有关原理的阐述，并根据《世界级国家自然保护区——张家界》和《香港的旅游资源》两个案例内容分析思考：

1. 在张家界和香港应分别开发什么样的旅游商品，才是最佳的方案？为什么？

2. 在张家界和香港你认为应如何分别科学地规划、设计、开发你所主张的旅游商品？

3. 在张家界和香港应如何分别扬长避短，开发你所主张的旅游商品，并使其从相关的资源优势转化为旅游产业优势和旅游经济优势？

思考题

1. 如何运用马克思主义的观点准确地界定关于产品、商品的科学概念？

2. 如何准确地理解关于旅游产品、旅游商品的科学概念？

3. 试对一般物质商品与旅游商品进行比较，并概述旅游商品的特点。

4. 旅游有形商品、旅游无形商品、旅游核心商品之间有何差异？它们之间有何关系？

5. 旅游商品类型是如何划分的？划分的意义何在？

第三章　旅游商品文化

学习目的

要求在掌握文化的概念和它的层次结构的基础上，进而理解旅游文化的概念、旅游文化领域和旅游文化的特征等内容。

主要内容

●文化的概念及其层次结构和特征

●旅游文化的概念

●旅游文化的三大领域

旅游主体文化　旅游客体文化　旅游介体文化

●旅游文化的特征

传承性　民族性　地域性　形态的多样性　消费的广泛性

第一节 文化的概念

文化精神需求，是旅游者开展旅游活动的主要动机，因此着眼旅游文化的研究，进而加强旅游商品文化建设，是发展旅游商品的思路，也是发展旅游事业的关键。

一、什么是文化

文化的概念世界上已有二百多种定义，尽管众说纷纭，但任何概念，如果是总结于实践，而又高于实践，且能指导实践，应用于实践，则这一概念是科学的、准确的。对种种科学概念的审定，都应本着这一原则。因此，我们不必卷入纯粹文字研究的争辩之中，而应着眼于实践和应用。

文化是人类改造自然、陶铸自身及历史社会发展的哲理内核与一切活动和成果的积淀。这就是说，在人类社会发展的过程中，人类长期不断从事改造自然、发展社会和陶铸自身的种种外在的行为活动，是文化含义的一个方面。而人类所从事的种种活动结果的历史积淀，即人类在其活动的发展中，所形成的各种固定行为模式、习俗、观念、制度，所生产的各种物质产品，从而构成人类群体的显著成就与内在的社会精华遗产，这是文化含义的又一个更重要的方面。因此，人类文化包括行为及其物质产品，即外在文化产品的塑造和内在主体心智的形成。

美国克罗伯和克拉克洪对文化的内涵也作出了同样全面的阐述："文化是包括各种外显或内隐的行为模式；它通过符号的运用使人们获得及传授，并构成人类群体的显著成就，包括体现于人工制品中的成就；文化的基本核心包括由历史产生及选择而成的传统观念，尤其是价值观念；文化体系虽可被认为是人类活动的产物，但也又被视为限制人类作进一步活动的因素。"克拉克洪还认为："文化一词意味着一个民族的生活方式的总体和个人从其集团所得到的社会遗产。"这一定义指出了文化具有“外显或内隐”的形貌,具有“获得及传授”的发展过程。

二、文化的层次结构

根据文化的概念,文化的层次结构应该由四个要素和层面构成:

(一)文化物质要素和物质层面

文化物质要素和物质层面,即物质文化。它是人类物质生产方式和产品的总和,是整个文化大厦的基石。主要包括各种生产工具、生活用具以及其他各种物质产品。

我国学者把文化的结构又分为技术体系和价值体系。物质文化层面则属于技术体系,精神文化层面则属于价值体系。

(二)文化心理要素和观念层面

文化心理要素和观念层面,即精神文化或观念文化。它是人类在社会实践和意识活动中孕育出来的价值取向、思想观点、审美情趣、思维方式、道德情操等,这是文化的精神内核。观念文化记录着人类历代的文化创造和积淀并代代流传的广义文化的摹本。

(三)文化规范要素和制度层面

文化规范要素和制度层面,即指我们通常所说的制度文化。它介于文化结构的技术体系和价值体系二者之间,即人类在社会实践中所构建的各种社会行为规范、典章制度。

(四)文化行为要素和行为层面

文化行为要素和行为层面,即人类在其交往活动中所约定俗成的习惯定势,以礼俗、民俗、风俗、形态出现的行为模式。

还应指出,人类对文化的创造,包括外在文化产品和主体心智两个方面。

关于文化的层次结构,有的学者把制度层面归纳入观念层面中,因而就只有三个层面了,即物质、观念和行为三个层面。

三、文化的特征

文化的主体是人,文化不能离开人的活动,所以人们强调文化就是人化。从文化与人的本质联系来看,文化具有如下特征:

（一）创造性

文化的创造性，是指文化的产生是由于人类实践与意识作用的结果，而非自然界生成的。所以，文化世界高于自然物质的世界。文化的创造性，导致了文化产物的丰富性、高级性。

（二）时间性和空间性

文化的时间性，是指文化本身的起源、演化和变迁的发展过程，即具有进化与分化、积累与沉淀、层次与统一的发展过程。所以，文化并非是自生的，而是有其自身的发展历史。

文化的空间性，是指文化随其空间区域的不同，而形成的不同的文化层次、文化类型以及各种各样的文化群、文化圈。如在不同的民族区域，就会形成不同的文化类型和文化层次，以及不同的文化圈和文化群。

（三）自由性

文化的自由性，是指人类改造自然、发展社会、陶铸自身的目的是为了获得自由。而获得自由的惟一途径是创造文化，所以自由即是文化，没有文化就没有自由。

（四）开放性

文化的开放性，是指各类文化群、文化圈之间特别是物质文化之间，都具有开放的特征，而不是封闭的，因为人类是以整体面对世界的。人类在其活动过程中所形成的文化是全人类的文化，虽然文化是以个体的形式出现，但都汇集在人类文化的总体长河之中。在总体文化内，各文化的个体形式自然是开放的。

（五）历史性

文化的历史性，是指文化是一种社会历史现象。因为人类为实现某种价值目标，便随着其价值观念在活动过程中创造了某种形式的文化，当人类实现一定的价值目标后，便会追求实现某种新的价值目标，于是又会随着新的价值观念的导向作用，在活动过程中创造某种新的文化形式。文化就是一种动态现象，它是不断在新的刺激下不断形成新的价值观念和目标。所以，文化具有历史性的特征。

（六）对象性

文化的对象性，是指“人的价值观念在社会实践中对象化的过程与结果”。文化是面对对象世界的文化，其对象是人化的自然。因此，文化不可能存在着无对象的文化，也不是一切都可以成为文化的。因为作为文化主体的人，要实现其自身的价值，只有通过人所面对的对象世界，才能得到体现。文化之所以成为文化，只有通过人类实践的批判活动，进入人类心智的外化的对象化世界的事物，才能创造外在的文化产品，才可成为文化，才可使对象人化。

（七）载体性

文化的载体性，是指文化得以产生和存在的条件，即要依靠一定的对象作为载体，否则，文化是不会凭空产生、凭空存在的。譬如物质文化的载体是各种生产工具、生活工具等，观念文化的载体是审美情趣、思维方式、风俗形态等。

我们对以上文化概念、文化结构和文化特征等文化理论的理解，是我们对旅游文化概念理解的理论基础，也是对旅游商品文化建设问题的理解和实践的理论基础。

第二节　旅游文化的概念

旅游文化的概念，目前由于国内外学者对“文化”的概念的认识尚有很大分歧，从而导致对“旅游文化”的概念也停留在探讨的阶段。为了减少篇幅，本书不拟一一介绍各种观点，而是在研究各种观点论述的基础上，独立地阐述自己的观点。希望读者独立思考。

一、什么是旅游文化

旅游文化是人类在其旅游生活方式中所形成的一种文化形态。具体地说，是旅游者这一旅游主体，借助旅游介体的外部条件，在其对旅游客体开展旅游活动的过程中，获得精神文化需求的愉悦、满足，而综合形成的人类旅游生活方式的一种文化形态。因此,旅游文化是一种综合的文化现象,它是由不同的质态文化构成的一个综合的文化系统,它是由旅游主体、旅游客体和旅游介体相互作用的结果。

旅游主体,是指旅游者的旅游动机、情趣需求;旅游客体,是指旅游资源的文化价值和吸引力;旅游介体,是指旅游企业文化及其从业人员的文化意识和素质。旅游者因受旅游动机情趣需求的驱驶和旅游客体的吸引,在旅游介体的推动、组织、安排下,开展了旅游活动。在这一活动过程中,旅游者所获得的经历和感受,是旅游主体、客体和介体三者相互作用影响的结果。

二、旅游文化的领域和相互关系

(一)旅游主体文化

旅游主体文化,是指与旅游者的文化素质、思想观念、情趣爱好、心理特征和行为生活方式有关的文化。也包括旅游者所在国(地区)的文化形态,旅游者的职业、经济状况、消费习惯等。

(二)旅游客体文化

旅游客体文化,是指与旅游资源有密切关系的文化。包括旅游接待国(地区)的历史文化形态和文化传统、旅游地理文化、旅游园林文化、旅游建筑文化、旅游民俗文化、旅游宗教文化、旅游娱乐文化、旅游饮食文化、旅游服饰文化、旅游自然景观文化、旅游文学艺术、旅游人文景观文化(如楹联、石碑、陵墓、传说)等。

(三)旅游介体文化

旅游介体文化,是指与旅游供给者关系密切的文化。包括旅游管理文化、旅游服务文化、旅游饭店文化、旅行社文化、旅游文化教育、旅游政策法规等。

(四)旅游文化三大领域的关系[①]

旅游主体文化、客体文化和介体文化三大领域,是旅游文化的标

---

① 参见卢云亭《旅游文化及其系统结构分析》,白槐主编《旅游文化文集》,中国旅游出版社 1991 年版,第 113～114 页。

志。旅游主体文化是旅游文化的主体,在旅游文化三大领域中居于中心地位,旅游主体文化直接影响旅游客体文化和介体文化的发展。而旅游客体文化又直接影响旅游主体文化,它是对旅游主体产生吸引力的源泉,是旅游业发展的基础和依托。旅游介体介于主体和客体之间,一端联系着旅游主体,另一端又联系着旅游客体,从而使旅游文化成为一个有机的统一体。由此可见,旅游文化三大领域是互相影响、促进和发展的关系。

三、旅游文化的特征

旅游文化既具有一般文化形态所具有的共同属性,又具有自己的特殊性质。

(一)旅游文化的传承性

旅游文化的传承性,是指旅游文化所具有的继承性和演进性的特征。传承性是指旅游文化对人类文化具有长期继承和演变的特征,它既继承了本民族长期历史文化的沉积,又发展了本民族的历史文化,也吸收和融合了其他民族的历史文化。

封建社会的旅游文化,只是在一部分特权阶级中开始的,以寻找乐趣为目的的闲暇性的旅游文化,除了尚有一定的旅游主体文化外,可以说根本就不存在介体文化了,客体文化也主要是较为原始的或稍有加工的自然风光的资源文化。

随后经历了15世纪西方工业革命兴起,新兴资产阶级开始了对外扩张和财富掠夺,导致了世界大规模的航海旅行,从而出现了工业革命时期的旅游文化。1841年,世界上第一家旅行社——通济隆旅行社成立,从而出现了近代旅游文化。

无论工业革命时期的旅游文化,还是近代旅游文化,无论它们的旅游主体文化、客体文化,还是介体文化,虽较之封建社会的旅游文化有了巨大的进步和发展,但还是不能与现代旅游文化相比拟的。

第二次世界大战以后,特别是近30年来,旅游的迅速普及和发展,形成了社会化、规模化、大众化的现代旅游,旅游已成为了世界上最大的产业,而且被公认为将是持续发展的“朝阳产业”。目前旅游主体文化、客体文化和介体文化都已发展演进到了一个新的时代的高度，并且为适应旅游持续发展的需要，已形成了一系列的旅游学科体系，使旅游的主体文化、客体文化和介体文化都演进并形成了自己的文化科学体系，特别是现代化网络的信息管理文化、“金钥匙”服务文化等介体文化和以市场需求为导向开发旅游商品的各种客体文化，已发展到了一个全新的高度。

旅游文化三大领域，虽然已发展到了一个全新高度，但发展的每一步都体现了传承性的特征。旅游文化传承性的特征，可以帮助我们深刻剖析旅游文化内涵的演进性、层次性、丰厚性和独特性。

（二）旅游文化的民族性

旅游文化的民族性，是指旅游文化的民族特性，即每个民族的精神、性格、共同心理素质在旅游文化中的体现，也是表现了不同于其他民族文化之间差异性之所在，如各个民族不同的价值观念、审美观念、宗教信仰、民族风俗等。

旅游文化的民族性特征，国内有的学者认为是旅游文化领域中的主体文化的体现。如果当旅游者的主体是一个民族成员时，这种看法是正确的。因为他在旅游文化领域中扮演的是旅游主体角色，对旅游客体文化将产生一定的影响，而旅游客体文化就要经营谋划如何接待这个旅游主体以满足其旅游需求。但当旅游文化领域中所表现的民族性特征被当作旅游资源，即旅游客体吸引旅游者并前往旅游观察欣赏时，便是旅游领域中的客体文化了。这时民族性更表现为旅游文化的独特个性，是吸引旅游者的魅力之所在，可以说是旅游文化的“灵魂”了。因为民族的就是世界的，所以旅游文化民族性特征在旅游领域中所表现的身份不同，就会表现为不同的旅游文化角色。

旅游文化民族性的特征，既可表现为旅游文化领域中的主体文化，但更多的是表现为旅游文化领域中的客体文化。这种旅游文化的民族性特征，不仅体现在旅游文化的民族精神形态中，如民族习俗风情等，同时也体现在该民族发展历史过程中积淀的物质财富之中。例如，我国各民族的古代建筑中，至今保留完好的宫殿（北京故宫、拉萨的布达拉宫）、寺庙（西藏、青海、内蒙的寺庙）、桥梁（赵州桥、广西三江风雨桥）、塔(云南白族的白塔、少林寺的舍利塔林)、民居(北京胡同、陕北窑洞)、园林(苏州园林)等物质成果,也是旅游文化民族性特征的体现。应该指出,在旅游文化民族性特征中,尚存在着一些封建性的糟粕,如尊卑等级观念、轻视妇女观念等,是应当加以正视和批判的。

(三)旅游文化的地域性

旅游文化的地域性,是指旅游文化在不同地区之间所表现的差异特征。旅游文化的地域性特征,是在不同地区的自然环境地理、经济发展水平、文化素质、民俗风情等因素影响下形成的。而同样一个民族,因所处地域的不同,也表现出文化差异。

我国南方北方因地理位置、自然环境、气候资源的鲜明差异,从而形成了鲜明的旅游文化区域性的差异。对旅游资源的分析,表现着"南秀"、"北雄"两种审美形态。"南秀"代表长江流域的阴柔之美,包括西南的灵秀之美、华南的华丽之美,它的许多旅游资源都有灵秀、小巧、雅致的特色;"北雄"则代表黄河流域的阳刚之美,包括中原的雄壮之美、西北的浑厚之美,它的许多旅游资源都带有雄浑、粗犷、大器的地域特色。

我国南北地域性的差异,也影响南北区域在人文文化上存在着区域性的差异。如北方民风强悍、拙直,南方民风则聪颖、柔弱。因此,旅游文化地域性特征是形成旅游文化独特性、丰富性的基础。

(四)旅游文化形态的多样性

旅游文化形态的多样性,是指旅游文化有多种形态,旅游文化是众多文化现象的复合体。旅游文化形态众多,择其要者有如下几种:

1.物质文化形态。如积淀着饮食文化内涵的名菜、名点,具有民族风格的民居、民宅等。

2.精神文化形态。如风景区的楹联、碑刻、故事传说等。

3.古代文化形态。如历代的历史文化古迹等。

4.现代文化形态。如人造景观、旅游服务等。

5.民族传统文化形态。如戏曲、武术、民族风情等。

6.异国文化形态。如移植国外的西式快餐、迪斯尼乐园等。

(五)旅游文化消费的广泛性

旅游文化消费的广泛性,是指旅游者的整个旅游活动总是以旅游文化作为消费对象，在其吃、住、行、游、购、娱的方方面面，都充满着对文化精神的追求，从而表现了旅游文化消费广泛性的特征。这一特征是旅游本质的表现，因为旅游的本质就是旅游者的文化精神需求。因此，旅游者宁可骑着骆驼在戈壁沙漠中跋涉，而不乘坐快捷的交通工具；宁愿挤在傣族小竹楼或蒙古包里甚至野营的帐篷里，也不住进舒适的星级酒店；宁愿忍受某种“痛苦”，也要品尝异国异地风味的小吃；宁可忍受劳累和疲乏，也要不遗余力地爬到景区的峰顶。所有这些，都表现了旅游者为了追求文化精神的满足，在其全部旅游经历中，时时刻刻、方方面面都在自觉或不自觉地追求并消费着旅游文化。

思考题

1.简析文化的概念及其层次结构。

2.如何理解文化的特征？

3.什么是旅游文化？什么是旅游主体文化、旅游客体文化、旅游介体文化？如何理解旅游文化这三大领域的相互关系？

4.试分析旅游文化的特征。

第四章　旅游商品文化建设

学习目的

要求掌握旅游商品文化建设的概念和意义，进而掌握进行商品文化建设的 CIS 文化形象识别工程的内容和旅游商品文化形象识别系统设计。

主要内容

- 旅游商品文化建设的概念、内容和意义
- 旅游商品文化建设的 CIS 文化形象识别工程
  CIS 定义及其构成　形象识别的三个子系统及其模式设计　形象识别工程的范围
- 旅行社、旅游饭店、旅游交通商品文化形象识别系统设计
- 自然与人文景观旅游商品文化形象识别系统设计
- 旅游设施商品文化形象识别系统设计

第一节　旅游商品文化建设的概念和意义

一、旅游商品文化建设的概念和内容

（一）旅游商品文化建设的概念

旅游商品文化建设，是指旅游商品经营者为满足和适应旅游者文化精神的需求，而开发、提供具有一定文化品位的旅游商品的思想和组织建设工作。

（二）旅游商品文化建设的内容

旅游商品文化建设，包括旅游商品经营者对旅游商品经营的文化理论思想建设和文化组织建设。

1.旅游商品经营的文化理论思想建设

旅游商品经营的文化理论思想建设，包括旅游商品经营者关于旅游商品文化基础理论的学习和经营水平的提高。其中应特别明确，旅游者之所以外出旅游，根本的目的是为了获得各种文化精神需求的满足，这种需求正是旅游的本质之所在，尤其应明确旅游商品的概念、特点和类型。在对旅游基础理论认识的基础上，还应不断研究探讨，如何把这一理论应用于为旅游者开发和提供的旅游商品之中。因此，也可以说旅游商品经营的文化理论思想建设，可概括为经营理念的文化形象建设。

2.旅游商品经营的文化组织建设

旅游商品经营的文化组织建设，主要是围绕如何为旅游者提供的所有旅游商品都能体现出应有的文化品位，如何开展旅游商品文化建设的各项设计与组织工作，以便使旅游者乐于购买，并获得愉悦的文化精神感受。

二、旅游商品文化建设的意义

（一）旅游商品文化建设是满足旅游者旅游目的的客观要求

旅游者旅游的终极目的，是通过旅游经历和活动，获得相应文化精神需求的满足，旅游者所要购买的所有旅游商品，不管是无形的还是有形的，都应具有一定的文化含量，任何没有文化品位的旅游商品，旅游者是不会购买的。因此，旅游经营者进行的旅游商品文化建设，正是为了满足旅游者旅游终极目的的需求。

（二）旅游商品文化建设是开发现代旅游商品的客观要求

没有文化的“旅游”不是旅游，更不是现代的旅游，所以现代的旅游，必须是具有丰富文化内涵的旅游。旅游商品经营者为旅游者开发、提供的一切旅游商品，必须是能充分满足旅游者的文化精神需求，必须是具有一定文化品位，并使旅游者在其全部旅游经历中获得愉悦的文化精神感受。因此，旅游经营者进行的旅游商品文化建设，正是开发现代旅游商品的客观要求。

（三）旅游商品文化建设是繁荣旅游商品市场经济的客观要求

旅游问题是市场问题，市场问题是客源问题，客源问题是商品问题。所以只有开发了适销对路的旅游商品，才能吸引广大的旅游客源，旅游客源是发展旅游市场的财源，只有财源充足，市场才能兴旺繁荣，所以商品问题是市场的根本问题。

那么，什么样的旅游商品才是适销对路的商品呢?购买者无论购买他最需要的无形旅游商品或有形的旅游商品，都需要充分满足其对文化精神的追求，都需要获得文化精神的观赏与感受。所以，只有旅游者在旅游过程中方方面面所消费、购买的一切旅游商品，都具有相应的文化品位和文化形象时，才是适销对路的旅游商品。所以，旅游商品问题就是商品的文化建设问题，对旅游商品文化品位的建设，也正是旅游商品市场经济繁荣发展的客观要求。

（四）旅游商品文化建设是旅游业自我滚动发展的客观要求

商品经营者之所以积极从事与生产、销售的有关经营活动，都是为了盈利。如果经营者不能从中获利，就无法滚动发展，就会亏损破产。为此，商品经营者无不千方百计寻找获利的诀窍，这个诀窍就是进行商品的文化建设。

任何商品经营者要实现盈利的经营目标，惟一正确的途径就是进行商品文化建设，才能使自己的商品适应消费者的需求，消费者才会乐于购买。所以，旅游商品更应具有与消费者需求相适应的一定的文化品位和文化形象。因此，旅游商品文化建设是旅游业的经营者自我滚动发展的客观要求。

第二节　旅游商品CIS文化形象识别工程

一、旅游商品CIS文化形象识别工程的概念

（一）CIS定义及其构成

CIS(Corporate Identity System的缩写）原是指能够把企业的经营活动成功地导入到一个新的形象境界的识别系统。它包括理念识别(Mind Identity—MI)、行为识别(Behavior Identity—BI)和视觉识别(Visual Identity—VI)三个子系统。

既然企业有企业形象的识别系统，那么旅游商品也应该有旅游商品形象的识别系统。旅游商品有景观旅游商品、民俗旅游商品、娱乐旅游商品、饭店旅游商品、交通旅游商品、旅行社旅游商品、服务旅游商品、设施旅游商品等，这些旅游商品都应分别有自己的形象识别系统。

（二）旅游商品形象识别系统的三个子系统

1. 理念识别系统(Mind Identity System—MIS)

理念识别系统，是指旅游商品经营者对商品形象从理念上加以识别的策划系统。包括旅游商品经营理念、经营信条，商品文化企业精神、经营姿态等。这种商品的理念识别系统，实际上就是商品的文化理念形象和品位。这一理念形象识别系统自始至终应贯穿于企业商品的经营活动之中。

企业文化或商品文化，应通过企业精神标语给予表达和传播。以饭店为例，世界上一些著名饭店和餐饮连锁店对此都是非常重视的。如假日饭店以经营姿态的标语表示其企业商品的理念形象："任何人随时都可来住宿。"希尔顿饭店则以经营信条的标语加以表示，即"以最少的费用，享受最多的服务"(Minimum Charge For Maximum Service)。麦当劳则以风格文化理念"质量、服务、卫生、价值、位置"加以表示。上海锦江饭店则以企业精神哲学"宾客至上、服务至上、礼仪第一、信誉第一"加以表示。这样，这些企业商品的理念识别形象就极其鲜明简要地得以表现，也表明该企业自始至终将在其整个经营活动中贯彻实施。这种企业精神标语，就是企业的一种理念识别的文化建设，也是企业的商品理念识别的文化建设。

2. 行为识别系统(Behavior Identity System—BIS)

行为识别系统，是指旅游商品经营的企业围绕其理念识别系统，对企业内部人员的对内对外活动及其举止、态度、行为方式等所规范的表现企业形象的行为识别系统。企业对外行为活动有公共关系、市场调查、商品促销、沟通对策、公益文化等，企业对内行为活动有商品开发、生产管理、员工教育等。所有这些都应属于企业的行为文化。完全可以说，任何企业不管其自觉或不自觉，都会有其成文或不成文的表现企业形象行为的文化规范。在宾馆饭店中引入行为识别系统(BIS)的成功案例甚多。如成都锦江宾馆制定的《管理服务手册》，对所有工作岗位都制定了详细的职责、程序、标准，以服务的标准化、规范化与个性化的超常与完美结合为目标，以突出"情"与"暖"的服务行为的特色，从而使宾馆的日常管理和服务行为全面规范化。同时，该宾馆还很重视社会形象的塑造，对社会福利事业积极捐助支持。这样，通过这些行为识别系统，也就鲜明地体现了该饭店的"友善、相助、礼貌、朴实、精勤、完善"的理念识别系统。

3. 视觉识别系统(Visual Identity System—VIS)

视觉识别系统，是指旅游商品的经营企业围绕其理念识别系统，通过直接的视觉和感受所设计的企业形象的视觉识别系统。这一系统包括视觉的基本体系和应用体系。

企业视觉形象的基本体系，是指将企业形象(CI)设计成可视性的标准规范。如商标、公司的象征性符号、企业造型、标准色、标准字、基本图案、企业标语等。

企业视觉形象的应用体系，是指将企业形象(VI)通过某些媒体的表现和应用而形成最具体的可视性企业形象。如饭店的内部陈设、办公用品、员工服装、客房服务、餐饮服务、展示陈列、广告版式、公共识别符号(如招牌、展示板、标志牌、说明架等店头广告)以及建筑外观设计等。成功的设计会给顾客以强烈的视觉感受。

二、旅游商品CIS文化形象识别工程的范围

旅游商品，是指供给者为满足旅游者的旅游需求，以出卖交换为目的而提供的具有使用价值和价值的有形的旅游劳动物品与无形的服务的总和。因此，凡是出卖给旅游者的有形劳动物品或无形劳动服务都是旅游商品，如景观线路，组织安排，导游陪同，饭店、旅行社、交通的设施与服务等都属于旅游商品。而旅游者对旅游商品需求的核心是文化精神需求的满足，所以旅游企业推出的有形或无形的旅游商品，在其形象设计中，商品的文化建设应该是形象设计的出发点和主体。

旅游商品文化建设，应包括旅游商品品牌理念识别文化建设、旅游商品从业人员的行为识别文化建设、旅游商品视觉识别文化建设。它应分别体现在旅游企业商品、旅游景观商品、旅游服务商品、旅游设施商品等所有旅游商品的文化建设之中。

三、不同企业的旅游商品文化形象识别系统的实施模式

(一)旅游商品经营水平较高的企业的实施模式

旅游商品经营水平较高的企业，管理规范，经营运转好，管理、营销、服务的条件均较成熟。若导入旅游商品的企业形象识别系统(CIS)，可在理念、行为、视觉三个方面同时策划，使它形成更高的形象，使整体营销力、管理水平达到一个更高的台阶。

(二)旅游商品经营管理水平较低的企业的实施模式

旅游商品经营水平较低的企业，管理尚不规范，经营运转差，管理、

营销、服务的条件也不理想,甚至尚未形成自己的经营理念。若导入旅游商品的企业形象识别系统(CIS),可先从企业的行为和视觉识别形象(VI)起步,再逐步增加理念形象识别系统的文化含量,然后按照企业形象系统(CIS)的要求,进行调整、规划、设计、操作、实施。

总之,一切旅游商品企业导入旅游商品企业形象识别系统(CIS),应从本企业的实际出发,注意导入时机、目标模式及操作技巧的选择。

第三节 旅游商品文化形象识别系统设计

一、旅游企业商品文化形象识别系统设计

旅游企业商品是指旅游业三大支柱企业的旅游商品。

(一)旅行社旅游商品文化形象识别设计

1.旅行社

国务院颁布的《旅行社管理条例》规定:"旅行社(旅游公司或其他同类型的组织)是指依法设立并具有法人资格,从事招徕、接待旅游者,组织旅游活动,实行独立核算的企业。"旅行社是旅游业的三大支柱之一。按其招徕、接待游客范围的不同,可分国际旅行社和国内旅行社。

2.旅行社旅游商品

根据旅行社的概念,不管其招徕、接待游客的范围如何,旅行社旅游商品是指旅行社对顾客旅游的线路设计、活动安排、优质服务的总和,或者说是招徕游客,接待旅游者,组织开展各项旅游活动,提供优质服务的总和。这种商品都是无形的服务商品。具体地说,是指旅行社对景点游览、饭店食宿、交通往返进行设计、组合,并制定出整体计划,包括游览线路、游览景点、交通工具、食宿、娱乐、组织购物、活动安排以及接待、导游等全部旅游过程的总体安排。总之,从宣传招徕,到接待、游览、送行的全部旅游过程,都要作出全面详细的计划、设计、组织、安排,提供全套服务,这就是旅行社所生产的旅游商品。

3.旅行社旅游商品文化形象识别设计

总的说来,旅行社旅游商品文化设计应进行高文化品位的企业形象设计(CIS)。即体现出自己鲜明的经营理念形象,规范旅行社全体员工的行为形象,设计能体现旅行社理念形象和行为形象的视觉形象。

应该说,每个旅行社的旅游商品文化建设的具体形象设计模式是不完全相同的,但总的格局是一致的。同时,旅行社旅游商品文化形象建设,各旅行社应有自己的一套详细可行的具体规划方案,有了方案才有进行商品文化建设的实施根据。方案制定的内容是 CIS 的内容,即上述企业形象识别系统的三个子系统的内容。

(二)饭店旅游商品文化形象识别设计

1.旅游饭店

旅游饭店,就是以建筑设施为凭借,为旅游者提供住宿、饮食、娱乐、购物或其他服务的企业。是旅游业的三大支柱之一。

旅游饭店有各种各样的类型。按饭店特色及客人特点划分,有商务型饭店、度假型饭店;按饭店经济类型划分,有国有经济饭店、集体经济饭店、私营经济饭店、联营经济饭店、股份制经济饭店、外商投资经济饭店和我国港、澳、台地区投资经济饭店;按饭店规模划分,有大型饭店(600 间以上)、中型饭店(300～500 间)、小型饭店(300 间以下);按饭店等级划分,有一星级饭店、二星级饭店、三星级饭店、四星级饭店、五星级饭店、白金五星级饭店。

2.饭店旅游商品

饭店旅游商品,是指饭店为旅游者提供的住宿、饮食、娱乐、购物或其他服务的有形与无形的商品。不管饭店类型如何,商品的基本模式是一致的,不同的是不同饭店商品文化品位档次建设的不同。

3.饭店旅游商品文化形象识别设计

饭店旅游商品文化形象识别设计,应按照企业的形象识别系统(CIS)的三个子系统的策划要求进行。所不同的是各类的饭店应根据自身的类型、级别、规模、性质等进行设计规划。本书只就一般的原则问题进行阐述。

(1)饭店旅游商品文化理念识别系统设计,应着重从饭店的经营哲学、企业精神上去设计如何体现饭店商品形象的文化理念,如"宾客至上、服务至上","质量第一、信誉第一","宾客的满意,就是我们的愿望","想客人之所想,想客人之所未想","质量、服务、信誉、安全"等,都从不同的角度体现了饭店各自商品文化的理念形象。然后饭店再围绕这一理念的文化形象,研究如何贯穿在其整个经营活动之中,即体现在其行为形象和视觉形象识别之中。

(2)饭店旅游商品文化行为形象识别系统设计,应围绕饭店商品文化理念形象识别系统,对饭店内部所有从事旅游商品经营的人员的对内对外活动,作出能表现出相应文化品位的行为准则与规范要求,包括行为举止、语言态度、方式等。这些准则和规范要求,一般都在饭店导入企业形象识别系统(CIS)所制定的《管理服务手册》中作出详细的规定。

这种行为形象识别设计,应体现在为客人服务的活动中,在饭店公共关系、市场调查、商品营销的各项活动中,便能有效地塑造饭店商品文化的行为形象,从而也能为饭店带来极好的经济效益。

(3)饭店旅游商品文化视觉形象识别系统设计,是指对饭店商标、象征符号、造型构图、标语、饭店内部设施、办公用品、员工服装、客房设施、展示陈列、广告版式、店头标志符号、建筑外观等一切具有直接视觉感受的具体项目的设计,应使其具有视觉识别和直接感染力,强烈耐久的刺激效果。如果是全球著名集团的饭店,对其所有成员均应有统一的名称和标志。

(三)交通旅游商品文化形象识别设计

1.旅游交通

旅游交通,是指旅游者由定居地到旅游目的地,以及在各地旅游往返,而借助交通设施和服务进行的空间转移。这主要有飞机、火车、汽车、轮船等形式。旅游交通形象是一个国家或地区旅游业发展的重要标志,也是制约旅游发展的瓶颈。它与旅游饭店、旅行社共同构成旅游业的三大支柱。

2.交通旅游商品

交通旅游商品,是指交通经营者为旅游者的空间转移提供的交通设施和旅途服务活动的总和。交通设施，是指空运、陆运和水运三种形式的各种飞机、火车、汽车、轮船的设施；旅途服务，是指旅游交通从业人员在旅游者空间转移过程中为其提供的各种服务活动。由于交通形式的不同，因而服务的内容和文化品位也有所差异，但基本的标准都应使旅游者满意、安全，并获得一定文化品位的感受。

3. 交通旅游商品文化形象识别设计

交通旅游商品文化形象识别设计，是旅游交通行业形象识别的要求，也是繁荣发展旅游交通业的需要，应按照企业形象识别系统(CIS)的三个子系统的策划要求进行设计。

交通旅游商品文化理念形象识别设计，应着重从交通行业的经营哲学、行业精神上去体现，如“宾客第一、安全第一、质量第一、服务第一”。而交通行业因其类型不同，其文化理念形象识别系统也是有差异的，如民航有国际机场、航空公司、航空旅游公司等，火车有硬座、软座、硬卧、软卧、特快、直快、普客、专列等，轮船有一等舱、二等舱、三等舱等，因而其理念形象也应有一定的差异。

交通旅游商品文化行为形象识别设计，应围绕其文化理念形象识别系统，对交通企业内部所有从业人员的对内对外活动作出能表现应有文化品位的行为准则和规范要求。这些准则和规范要求，各交通企业一般都在其管理条例或管理服务手册中作出了详细的规定，并在上岗前都要进行培训、实习。

交通旅游商品文化视觉形象识别设计，应视交通企业各自的具体情况，分别对其商标、象征、符号、造型构图、标语、内部设施、办公用品、员工服装、展示陈列、广告版式、店头标志、建筑外观等所有一切具有直接视觉感受的具体项目，使其视觉识别和直接感染力具有强烈耐久的刺激效果。

二、景观旅游商品文化形象识别系统设计

(一)自然景观旅游商品文化形象识别设计

1. 自然景观

自然景观，是指在以自然景色为依托的基础上，并注入一定的人为

因素，加工组合，成为可供人们游览观赏的景观。

自然景色则是指在特定条件下天然形成的，并使人产生美感的自然环境和物象的地域组合。如湖光山色、奇石异洞、流泉飞瀑、林涛竹海、阳光海滩等。

2. 自然景观旅游商品

自然景观旅游商品，是指旅游经营者将其组合加工的自然景观向游客销售，并吸引游客前往游览的旅游商品。根据本书第二章的论述，商品是指为了出卖而生产的具有价值和使用价值的劳动物品，所以只有当自然景观被推销出卖时，它才能成为商品，否则只能称为产品。旅游业经营者组建的旅游自然景观，目的就是要向游客推销，而非自己观赏游览，所以旅游自然景观总是以商品的身份出现的。

3. 自然景观旅游商品文化形象识别设计

(1)按旅游商品 CIS 文化形象识别的共性要求和内容进行设计。

即按照旅游商品 CIS 的理念识别系统、行为识别系统和视觉识别系统的一般共性要求与内容进行设计。

(2)按自然景观旅游商品 CIS 文化形象识别的个性要求和内容进行设计。

自然景观旅游商品既然是商品，就必然具有商品的共性，但又因它是自然景观旅游商品，所以它又必然具有自己观赏游览的个性。因此，其 CIS 文化形象识别设计既要按照共性的要求，又要按其个性的特点进行设计。这就需要从自然景观的个性特点出发，进行文化、美学形象组合，其理念、行为和视觉三个文化形象识别设计的子系统，都应表现出自然景观旅游商品个性的特点要求。

(二)人文景观旅游商品文化形象识别设计

1. 人文景观

人文景观，是指人类依靠自身的因素开发、创造、建设能给人们以教育、乐趣和享受，具有浓厚文化特性的环境和景物。包括：

(1)文物古迹、古代建筑以及为其展现和保存而建成的博物馆、纪念馆等。

(2)园林建筑、古坟墓、古园林、革命文物等。

(3)社会风情和文化传统,如节日民族风情、文化艺术、风味佳肴等。

(4)现代社会经济发展成就,主要指已建成的现代科学技术设施和工程项目,如长江三峡水电工程、大型港口、上海浦东开发区等。

2.人文景观旅游商品

人文景观旅游商品,是指旅游业供应者将人文景观进行开发、组合,并向旅游者销售,吸引前往游览、学习、观赏、享受的旅游商品。如北京故宫,西安的秦始皇陵兵马俑,上海豫园、浦东区东方明珠电视塔等,当其被用以招徕旅游者前往参观游览时,便成为了旅游人文景观商品。

3.人文景观旅游商品文化形象识别设计

(1)按旅游商品 CIS 文化形象识别的共性要求和内容进行设计。

即按照旅游商品 CIS 的理念、行为、视觉三个子系统一般商品共性的文化形象设计的要求和内容进行设计。

(2)按人文景观旅游商品 CIS 文化形象识别的个性要求和内容进行设计。

旅游人文景观商品也与旅游自然景观商品一样,既具有商品的共性,又具有作为具体人文景观商品的具体个性。所以其 CIS 文化形象识别设计,除了按照商品的一般共性设计外,更要从其个性特点出发,突出其科学文化价值,并进行美学形象的设计包装,对其开发经营的理念、行为和视觉三个子系统的设计,都应表现出人文景观旅游商品的特点和内容。

三、旅游设施商品文化形象识别系统设计

(一)旅游设施

旅游设施,是指旅游企业为满足旅游者开展旅游活动的种种需求,而配合置办的建筑、装饰、办公、服务的有关设备设施。因此,旅游设施也是旅游企业开展旅游业务的经营依托,是旅游企业商品的视觉形象、档次水平和对旅游者吸引力大小的重要标志。

（二）旅游设施商品

旅游设施的状况如何，文化、品位、档次如何，决定了旅游者在其吃、住、行、游、购、娱活动的质量和精神文化感受的程度，所以旅游设施实际上也是旅游企业商品总体构成的重要部分。很难设想，旅游设施不理想的旅游企业，能够吸引理想的客人。从这一角度来看，旅游设施商品则是指旅游企业依托旅游设施、开展业务、吸引游客的旅游商品总体中的重要组成部分。可见旅游设施不是旅游企业自己享用的，而是为了向旅游者出卖而设置的，自然也就是一种旅游商品。作为旅游业的商品供应者，应该具有这种现代市场的商品意识来看待旅游设施。

我们的旅游经营者，往往在设置旅游设施的实践中，不懂得为吸引相应档次的游客，必须有相应档次的旅游设施。可以说，许多经营者的观念还未把它提到旅游商品的理论高度来加以认识。

设施虽不能单独走向市场，单独销售，但从旅游市场经营和开发，从旅游者消费需求的角度看，它与旅游服务在旅游商品的总体中是具有相同意义和地位的。既然服务被公认为是无形的旅游商品，那么设施又为何不可视作既是有形的物质旅游商品，但又不同于一般的物质商品的旅游商品呢？再说，旅游商品是集各种有形和无形因素所构成的总体，旅游商品是以集各种有形旅游商品和无形旅游商品总和的总体形象向消费者销售的，各有形或无形的旅游商品也不可能是单独走向市场独立销售的。所以，旅游设施商品应该是也必然是构成旅游总体商品的重要组成部分。再以交通设施为例，其品位、质量、档次不同，出售的价格就不同，可见交通旅游商品完全是以设施为主体进行销售的。这样认识，对树立市场观点，更好地进行旅游商品建设是完全必要的。

（三）旅游设施商品文化形象识别设计

按照企业文化形象识别系统 CIS 的形象设计要求，CIS 系统是指理念、行为和视觉形象三个子系统。但因设施一般都是物质的有形设备，除交通设施外，它本身并没有行为动作，也就没有行为形象设计，因此可着重进行理念和视觉形象设计。但随着科学技术的发达，许多旅游设施也不断具有自己的行为形象，如旋转车、冲浪车、过山车以及各种交通工具等。

设施旅游商品的理念文化形象设计，决定于旅游企业的级别和品位档次的要求。如不同星级品位的饭店，其设施的文化档次与品位必须与饭店的品位相适应。而理念文化形象又要通过其视觉文化形象加以体现，如旅游者通过视觉获得富丽堂皇、豪华、高雅、华贵、舒适、简朴、大方、整洁、适用等形象感受。因此，旅游设施商品文化形象设计应通过理念文化形象的要求，着重视觉文化形象的设计。

不同类型的旅游商品有不同类型的设施，如自然景观旅游商品与人文景观旅游商品的设施，游览船舶和登山索道旅游商品的设施，飞机、火车、汽车的设施，旅行社和饭店、餐厅的设施等，其设施的类型是不同的，因而其文化形象的个性要求也是不同的。

四、其他旅游商品文化形象识别系统设计

除上述旅游商品外，还包括民俗旅游商品、娱乐旅游商品、服务旅游商品、会议旅游商品、商务旅游商品等。它们的文化形象识别系统都包括理念、行为和视觉三个子系统形象。其形象设计，也应该按照三个子系统的规范要求进行，但应显现其个性特点。其原则是一致的，这里不再一一赘述。

案例分析　　　感受震撼

特约记者　张艺

2003 年 10 月 1 日起，由中国著名导演张艺谋担任总导演的大型桂林山水实景演出《印象·刘三姐》在桂林漓江开始试演。

虽说记者在此之前已经阅读了有关表演的大量介绍，想象却依然无法超越如此的视觉震撼。古老的漓江山水，在烟雨中等待千年，就在这一刻被一部老电影凝固了下来。

星星路

“唱山歌哎，这边唱来那边和，哎那边和……”传唱久远的熟悉曲调从墨一样浓稠的夜色中缓缓飘出，弥漫在江面上，流淌在空气里。一块放映着《刘三姐》老电影的银幕在氤氲雾气中隐隐亮起，在歌曲唱完之

后，又归于静默。瞬间的静默突然被光影打破，被灯光照亮的峻峭山峰犹如魔术般撞入人们的眼帘，引得一片惊叹。15盏探照灯的光束交错映亮了整个天空。河面上奇迹般地出现了几只竹筏，身着盛装的壮族少女站在竹筏上，用清亮甜美的歌声向所有的观众致意，燃起的渔火照亮了她们红润的脸庞，一盏、两盏……

星星点点的渔火从天边亮了起来，仿若星星一般，把水面、河岸和舞台连接在一起。于是，记者发现自己的眼睛不够用了，不调动所有的视觉神经，实难将山水实景舞台中的一切尽收眼底。

红色激情

很快，观众们就感受到了张艺谋的气息。在节奏强烈的音乐中，几十位渔民排着整齐的纵队，驾驶着小舢板，如箭般滑过水面。就在他们蹲下又站起的刹那，整个水面突然间就燃烧了起来——渔民们扯起的藏在水面的红绸，把大片大片的红色毫无顾忌地洒向人群。那熟悉的颜色，犹如《菊豆》里的大染坊，《英雄》里的枫叶地，《图兰朵》里的红舞台，张艺谋正用自己招牌式的色彩运用在向大家打招呼呢。

渔民们随着节奏舞动，变幻着各种造型：时而把舢板淹没在红海中，只露出圆圆的斗笠；时而将红绸抛向天际，带出一段弧形的彩色水帘。快乐的舞蹈感染了这片山水，也感动了台下的观众。人们用欢呼与喝彩表达着对演员和舞蹈的喜爱，舞台上下一片欢腾。

天体浴

岸边的山变成了彩色的，岸边的树变成了彩色的，一队赶着老牛的牧童沿着山路缓缓而行，也笼罩在彩色的光影中。远处的江面上，刘三姐撑着红色的雨伞，沿着江面缓缓而行，近处的小舢板如蛇蜿蜒，一个个黑鸦似的老渔夫伫立船头。

黑暗的山坳里飘来一弯金色的月牙儿，身披纱巾的月亮女神斜躺在月端，温柔妩媚地凝视着大地。一队长发飘飘的白衣少女临水而嬉，她们脱去外衣，不着寸缕，用脸庞、用双手、用腰肢、用长发、用身体的每一个部分去感受江水的清冽。翩跹的“漓江女儿”在栈桥头飘然起舞，用美丽丰满的胴体诉说着无邪的少女情怀。终于，她们随着一叶扁舟飘然而去，融入那随着歌声闪烁的潋滟波光。

萤火虫

黑暗的休止符让目光停稳，远处飘出的亮晶晶的少女就又成了注目的焦点，她们用光的魔术肆无忌惮地调度着观众的视线。一个、两个、三个……依次亮起的民族服饰犹如一只只透着冷光的萤火虫，逶迤着向观众飘来。这一条银光持续不断，慢慢地在栈桥上延伸。很难想象，在岸边的夜色里竟然可以藏下这么多人，等二百多人的队伍形成一个“之”字铺上水面，观众们已经消化了最初的惊喜，等待着下一个奇迹的出现。

随着天籁般的低吟，“银线”的某处神奇地断裂，裂缝逐渐扩大，形成一朵朵旋转的“银花”。忽然间“萤火”和着音乐开始了明暗交替，时隐时现的姑娘们在自己营造出的童话世界中向观众们深深鞠躬，而岸上的人们却依然深浸梦中，不愿离去……

（《中国策划》2004 年 3 月号总第 50 期）

案例思考

请从《感受震撼》中，分析这一旅游商品文化的理念、行为、视觉的形象识别系统设计表现了哪些特点？

思考题

1. 如何正确理解旅游商品文化建设的概念、含义、内容和意义？

2. 试述旅游商品文化建设 CIS 的概念、构成及其模式设计与范围。

3. 简析旅游业三大支柱之间的旅游商品文化形象识别系统设计的差异。

4. 自然景观与人文景观旅游商品之间的文化形象识别系统设计应各自突出哪些内容？

5. 概述旅游设施商品文化形象识别设计及其特点。

第五章 景观旅游商品

学习目的

通过本章的学习，要求学生理解景观与景观旅游商品的含义，了解景观旅游商品文化建设的内涵，掌握景观旅游商品开发设计的概念、开发原则和主要设计手法。

主要内容

●景观与景观旅游商品

景观　景观的分类　景观旅游商品　景观旅游商品的分类

●景观旅游商品开发

景观旅游商品开发的含义　开发的原则　景观旅游商品设计　景观文化　景观旅游商品的文化建设

第一节 景观与景观旅游商品

一、景观

(一)景观的概念

1.景素

是构成使得人们产生美感、观赏、文化,并能吸引游人的自然与社会物象的景象要素。

2.景观

是指某一特定时空范围内能供人们观赏,并获得美的感受,由景素的完美结合而构成的画面。这种画面在人类早期的审美认识中,都称之为风景、景色,随着审美意识的深化和旅游活动的产生,便逐步称之为景观或旅游景观。景观是客观存在的自然与人文物象,主要通过人们的视觉而获得的一种感知,故其特征应体现出物象的客观与感知的主观两方面的内涵。

3.景观的含义

(1)景观指在一定地域内的自然与人文的多种因素有规律地组合起来的有形或无形的地域综合体。

(2)景观具有时间的限定性,景观只具有在某一时刻或某一短时段内才有可能把握的具体内涵。因为景观是随昼夜交替、季节变化、年度轮回而变换的。

(3)景观是人们通过感觉来获得的一种印象,因而面对同样的景物对象,景观会随着感知主体的不同而有一定的差异,也因同一感知主体在对景物进行审美时心境的不同而有差异。例如,春季的内蒙古草原景观,其构景景素是起伏平缓的地面、绿油油的青草、蓝天白云、羊群、牧羊人、蒙古包等,草原景观则是这些景素和谐组合起来的综合体。作为当地的牧民和一个外地来的旅游者,面对同样的草原景观,其感受差别是很大的。

（4）景观都具有个性，由于构成景观的景素的多样性以及景素组合的多样性，加之景观又是以整体地域地理环境为背景的，而地域地理环境又是有差异的，因此各地的旅游景观都有自己的个性，并借此吸引外地的旅游者。

（二）景观的特征

1.整体性

景观之所以能给人们以美感、能为人们所把握，是因为它是以一个完整的面貌出现在感知主体面前，从而体现出区分于其他景观的特征。如果是凌乱的、支离破碎的，则不能给人们以美感，也是难以把握的。人们在把握景观整体性的时候，一是从不同的层面去把握，即从最小的景物→景点→景区去观察景观，如游览桂林山水的游客正是通过游览象鼻山、伏波山、七星公园、芦笛岩、漓江等具体景物、景点、景区之后，再来归纳自己对桂林山水整体的意象；二是不同的旅游者会从不同的角度去把握景观的整体性，如对于一个地质化石剖面景观，有人会联想到“沧海桑田”的变化，有人会注意到生物的进化，有人则只注意古生物的奇特形状。

2.可观赏性

景观的核心功能是具有观赏价值，能给人以美的享受，陶冶情操，净化心灵，激发起爱国主义感情。可观赏性体现了景观的功能价值，是旅游景观的吸引力所在，不具有观赏价值的事物是不能称为旅游景观的。

3.区段性

景观是在一定的自然、人文地理环境下形成的。由于形成景观的自然、人文地理因素组合的差异性，必然造成景观在不同地域、地段的差异，这种差异在空间上的变化大多会体现出一定的分异规律。比如，从中国南方的秀丽到北方的雄浑，从河流上游峡谷地貌景观到下游的宽广平原，中国喀斯特地貌从云贵高原过渡到广西盆地的变化，村落依山傍水而分布等，说明景观分布大都有一定的分异规律。但也有少数景观分布并不呈现出规律性，尤其是小的单立景观，像一块奇石、一泓清泉、一棵古树等，这种分布的无规律性则是区段性的另一种表现形式。

4. 节律性

景观是由地质、地貌、气候、生物等自然因素和历史遗迹、建筑、村落、城镇、风情等人文因素构成的。这些构成因素，尤其是自然因素，有着明显的随时间推移而有规律循环变化的现象，无论是从气候的变化，河流、湖泊、海洋水位涨落，生物的生长繁殖，还是从海侵与海退，冰川的进退，岩石形成的循环等，都可以观察到。景观变化的时间可长可短，有日节律、月节律、年节律、世纪节律，甚至有以几百万年、几千万年为周期的地质节律。景观因素的节律变化必然引起景观的节律变化。景观的节律性在人文景观中不如自然景观明显，由于人是生活在自然环境中，生活起居、工作、休闲娱乐以至宗教都必然打上自然环境的烙印，因此许多活动也有明显的节律性，如节庆日、农事活动、宗教仪式等。

（三）景观的分类

由于景观种类多、成因差异大、利用方式与程度不一，因而可从不同的角度对其分类。比较典型的分类有：

1. 按景观的性质与成因分类

（1）自然旅游景观：地文景观、水域风光、生物景观、天象气象景观等。

（2）人文旅游景观：文物古迹、文化艺术、民俗风情、现代设施景观等。

（3）人造旅游景观：主题公园、游乐场、步行街、旅游节等。

2. 按利用方式分类

（1）游览鉴赏型：优美的自然风光、著名的古建筑及园林等。

（2）知识型：文物古迹、博物展览、自然奇观等。

（3）体验型：民俗风情、节庆活动、宗教仪式等。

（4）康乐型：度假疗养、康复保健、人造乐园等。

3. 按景观被开发利用程度分类

（1）原始地区：原始森林、原始荒原、极地地区等。

（2）近原始地区：森林公园、自然风景名胜区、海礁海滩等。

（3）乡村地区：田园风光、草原牧场、渔村等。

(4)人类集中利用的地区:小城镇、工矿区、大型工程点等。

(5)城市化地区:城市景观、公园园林、博物馆、游乐场等。

二、景观旅游商品

(一)景观旅游商品的概念

景观具有满足人们审美需求的功能,但并不就是景观旅游商品,它必须经过开发并投入旅游市场,才能成为景观旅游商品。从景观到景观旅游商品的过程,正是投资者或开发商介入的过程。开发商甚至可以根据市场需求,创造人造景观供游人欣赏,如荷兰的小人国主题公园、中国的西游记宫等。故景观与景观旅游商品的关系类似于工业中原料与制成品的关系。两者的差异主要体现在:景观是一种自然的存在状态,并非是为了观赏者而特意生成的,如黄山风景,在人们意识到它的美时,它早已存在上百万年了,而景观旅游商品,则是针对观赏者的审美需求,特意开发或创造的。从时间上来讲,从人类把自然当成神秘的可怕力量,到把自然当成可以认识、利用和改造的对象时,自然才成为审美的客体,这时人类的脑海中才有了"风景"之类的意念。因此景观或风景的概念,在人们的思维中早已存在,但只有经营者将天然景观,组成一条线路出售给旅游者时,景观才成为景观旅游商品。景观旅游商品是在资本主义市场经济发育到了一定程度的19世纪中叶才出现的。因此,景观旅游商品是指经营者对景观进行规划、设计、开发、组合、包装、宣传,推向旅游市场,以满足游客观光需求的一种旅游商品。景观旅游商品往往是一个旅游地的核心所在,其他旅游商品大多依附它而生存。景观旅游商品的销售,还必须有相应的基础设施、服务设施与各种服务人员的配套组合,才能得以销售。

(二)景观旅游商品的分类

景观旅游商品可分为自然景观旅游商品、人文景观旅游商品和人造景观旅游商品。

1.自然景观旅游商品

(1)地质景观旅游商品:岩石标本、地质剖面、构造形迹、化石、火山等。

(2)山水景观旅游商品:名山大川、风景河湖、漂流河段、多彩海洋、深大峡谷、风景地貌(喀斯特地貌、丹霞地貌、花岗岩地貌、石英砂岩地貌、黄土地貌、干旱地貌、冰川地貌、海岸地貌)等。

(3)生物景观旅游商品:森林景观、草原景观、古树名木、海洋生物、奇花异草、珍稀动物等。

(4)天象气候景观旅游商品:日月星辰景观、雨雾雪景、云景、大气光学现象等。

2. 人文景观旅游商品

(1)历史遗迹景观旅游商品:古遗址(古人类、古战场、古经济活动遗址)、文物展馆、石窟石刻、古建筑(城墙、宫殿、寺庙、陵墓、坛、塔、桥、水利工程等)、古典园林等。

(2)民俗风情景观旅游商品:节会庆典、民间歌舞、宗教活动、民居建筑、民族服饰、生活习俗与风味饮食、民族工艺与民间艺术等。

(3)城乡风貌景观旅游商品:历史文化名城、现代都市、特色城镇、典型村落、博物馆、大型工程设施等。

3. 人造景观旅游商品

(1)主题公园景观旅游商品:民俗村、微缩景观、影视基地等。

(2)游乐园景观旅游商品:公园、动物园、植物园、水族馆、游乐场等。

(3)旅游节景观旅游商品:各种针对旅游的非传统节日,如荔枝节、沙雕节、烟花节、火把节等。

第二节 景观旅游商品开发

一、景观旅游商品开发的概念和基本思路

(一)景观旅游商品开发的概念

景观旅游商品开发,是旅游地政府、人民或旅游开发商从市场需求

出发，依据当地景观旅游资源、区位条件、社会经济背景进行景观的规划、设计、营造、宣传和促销的过程。

景观旅游商品开发，应该包括新的旅游景观商品的开发、传统旅游景观商品的改造和现有旅游景观旅游商品的组合设计。

传统的景观旅游商品，主要有自然景观、文物古迹、民族风情和都市风貌等，但随着旅游的日益普及与旅游者旅游经历的增加，传统的景观（观光）旅游商品难以满足市场需求，一些传统的景区、景点经过修葺、改造或进一步的包装，如申报世界遗产，申报国家级、省级风景名胜区、历史文化名城、文物保护单位、自然保护区、森林公园、地质公园等，焕发了新的活力。

新的景观旅游商品也不断推出，如人造景观、主题公园、水族馆及人工"野生动物园"等，像工业、农业、科技、军事、学校等生产、学习场所也进入了旅游观光的行列，还有依托于高科技的海地观光、太空旅游、虚拟现实等景观旅游商品。

景观旅游商品的开发应以保护资源为前提，以获得经济效益为出发点，因此在确定旅游景观被开发之前必须作可行性论证。可行性论证主要基于旅游资源、旅游市场、区位条件的分析，然后作出是否开发、什么时候开发、以什么样的方式开发的决策。

（二）景观旅游商品开发的基本思路

1.根据景观旅游商品的特点进行档次定位

根据景观和市场的特点定位，包括景观旅游商品的特色定位、功能定位、客源定位，以及基础与服务设施类别、档次定位。

2.开发具有典型性、代表性、标志性的景观

充分注意景观旅游商品的文化品位，实行精品战略或品牌战略，并以此带动其他景观的开发。

3.把握景观旅游商品的生命周期

把握好开发时序，适时调整、更新，以适应旅游市场的变化需求，对人造景观旅游商品则应有更大的灵活性。

4.注意与周边景观旅游商品的关系

最好能与周边旅游点形成旅游商品差异、旅游功能互补、客源互送

的局面。

5.要有一个鲜明的形象

形象策划与设计是旅游景观商品开发不可缺少的一环。形象策划与设计应遵循当地地脉、史脉、文脉，以确立一个独特、简洁、鲜明的旅游形象。

二、景观旅游商品开发的原则

（一）效益原则

商品是要进入市场交换的，必然要谋求合理的经济效益。因此，景观旅游商品的开发，必须优先开发地理位置优越、易于旅游者前往的旅游景观，才能较快地产生效益；充分利用现有景观资源，通过创新不断挖掘其价值，提高利用率；密切关注供求关系，适时调整景观旅游商品的供给，包括景观新商品、换代商品、改进商品的开发和对现有景观商品的重新组合。

在重视经济效益的同时，也要重视社会效益、生态效益，并使经济效益、社会效益、生态效益达到最大化。

（二）特色原则

所有景观都是不相同的，景观旅游商品的设计应突出它的特色，显示出与其他景观的差异性，突出个体形象，树立一个有吸引力的特色旅游形象。而突出特色是一个充分认识与利用景观资源的过程，更是一个发挥人的创造力的创新过程。特色，就是要具有景观的独占性、不可替代性和权威性。

（三）总体协调原则

景观旅游商品是地区总体旅游商品的一部分。景观旅游商品开发应符合总体规划中所确立的地区旅游商品发展方向，此外还需与其他旅游商品在风格、规模上相协调。

（四）人工美与自然美、现代美与传统美统一的原则

美，意味着和谐、协调、统一，人工美与自然美、现代美与传统美的统一，就是要使人工景观与自然景观、现代景观与历史文化景观协调、衔接成一个整体。人工美与自然美的统一，表现为自然美是基础的、背

景的、先成的，因而往往是第一位的；而人工美是添加的、直面的、后成的，故往往是第二位的。现代美与传统美的统一，表现为现代人文景观应是在继承传统历史文化文脉的基础上的发扬，这种继承可能是形式与神韵兼备的，也可能外观是现代的，而内涵是与历史文脉相承的、地方的、民族的。

三、景观旅游商品设计

（一）景观设计

景观设计应突出景观美的本色，掩饰景观的缺陷，挖掘景观潜在的美，增添景观不具备的美。

1. 提炼主题，适度裁剪

有些自然景观比较平淡，甚至比较单调、荒芜、杂乱，主题难以突出。若想把景观开发成景观商品，需经过提炼、选择、加工，去粗存精，突出特色，突出主题。如一些传统建筑保存较好的城镇、村落却夹杂有现代建筑与设施，冲淡了传统文化气息，则应对这些现代建筑与设施采取拆除、搬迁、改造、掩饰等手法来处理。

2. 协调环境，烘托景物

景观有着不同的个性，给人以“奇”、“险”、“雄”、“秀”、“媚”、“旷”、“幽”、“古”、“朴”等感受。为了与环境协调，修建必要的人工设施或人造景观时，在体量、造型、材料和色调上应与环境相协调，以烘托景观，如在一片幽静的森林中修建游道，可修得弯曲一些、幅窄一点。人文景观也同样可利用自然界中的材料来衬托氛围，如为了强化江南小镇的悠闲与宁静，可在水岸栽植杨柳、小叶枫等树木，在庭院种植桃、李、柚、梅等果树。

3. 点景、借景、对景

点景，就是用单一人工景物或极简练的文字点出景观的特征或意境的造景手法，在景观设计中常用。点景运用方式多种多样。有人造景点，如在平淡无奇的山顶建一塔亭或大型雕塑，就能起到吸引游客的作用；有文字点景，如将景名、景意题在石碑上、石头上；有植株点景，如让枫树、槭树的叶在秋天变成红色来点缀植被的色彩；有水景点景，如建一喷泉或人造瀑布，不仅有形，而且有声，还有其他点景手法。

借景，就是将景点以外的景色组织到景点内衬托景点的一种造景手法。借景能使观赏空间扩大，小中见大，形成有限空间、无限景色，使画面层次丰富生动。借景有远借、近借、仰借、俯借、应时而借等方法，有借形、借声、借色、借香等内容。

对景，就是在主要观景处与游览线的前进方向建造、添置景物的造景手法。这样的景物，可以是自然景物，也可以是建筑物。建筑物选择在比较突出和显要的位置上布置，能起到点缀风景与观赏风景的双重作用。建筑物之间互为对景一般有两种形式：一是轴线对景形式，两景点之间的建筑物，以轴线对应关系联系起来。有时两组建筑物虽在平面关系上以轴线相互对应，但在高度上却错落有致，形成虚轴线对位构图，形式上较为生动。一是交错对景方式，两个互为对景的建筑物之间，在平面和高度上都有轴线关系，彼此交叉、错落、偏斜，使对景建筑物形成自由活泼的画面，产生生动而多变的透视效果。

另外，在总体上景观设计还要把握张与合、抑与扬、繁与简、游与歇、游与乐、动与静、远与近等关系。

4. 维持原貌，不动一草一木

维持原貌正是对原有景观的最好设计。因为经过长期演化的自然景观，经过世代相传的文化传统，是各种因素长期作用、协调而达到的一种稳定状态，有着天然自成、无须雕琢的美。对这类景观，设计者的任务就是要让旅游者欣赏到它的自然美，使景观“原始”状态不因旅游而受到破坏或冲击。比如像九寨沟、张家界自然保护区内任何精巧的人工景物都是多余的，一个边远的民族村寨无须将水泥公路修到村里。

（二）旅游线路设计

旅游线路是指旅游业经营者为游客精心设计安排的、将沿途旅游景观与其他旅游要素有效组织起来的旅行游览线路。景观旅游商品的最终形式往往不是一个个具体的旅游景观，而是一条旅游线路。景观旅游商品质量的高低不仅取决于具体的景观的质量，也取决于对具体景观的线路组合。组合的方式主要有：

1. 差异最大旅游线路法

此线路组合法是指尽量将差异大的景观连成一条线路，使旅游者在有限时间、费用内获得最大的旅游体验，即所谓“效应最大化”原则。这种组合常见的有：将自然山水景观与民俗风情景观组合，如滇西北香格里拉旅游线；将山地景观与水域景观组合，如杭州－新安江－千岛湖－黄山旅游线；将城市景观与自然景观组合，如外地旅游者到昆明－石林、九乡旅游线等。国际线路如中国自然风光、历史古迹、民俗风情精品之旅。

2. 专题旅游线路法

专题旅游线路法，是指旅游业经营者针对旅游者某一类型的旅游偏好，将一些相关的景点串联起来组合成的专项旅游线路的方法。旅游专题的组合关键是要有市场需求，组合形式可多种多样。可以是某一类相似的自然景观，如将云南路南石林、贵州织金洞、广西乐业天坑和桂林山水组成一条岩溶风景系列旅游线路，将苏州、扬州、杭州、绍兴组成一条江南水乡旅游线路；也可以历史上某一事件为主线，将自然、人文景观组合成一条旅游线路，如“丝绸之路”旅游线路、“三国古战场”旅游线路；也可以某一类旅游形式组织旅游线路，如观鸟之旅、探险之旅、宗教之游等；也可以两侧景观较美已经存在的线路为专题旅游线路，如长江旅游线、大运河旅游线、京九铁路旅游线等；还有其他形式专题旅游线路，亦可以市场为导向进行设计组织。

3. 自助餐式旅游线路法

自助餐式旅游线路法，是指旅行社不预先设定好旅游线路，只是将景点罗列出来，由旅游者根据自己的旅游偏好来选定旅游线路。这种线路设计法，旅游者一开始就参与进来，旅游者的主动性强，能充分反映旅游者的愿望，但旅行社操作起来比较复杂。

在旅游线路线型的组合上，根据交通线路与景点的连接方式的不同可分为：循环式旅游线路、单向式旅游线路、主支线组合式旅游线路、放射状旅游线路，还有从以上线路形式中又形成的其他线路与线路的组合形式。

四、景观旅游商品的文化建设

旅游归根到底是人们通过旅游获得一种美的享受，其本质是一种文化行为。因此，旅游景观的文化品位越高，吸引力就越大。作为处于旅游核心地位的旅游景观，其文化品位建设就具有特别重要的意义。

(一)景观文化

1.景观与文化

在自然、人文两大景观类型中，人文景观是人类改造自然或改造自身所创造的产物，是人类文明的直观表现，是文化的具体形式与载体。自然景观虽不是人类所为，但它被“人化”了，人之所以能感觉到自然景观的美，是因为人通过自然审美对象来映照自身，在外在事物中实现自我、认识自我、观照自我，所以才有了如此多游览山水之后抒发感情的诗歌、散文、山水画，甚至音乐。故当自然景观被作为观赏对象时，它已不再是“自然”景观，而已经被赋予了人的情感，而人的情感通过自然景观得以激发，人从自然美中获得启迪与灵感，自然美在人们的观赏中才得以展现，并融化在人们的情感之中，故自然景观便是人类文化源泉的重要构成。因此，无论是人文景观，还是自然景观，都与文化有着不解的渊源。

2.旅游文化中的审美文化和服务文化

服务文化是指包含于旅游服务之中的文化内涵，旅游媒体(服务企业与服务人员)是服务文化的生产者与实施者，旅游主体(旅游者)是参与者。服务文化主要指礼仪文化、语言文化、服务技艺、公关艺术、企业文化等。

审美文化是旅游主体(旅游者)在对旅游客体(旅游吸引物)的审美过程中所包含的文化内涵，如审美过程中包含有景观文化、饮食文化、娱乐文化、休闲文化等。景观文化之所以包含于审美文化之中，是因为景观文化包含了旅游主体(旅游者)在对旅游景观的审美过程中和旅游景观开发者在旅游景观的开发过程中的文化内涵，因此景观文化应包括景观欣赏文化和景观开发文化。

3.景观欣赏文化和景观开发文化

景观欣赏文化，尤其是山水文化，指的是借助我国积淀的丰富的文化底蕴，历代文人、墨客、僧侣在游历自然风光之后，通过诗词、石刻、绘画等来抒发情怀，有的言志、有的明理、有的喻情、有的逸世。例如，孔子“智者乐水，仁者乐山”为明理，毛泽东“梅花欢喜漫天雪”为言志，苏东坡“欲把西湖比西子，浓妆淡抹总相宜”为喻情，陶渊明“采菊东篱下，悠然见南山”为逸世。[①] 景观开发文化，是旅游景观在其被开发的过程中和开发后的运作中所包含的文化。景观文化的丰富程度与格调高低，决定着旅游景观商品品位的高低，也在一定程度上决定着景点、景区的经济效益。

（二）景观文化开发

1. 自然景观文化的开发

自然景观是天然形成的，不受人的意志所控制。但对自然景观的开发，因开发者水平高低的差异，在开发自然景观的过程中就存在文化问题。另外，自然界存在不以人的意志为转移的规律，而对这些规律的认识、认识方式也是一个文化问题，还有一些人文景观是以自然景观为载体的，如中国的“天下名山僧占多”，故自然景观的开发直接与文化有关。对自然景观的文化开发主要从以下几个方面去考虑。

（1）自然景观科学内涵的发掘。任何自然景观都有其发生、发展规律，这些规律不会自动地展现在旅游者面前。例如，在花岗岩景区存在摇摆石，游客觉得很奇特，如能介绍其“球状风化”的成因，游客在观赏其形态的同时增长了科学文化知识，必定会有更深的印象，增加更多的乐趣。因此，对其科学知识的挖掘和展现，就是对自然景观的文化开发。至于像火山、溶洞、化石、断崖、海潮等自然景观，是游客一见就产生好奇心的现象，更需挖掘其科学的文化内涵。

（2）自然景观美学内涵的发掘。自然是最富有创造力的，如数以百万计的生物种类、千奇百怪的地貌形态、变幻无穷的气象景观、多种多样的声音等，还有自然景观中各种要素之间复杂而美妙的联系。自然景观的美是多侧面的，又因人们的审美素质、知识结构、兴趣、情绪的不同

---

① 彭华：《广东人谈旅游文化》，广东旅游出版社 1996 年版，第 37 页。

而使景观呈现差异。如面对同样一处原始森林景观，画家更多的是看到形态的美，生物学家会注意到生态协调的美，地理学家会关注原始森林与周围环境的关系。旅游开发要根据审美需求，发掘有助景观最有特色的美，通过距离、视角、时间等审美要素的安排，以求把最美的画面、最美的瞬间留给游客人。

(3)自然景观体验内涵的发掘。自然界有许多可开发成供人参与的项目，比如漂流、滑雪、滑水、滑沙、游泳、垂钓、攀岩、探险、野营等活动。体验项目的开发必须以对自然景观的保护为限定条件。

(4)谨慎发掘自然景观中的附会文化。自然景观的附会文化，是指那些本身不是自然所固有，而是人的意志所赋予自然的一种文化现象。即人类将自然事物作为某种精神理念或情感的载体，从而使自然人格化、理性化或神化。附会文化可以认为是人类认识自然的初级形态。在人类不能解释自然现象的时候，往往认为是某些神秘力量的产物或化身，即使现代的人也多多少少有这种情结。一些流传较久的传说、故事有着较广泛的群众基础，赋予了自然景观以灵性，丰富了自然景观的文化内涵，如云南石林“阿诗玛”的故事就很美丽动人。

2.人文景观文化的开发

历史与现代人文景观是民族创造的物质文明和精神文明的具体形象的体现。现代人造景观是利用现代建筑技术、高科技成果建造的旅游景观，它既是现代文化的一部分，表现的往往又是传统文化的内容。人文景观的开发要把握住文化发展的脉络，主要围绕民族性、艺术性、神秘性、特色性和传统性来考虑。

(1)民族性。民族文化是在长期的相对独立的环境下区域文化异向发展的产物，它与当地的环境有着密不可分的联系。因此，人文景观文化开发的民族性必须以地域为基础，为旅游者营造一种异域的、异族风情的文化氛围。

(2)艺术性。艺术是人文景观中最令人称奇的精华部分，艺术也是最易沟通的。在人文景观的文化开发中，应尽量突出景观的艺术魅力。就人造景观自身而言是没有历史文化根基的，因而更应从艺术上精益求精，吸引游客，提高景观旅游商品的文化档次。

(3)神秘性。民族文化有许多内容对于外地旅游者来说是很神秘的。在中国,除了宗教之外,中国的阴阳五行、太极八卦、风水学说等神秘文化都有其开发的价值。

(4)特色性。由于历史文化交流或同一文化源的群体各自演化,而形成了自己的文化特色,景观开发就是要尽量突出特色。

(5)传统性。传统性是历史价值的体现,能形成传统则说明其历史文化的生命力。旅游开发中要保持其传统性,防止建设中的从众化、趋同化和时尚化。

目前,一些人文景观旅游区的开发往往忽略上述原则,许多特色在趋同化、模仿或现代化的改建、扩建、新建中消失。失去特色就意味着失去可持续发展能力。如何在开发中保持传统特色,是摆在人们面前的一项紧迫任务。

案例分析

云南大围山是云南省 1981 年第一批省级自然保护区,又是省级风景名胜区,是一个集热带、亚热带原始森林景观,云海浓雾,边境民族风情为一体的旅游景区。位于屏边苗族自治县与河口瑶族自治县的交界处,距昆明 380 公里,地处云南偏远贫困地区。

随着河口 1990 年恢复为国家级口岸,1991 年 7 月 1 日中越关系正常化,河口以其独有的边境贸易区位优势和较丰富的旅游资源,迎合当时国民出境旅游热潮,吸引一批批游客蜂拥而至,使河口旅游骤然变热。在这样的背景下,与河口相邻的屏边县,认为大规模开发大围山的时机已经到来,在两县没有协商共同开发协议、没有认真进行市场分析、没有做旅游规划等前期工作的情况下,屏边县林业局于 1993 年 7 月贸然投资 300 万元,在大围山的深处建了一个园林式的景点——水围城。虽有连接到县城的公路,且只有 15 公里,开放后游客远没有预料的多,且很不稳定。正式开放的第一年(1994 年)约接待 14000 人次,接下来游客不增反降,到 1998 年游客已只有 5000 人次左右,收入不到 10 万元,连基本的运作都难以维持,更谈不上创利与投资回收。

大围山作为既是省级自然保护区又是省级风景名胜区双重身份的旅游区，资源的品位不谓不高，资源开发价值是很大的，但它的开发是不成功的。这种不成功有行政区划上的问题，有未做旅游规划等前期开发工作的问题，有宣传力度不够的问题等，但最根本的问题是没有进行市场分析，而是想当然。在云南这样一个旅游资源丰富且等级比较高的省份，大围山的旅游资源不是特别突出，区位条件虽靠近边境但又不是边境，而且交通条件较差，加之区域经济比较落后，因此规模开发的时机尚未成熟。这是一个典型的“资源导向型”旅游开发的例子。

思考题

1. 简述景观的含义。

2. 景观有哪些特征？

3. 简述景观旅游商品的概念，景观与景观旅游商品的区别，景观旅游商品的分类及其意义。

4. 简述景观旅游商品开发的内容，景观旅游商品应如何设计？

5. 简述景观旅游商品开发的原则。

6. 怎样理解景观文化？简述景观旅游商品开发的意义。

7. 简述景观旅游商品文化建设的主要内容。

第六章 都市旅游商品

学习目的

掌握都市旅游、都市旅游商品的概念，明确都市旅游商品的定位、形象设计，明确都市旅游商品开发的意义、原则和模式。

主要内容

- 都市旅游、都市旅游商品的概念，都市旅游商品的构成，都市旅游商品的定位
- 都市旅游商品形象设计
- 都市旅游商品开发的意义、原则和模式

第一节　都市旅游和都市旅游商品

一、都市旅游和都市旅游商品

(一)都市旅游

1.都市是最富魅力的旅游资源

都市是社会进步、经济发展跳动的脉搏,是重大历史事件的发生地,是信息的集散地,是现代文明最新成果的诞生处,是一国、一省、一市(地区)政治经济文化的中心。都市,特别是大都市和历史文化名城,既具有古代历史文化的丰富遗存,又具有近代文明的精粹;既具有外来现代文化的融入,又具有本国现代新文化的风韵。都市是古今中外、东西南北汇合交融,拓展创新的产物,是人类文明进步的产物,从而构成了独具特色的都市文化。都市自然是最富魅力的精神文化需求的旅游资源。

2.都市旅游的概念

都市旅游,是指旅游者为了向往繁华的都市,欣赏其市容风貌,观赏其建筑风格,体验其现代文明,感受其文化艺术,前往目的地的都市而开展的游览观赏的旅游活动。

3.都市旅游是人类两大旅游需求之一

自从人类有了城乡差别,人类对旅游的需求便表现为回归大自然和向往繁华都市两大需求。长期生活在城市和处于紧张工作中的人们,为调节自己的生活,期望回归大自然;而当代的大都市由于成为了现代科技和现代文明的中心,都市风光、都市风情、都市娱乐、都市生活和都市购物则成为了人们旅游的又一巨大需求。我国早在东汉时代,就有辞赋名家写出了宏篇巨著《两都赋》(东汉班固)、《二京赋》(东汉张衡),随后又有《三都赋》(西晋左思),这说明我国自古以来,人们对繁华的都市已十分向往了。再说国际旅游,世界旅游之父托马斯·库克于1846年组织的最早的旅游，就是从都市旅游开始的。直到现在，国际旅游业的发展，也是以都市旅游为基础和辐射中心的。世界各国旅游业发展的经验说明，都市旅游业是整个国家旅游业的“窗口”、“支柱”、“基础”和“辐射中心”。如美国的旅游业是以洛杉矶、芝加哥、纽约、华盛顿等大都市为基地向全国辐射的。其他如英国有伦敦，德国有柏林、波恩，日本有东京、大阪，法国有巴黎，泰国有曼谷，西班牙有马德里，澳大利亚有堪培拉、悉尼，我国则有北京、上海、广州等。总之，世界各国几乎都是以大城市为中心发展旅游业。事实说明，回归大自然和向往繁华都市是旅游者永不衰竭的旅游主题，发展都市旅游是人类的旅游需求。

顺便指出，我们旅游理论学术界或旅游业的经营界，却对都市旅游有一定程度的忽视。因此，研究都市旅游和旅游商品实属必要，在旅游商品学中，亦应有其应有的地位。

（二）都市旅游商品

1.都市旅游商品的概念

都市旅游商品，是指旅游业经营者为满足旅游者前往都市旅游的需求，以都市为旅游资源，使其转化为经济效益和社会效益，而进行规划、设计、线路组合，开展相应活动安排和组织服务的旅游商品。

2.都市旅游商品的开发是旅游发展的必然

当人类社会发展到奴隶社会的末期，随着繁华城市的出现，都市旅游便伴随出现。到了封建社会，城市规模不断扩大，市场不断繁荣，都市旅游就兴盛起来。人类社会进入到资本主义阶段的18世纪中期，都市旅游也就逐步兴旺起来。第二次世界大战以后，直到现在，都市旅游已与回归自然的观光旅游并驾齐驱了。人们在开展回归自然旅游的同时，也无不开展了都市旅游。

由于市场机制对社会物资资源配置的作用，随着都市旅游的发展，都市旅游商品自然也就不自觉地伴随产生了，并且从不自觉开始，走向自觉的开发；从未经任何加工的原始都市风貌，发展到精心加工组合安排颇具特色的系列都市旅游商品的出现。在旅游业中，都市旅游从无足轻重到成为现代旅游的“窗口”、“基地”、“支柱”和“辐射中心”，可见都市旅游是旅游发展的必然。

二、都市旅游商品的构成

都市旅游商品是由核心部分、外形部分和辅助部分组合而成的。

（一）核心部分

构成都市旅游商品的核心部分，是指商品经营者以该都市的社会人文资源，如都市的历史文化、现代文化，都市的经济、工业、交通、市容建设，以及特有的自然资源文化的有机结合为依托，组织旅游者在该都市开展旅游活动的经历过程中所获得的体验和感受。而各个都市的历史文化、现代文化、自然资源文化是有差异的，因而各个都市的都市旅游商品也会表现出各自的特色。

以上海为例，上海已有七百多年的历史，建成于元至元二十八年，即公元1291年。从1843年对外开埠，又有一百五十多年的历史。上海的近代文化及建国以来的现代文化，特别是1990年党中央、国务院决定开发浦东以来的现代文化，体现了上海都市旅游商品的特色，从而旅游者所获得的体验与感受也不同于其他都市。

（二）外形部分

构成都市旅游商品的外形部分，则是指该都市的市容风貌、品位、声誉、历史、文化、经济、建筑、风格、服务质量等。以上海为例，则表现为"万国建筑"、"购物天堂"、"美食世界"、"钱业鼎盛"、"人才荟萃"、"都市风情"、"园林名胜"、"历史文化"、"名人故居"、"市容商贸"、"历史纪念地"、"现代建设"、"现代文化"、"海派文化"等。20世纪二三十年代的上海，就有"东方巴黎"、"东方纽约"、"东方华尔街"之称，而现在又正在努力把上海建成"国际经济、金融、贸易中心"和"太平洋西岸国际旅游名城"。

（三）辅助部分

构成都市旅游商品的辅助部分，是指商品经营者的推销方式。如推销城市景观旅游、休闲旅游、会议旅游、商务旅游、娱乐旅游等。如果是国际性的都市，除推销城市景观旅游、休闲旅游外，则应着重发展商务旅游和会议旅游。

以上都市旅游商品构成的三个部分，应很好地结合起来，才能使都市旅游资源真正转化为旅游商品而获得社会效益和经济效益。

三、都市旅游商品开发和定位

（一）都市旅游商品开发的意义

1. 都市旅游商品开发是都市经济建设的先导

都市旅游本来就是人类对旅游的两大需求之一，古今中外人们对都市的向往，概莫能外。都市不但是一个国家或地区的政治经济文化中心，更是旅游的"基地"和"辐射中心"，重视都市旅游商品的开发，就能使各项静态的都市资源，变为具有活力的吸引物，这不但能更好地全面满足旅游者的需求，促进旅游业的繁荣，而且能产生巨大的经济效益，使旅游成为都市经济的先导产业和支柱产业。

2. 都市旅游商品开发有助于旅游实践的发展

由于人们对都市旅游的忽视，从而对都市旅游、都市旅游商品开发、都市旅游经济等问题，也缺乏理论上的研究。然而都市旅游和都市旅游商品的开发，早已是自觉或不自觉实践中的客观存在。如果理论上能加强研究，改变滞后于实践的现状，不但能推动旅游理论的建设，具有重大的学术价值，而且具有对实践的指导意义。

应该指出，早在 1994 年上海就隆重举行了发展上海都市旅游的国际研讨会，会后还出版了具有重大理论学术价值的文集，这对推动我国都市旅游的发展，起了积极的推动作用，在旅游理论的建设上作出了重大的贡献。但都市旅游问题至今还不是热门的研究课题，应该说这是我国旅游科学理论研究的一项重大而急切的任务。只有理论上的突破，才能转变观念，自觉地果断地发展都市旅游。

3. 都市旅游商品开发有助于都市经济建设的全面发展

我国许多城市已非常明确地决定把发展旅游业作为发展国民经济的先导产业或支柱产业，这是完全正确的。因为旅游业本身就是一项综合性的先导产业，它的发展可以带动其他行业的发展，具有"一业带百业"的先导作用。旅游业已成为当今世界规模最大的产业，旅游业是持续发展的朝阳产业，旅游业的发展必然有助于都市经济的全面发展。

而都市旅游又是旅游业的重要组成部分，只有积极发展都市旅游，积极开发都市旅游商品，旅游业才能得以全面发展，从而都市经济也才能得以全面发展。

（二）都市旅游商品的定位

1.都市旅游商品定位的概念和内容

都市旅游商品定位或都市旅游定位，是指旅游商品经营者，更准确地说是指都市的政府，根据该都市的经济上的繁荣程度、历史文化价值水平、地理交通区位、旅游资源品位以及政治文化等各种因素的分析，在这一基础上组织旅游者对该市的市容市貌、都市景观、繁荣的市场、建筑的风格、现代文明和特有的文化艺术进行游览观赏活动，进而确定该都市的都市旅游在全国或在该省、市、地区旅游业中的品位。所以，都市旅游不是说只要是城市或乡镇都可定位为都市旅游。凡是没有或缺少都市景观都市旅游资源的城镇，旅游者虽然前往停留和住宿，但只能称作旅游者的接待基地或中转站而已。这是该城镇的环境、资源品位、交通、经济、政治、文化、历史等因素所决定的。有的都市辖区甚广，其所辖境内因自然及景观资源开发的旅游，亦不属都市旅游的范围。开发都市旅游的都市，只能是成为旅游者向往游览观赏或商贸旅游的目的地的都市，如上海、北京、广州、深圳等。

都市旅游的定位，应依都市本身品位而定。以上海为例，由于它正在成为国际经济、金融、贸易中心，由于它的经济、政治、文化、历史、交通环境、资源品位、城市建设、市容市貌等因素，它被称为我国的“东南都会”、“江海通津”，也被称为举世闻名的“冒险家的乐园”，又被誉为“东方不夜城”、“东方纽约”、“东方巴黎”，其外滩又有“东方华尔街”的美称。因此，上海都市旅游的定位，不仅应定为我国国际旅游的中心，也应定为我国国内旅游的中心。其国际旅游应以商贸旅游为中心，其国内旅游则应以商贸和都市游览为中心。

其他省、市、县级的都市，亦应从其本身各种因素、品位的综合分析去定位。

都市旅游定位后，旅游商品经营者就可根据其定位的品位和特色，设计规划开发相应的都市旅游商品，即以都市旅游资源为依托进行规划设计，线路组合，开展相应活动安排和服务。

都市旅游定位后，还应进行可行性分析，研究实施定位目标主客观的有利和不利条件，研究发展的近期和远期目标，研究可持续发展的旅游开发与环境保护及其保障体系、环境容量等问题。

2.应把都市旅游定位为都市发展的先导产业

旅游覆盖面最广，综合功能最强，它有着最广阔的发展前途，且已成为世界上规模最大的产业。通过旅游业的发展，便可带动与它直接相关产业的发展，而与其直接相关的产业又可带动其他相关产业的发展。

譬如，旅游业的发展，可直接带动交通业，宾馆、饭店业，旅行社接待业，娱乐业等行业的发展。这些行业又可带动通讯业、商业、食品加工业、礼品业、旅游纪念品业等行业的发展，通过这些行业，又可带动机械、电子、矿产、电子、建筑、装饰等行业的发展。因此，把旅游业作为都市经济建设的先导产业，就可带动都市经济的全面发展。

第二节　都市旅游商品形象设计

一、都市旅游商品形象

（一）都市旅游商品形象的概念

形象，是指能反映事物的外部形状和内部性能素质的总体特征所留给人们的评价和印象。都市旅游商品形象，则是指社会公众和旅游者对都市旅游商品经营者所组织的旅游商品的品位、质量、经营水平等所给予的都市总体印象和评价，也是能否激发人们思想感情和吸引人们前往游览观赏的都市的总体形态和图景的评价和印象。

如果都市形象给人们留下了深刻的优美印象及留恋、向往的情感，便会产生巨大的吸引力，吸引人们前往观赏游览。

例如，北京是我国首都，是我国政治、经济和科学文化的中心，它拥有丰富灿烂的历史文化、人文古迹和优美的风景名胜，它是中国旅游胜地的代表。海外盛传“到中国不到北京，就等于没有到过中国”，北京是中国最大的旅游都市。

(二)都市旅游商品形象的意义

1.都市旅游商品形象是都市旅游竞争根本优势的体现

商品形象是人们对其外部形状和内部品质的总体印象。形象越佳,人们就越喜爱,就越愿意购买,所以形象是竞争的品牌、竞争的优势。

2.都市旅游商品形象是都市旅游商品开发的生命

形象就是生命,因为它是事物总体特征的集中表现。都市旅游商品的形象如何,关系到旅游者是否喜爱和购买,如果一件商品不受市场消费者的欢迎,旅游者不乐于购买,它就无法立足于市场、生存于市场。可见,没有优美形象的商品,是没有生命的商品。

3.都市旅游商品形象是都市旅游品位和风格的体现

旅游者都很注意都市旅游的等级品位和风格,这正是都市旅游形象的体现。而旅游商品的品位等级和风格的形成,与城市的品位、大小没有直接的关联,它完全在于经营者的经营和运作。

二、都市旅游商品主题形象设计

(一)确定都市旅游资源的品位

旅游资源是旅游者前往旅游的吸引物,资源的品位越高,吸引力越大,反之则越小。而旅游商品则是以旅游资源为依托,并进行加工组合、组织活动、全面安排、提供服务、吸引游客的有形和无形服务的总和。因此,旅游资源是旅游商品构成的基础,也是旅游商品塑造形象的依托。自然,都市旅游资源的品位也是都市旅游商品形象塑造的依托。

都市旅游资源的品位如何,应进行全面的评价。都市旅游资源的品位是由它的观赏价值,地理区位,交通环境,都市的政治、经济、文化的状况,环境容量,基础设施,保障体系,投资效益等因素所决定的。因此,应对资源的品位进行全面的评估,以确定商品形象塑造的价值。

(二)分析都市的主要职能

都市的主要职能,是对都市的发展起决定作用的职能,是都市形成和发展的决定因素,因而也直接影响着都市旅游商品主题形象的塑造。世界各国的都市旅游,都是按照都市的主要职能来确定其主题形象的。

例如，华盛顿的主要职能是美国的首都，它所展示的是作为国家首都的形象，开放的项目主要是国会大厦、白宫、林肯纪念堂、造币厂等。

又如香港，由于它是世界购物天堂，国际贸易、国际金融中心，因此它的都市旅游的主题形象口号是“购物的浪漫乐趣，迷人的夜景风光”。

新加坡则是以会议旅游为其主题形象，他们建造了一百多座国际会议馆，在政府机构中还专门设立了国际会议局。

我国上海的主要职能是将成为国际经济、金融、贸易中心，因而其都市旅游的主题形象项目，应该是商务旅游、会议旅游、购物旅游和都市观光旅游。

北京作为我国的首都，是我国的政治、文化中心，也是世界文化的历史名城，其都市旅游的主题形象项目，应该是长城、故宫、十三陵、人民大会堂、毛主席纪念堂、历史博物馆、军事博物馆、世界之窗等项目的都市观光旅游、会议旅游、休闲旅游等。

（三）确定都市旅游的特色

特色，是指事物所具有的独占性、不可替代性、惟我性、权威性的形象特征。这是由事物的质的规定性所决定的。

都市旅游的特色，是由都市旅游各种因素的质的规定性综合形成的，它所具有的独占性、不可替代性、惟我性、权威性的特征，构成了都市旅游商品形象的特色。

由于都市的不同，构成都市旅游商品的特色也就不同。因此，对都市旅游商品主题形象的设计，必须要确定都市旅游的特色，从而才能使都市旅游商品形象具有自己的特色形象。

都市旅游的特色，可因都市而异，分别呈现出独特性、民族性、交融性、现代性和辐射性。以上海为例，则基本上具有了这些特色。上海都市旅游民族性的特色，表现在它的民俗节庆、地方曲艺、风味小吃、园林艺术等方面。上海都市旅游的独特性，表现在它的海派文化。海派文化是指上海人民以其开拓、创新精神吸取外来文化与经济的营养，加以改造并使之融于自己的传统文化与经济形态之中，具有现代风貌，通过某一艺术形式得以展现。这种海派文化的独特性，同时也体现了上海都市文化的交融性和独特的风格与气质。上海都市旅游的现代性表现在它的现代化城市建设的高科技、高水平、高起点等方面。上海都市旅游的辐射性,表现为它的地理区位、交通枢纽和接待辐射的能量。

(四)加强都市旅游文化载体的建设

旅游的实质是旅游者追求文化精神需求的满足,旅游的六要素食、住、行、游、购、娱,无一不蕴含着高雅文化的内容。如食有饮食文化、住有建筑文化、游有景观文化、购有商业文化、娱有娱乐文化、服务有服务文化。可见,旅游无处不充满着文化的内涵,没有文化,旅游就不可能存在,旅游就是文化感受的旅游。

而文化需要通过一定的形式才能得以表达,这个形式就是"文化载体"。所谓"文化载体",就是运载文化的工具、物体,是指能够蕴涵、传递和运载并能表现文化的本质、特点的事物或媒体。都市旅游文化的载体,就是指旅游者在都市旅游活动过程中所获得的文化感受,来自于蕴涵、传递、运载文化内涵的食、住、行、游、购、娱的物体以及各种服务等。因此,加强都市旅游文化载体建设,就能使都市旅游商品具有高文化的含金量。

(五)因地制宜,建立都市旅游的活动中心

都市的形象往往是通过"一个或几个名闻天下、誉满全球的、一流的"活动中心得以展现的,如商务中心、购物中心、会议中心、游乐中心、文化艺术中心等。

这些中心的建立,数量、类型、规模的确立,文化、品位及其特色的设计,都应因地制宜,从都市的实际出发,既能展示本都市的优美形象,又能招徕旅游者,从而收到理想的社会效益和经济效益。

(六)都市旅游商品形象的文化组合

1.展现传统民族文化

民族的,就是世界的。都市旅游商品如果能展现传统民族文化的特色,就能展现其民族性的特色形象,从而体现都市旅游商品独特的民族文化风格。

2.优秀的传统文化与现代文明的组合

优秀的传统文化,是指人类世代相传,具有一定特点的优秀的物质财富和精神财富的总和。如古代的文物建筑,世代相传的技术经典、风俗道德、行为规范、思想作风等，优秀的传统文化都具有民族性、地方性的特征。我国是一个具有五千年历史多民族的十三亿人口的大国，我国的优秀传统文化是灿烂多彩的，是我国最宝贵的物质财富和精神财富，是最宝贵的最富吸引力的旅游资源。把这种资源组合成旅游商品，便可以引导旅游者在古文化的遗存中，发思古之幽情，领略我们的过去。

但时代是发展的，我国自五四运动以来，在吸取西方文化有益内容的基础上，形成了我国五四新文化运动，直到今天形成了现代新文化，如今天我国的教育、科学、文化、艺术以及电影、电视、歌舞、绘画、雕塑等。有的地方还形成了地方性的现代文化，如上海的海派文化，有海派曲艺、海派游乐、海派餐饮、海派服饰等。这种海派文化是较多地吸取外来文化的营养，融合于我国的传统文化之中而形成的。它是古今中外、东西南北中文化的融合，从而使得上海的现代文化独具特色和魅力。这种海派文化的独特风格和气质，都渗透在上海的都市风光和风度之中。这种海派文化和风格和气质，需要旅游商品的经营者认真地总结和发掘。

都市旅游商品形象设计，应该从本都市的实际出发，把优秀的传统文化和现代的新文化组合起来，使都市旅游商品既体现出我国传统文化的特色，又能享受现代文化和现代文明。

3.都市经济与旅游文化相结合

旅游商品是市场经济发展的产物，它是按市场经济的规律和要求，对旅游的物质资源进行最佳的配置；旅游商品又是旅游者追求文化精神需求的产物，它必须体现出文化的特色。所以，从事旅游商品经营的旅游业，是经济性的文化事业，又是文化性的经济事业，都市旅游商品的形象的设计应使都市经济与旅游文化相结合。

第三节 都市旅游商品开发的原则和模式

一、提高都市旅游商品的文化含金量

(一)旅游业应从纯经济型向文化型转化

旅游业经营者一般都从市场经营获利的角度去开发旅游商品,因而旅游业总是以一种经济型产业的身份出现的,自然缺乏文化的深度和深远的文化思想境界。旅游的深刻内涵,是旅游者对文化的需求、理解和欣赏,旅游是一项综合性的文化活动,是文化性的消费行为,是文化的的精神享受,所以旅游业的价值取向,应该是发展文化,弘扬民族文化,促进中西文化交流。只有从弘扬文化的深度和思想境界的高度去开发都市旅游商品,才能使旅游成为新的增长点,而且可以促进都市经济的发展。

旅游业正在成为我国未来的主要经济支柱产业,而我国几千年的历史文化遗产则是这一支柱的坚实基础。没有文化内涵的旅游不是真正的旅游,没有文化的旅游商品不是健康的旅游商品。文化的深刻内涵与良好的文化环境,对都市旅游商品的开发具有不可替代的作用,所以应该使旅游业从纯经济型的产业向文化经济型的产业转化,这是都市旅游商品开发的主要途径。

(二)多方位提高都市旅游商品的文化含金量

旅游者因其层次、民族的不同和来自不同的地区,对文化的品位追求也是有差异的。因此,都市旅游商品的开发,应该表现为多品种、多规格、多层次、多角度的文化品位。如都市的市容建筑、城市雕塑、传统历史文化、民族文化、地方文化、都市的现代文明等,均是都市旅游商品文化和艺术的象征,都可以有计划地加以组合设计,多方位提高都市旅游商品的文化含金量。

上海曾推出“当一天浦东新村居民”的都市旅游商品,使旅游者领

略了古老东方淳厚温馨的风土人情，令人拍案叫绝。

上海信谊宾馆之所以宾客盈门，是因为该宾馆附近地区的民族文化氛围浓厚。游客早起，便可径自走入附近的鲁迅公园游览，观看或参与那里的居民老人的娱乐活动，如唱歌、跳交谊舞、打太极拳、舞剑等文化活动。市民平淡的日常生活，如市民拿着各种早点边走边吃或排队上车前去上班，在游客的眼中，都是一道地方文化的风景线。

再说都市的雕塑，不但是一种高雅的文化艺术，更是城市文化形象景观的代表，它表达了都市文化环境的内涵和时代精神。成功的雕塑，使都市在特定范围内的景观富有更高的文化意境，从而具有更强的吸引力。如甘肃兰州市的“黄河——母亲”、新疆吐鲁番的“葡萄热了”、江苏盐城的“东进”、四川西昌市的刘伯承与彝族头领小叶丹结盟等雕塑，丰富了都市旅游景观，深化了环境的文化内涵。又如俄罗斯圣彼得堡每条街道、每幢建筑几乎都有令人产生美感的雕塑，人们漫步街道，似乎在雕塑艺术海洋中漫游，圣彼得保因而成为俄罗斯最大的旅游城市，游客络绎不绝。

二、都市旅游商品开发的原则

（一）因地制宜、市场导向、资源组合的原则

因地制宜，是指都市旅游商品开发，一定要从本地实际出发，才能开发出不与他人雷同、独具特色的旅游商品。而创特色商品则需扬长避短，充分发挥自己的优势，才能人无我有或人有我优。

以市场为导向，是指从市场需求及其发展变化出发，去开发适销对路的旅游商品。

资源组合，就是在充分调查挖掘旅游资源并进行科学论证评价的基础上，根据因地制宜和市场导向的原则，对资源进行最佳组合、规划、设计，而生产最具特色最适销对路的都市旅游商品。

（二）可持续发展的原则

1. 保护生态的原则

任何开发，实际上都会破坏自然景观固有的生态及其环境。因此，从最大保护的视角出发，使固有生态的破坏降至最低的限度，彻底消除

掠夺性开发、破坏性开发，实行绿色开发，生产绿色商品，推广绿色经营和消费测定度，使景区景点的环境容量实现旅游发展的永续性。对可能造成的污染，一定要限制在生态环境能自我净化的范围以内，采取严格的防治措施，并经环保部门检验审核。还应建立持续发展的保障体系，俄罗斯伊尔库茨克市位于贝加尔湖畔，提出了“保护贝加尔湖，就是保护自己”的口号，并制定了具体的有效措施，深入民心，得到市民自觉的维护。

2.滚动发展的原则

滚动发展，是指经济上要能自我发展，以项目养项目，滚动壮大，持续发展。这就要进行可行性研究，制定具体可行的规划。

（三）多元文化特色的原则

旅游商品文化问题本书已在多处阐述，不再重复。这里应强调的是，根据都市的具体情况，要尽可能使都市旅游商品具有多元文化的特色，如民族性、独特性、交融性、现代性、参与性等，而这些特色要视情况而定，可全面具有多元文化的特色，亦可部分具有。总之，要在文化品位上多树立自己的特色形象。

（四）全面展示都市旅游商品功能的原则

都市旅游主要是指在较大城市开展的旅游，因而都市旅游商品的开发，一般都可集观光、美食、娱乐、休闲、文化、购物、会议、商务等旅游商品为一体，全面展示都市旅游商品的形象。如我国上海，将成为国际经济、金融、贸易的中心，作为外向型、多功能、现代化的国际大都市，具有全面展示旅游商品功能的条件。

全面展示都市旅游商品的动能形象，可分区规划、设计、安排，如上海的广东路规划为古玩商品街，福州路规划为文化商品街，九江路规划为时装商品街，城隍庙规划为小商品购物区、饮食文化展示区。

三、都市旅游商品开发的模式

都市旅游商品开发的模式，应该说是该都市特征形象的反映。由于都市特征的不同，都市旅游商品模式亦应有所不同，或有所侧重，或全面展现。

（一）文化型的都市旅游商品模式

文化型的都市旅游商品模式，是指旅游业经营者以具有相当文化品位的人文旅游资源和表现该城市的历史传统、文化特质、民族特性、社会发展、现代文明等众多文化项目为该都市旅游主体内容的旅游商品模式。我国北京因具有众多的人文旅游资源，文物古迹如长城等，名胜古迹如景山、北海、颐和园、天坛、十三陵、中山公园等，城市建筑如天安门广场、毛主席纪念堂、人民英雄纪念碑、人民大会堂、中国历史博物馆等，还有众多的科学研究机构、高等院校以及园林建筑、民族风情、文化艺术、风味佳肴、科技设施、主题公园、大型游乐场等，都是一流的文化资源，因而北京成为了我国的文化中心。

国外如法国巴黎有收藏着蒙娜丽莎、古希腊雕像等世界一流珍品的罗浮宫，有凡尔赛宫、凯旋门、埃菲尔铁塔、巴黎圣母院等蜚声全球的建筑群。

英国伦敦有圣保罗教堂、伦敦塔、大英博物馆、莎士比亚故居、蜡像馆等。

美国纽约为世界金融商业中心，有自由女神像、市政厅、林肯中心、世界级建筑的百老汇大剧院，还有密如蛛网的地铁，使其城市交通居世界之冠。

所有这些旅游资源，都是具有很高文化品位的人文旅游资源，以这样众多人文资源为主体，又能分别表现为各个都市的主体旅游商品，便是文化型的都市旅游商品模式。

（二）商贸型的都市旅游商品模式

商贸型的都市旅游商品模式，是指旅游业经营者对市场经济相当发达的著名城市，以其对旅游的定位和相关的经济因素为基础，开发的以多种商贸项目为主体的都市旅游商品模式。如我国香港，是世界上著名的“自由港”，通往世界上120多个国家和地区近1000个港口，年吞吐量4000多万吨，经济发达，是世界上最大的转口商埠，也是居世界第三位的国际金融中心，世界知名银行聚集，是证券股票交易的大市场，又建有海洋公园和“宋城”。因此，香港的旅游开发，主要是以商贸型的都市旅游商品模式为主体。现在香港已成为名列亚洲前茅的旅游中心。

（三）综合型的都市旅游商品模式

综合型的都市旅游商品模式，是指旅游业经营者对人文旅游资源、自然旅游资源丰富和市场经济繁荣的著名城市，以其对旅游的定位及其他相关因素为基础，开发的集多种旅游商品类型为一体，又能成为该都市旅游主体的综合型旅游商品模式。如我国的上海正在成为国际经济、金融、贸易的中心，又是外向型多功能的现代化的国际大都市；既具有丰富的人文旅游资源，又具有优美的自然旅游资源；既具有大城市市场商品经济的旅游资源，又具有人造景观的旅游资源；既具有现代科学文化的旅游资源，又具有风土民俗和地方文化特色的旅游资源；既具有传统的历史、民族文化资源，又具有兼融海外的现代文化资源；既具有发达商品经济的旅游资源，又具有现代城市风貌和现代市容建筑的旅游资源。总之，它具有多元旅游资源的特色，因而也最宜开发为综合型的都市旅游商品模式。

（四）娱乐型的都市旅游商品模式

娱乐型的都市旅游商品模式，是指旅游业经营者对能体现都市旅游商品主体的娱乐旅游资源所开发的都市旅游商品模式。如美国洛杉矶北郊的好莱坞是美国电影、电视工业的主要中心，也是世界著名影城，因而洛杉矶开发了以娱乐型为主体的都市旅游商品模式。又如我国的澳门，缘于长期历史形成的博彩业而闻名于世，因而其旅游商品的模式主要是以博彩娱乐型商品为主体特色。

（五）花园型的都市旅游商品模式

花园型的都市旅游商品模式，是指旅游业经营者对能体现都市旅游商品主体的绿色花园、休闲的旅游资源所开发的都市旅游商品模式。

这种模式的都市，多系新建的较大城市，如我国的珠海、深圳，整个城市的建设规划是朝着花园式的绿化模式发展，因而城市优美、绿化、整洁，城市就是一个大花园。这种花园型模式的都市旅游商品最具魅力和发展前途，具有发展会议旅游、休闲旅游的良好基础。

（六）观光型的都市旅游商品模式

观光型的都市旅游商品模式，是指旅游业经营者组织旅游者观赏、游览都市自然旅游资源和人文旅游资源的观光旅游商品的模式。如桂林山水甲天下，优美的山青、水秀、洞奇、石美的自然风光，名闻遐迩，因此像桂林这样的城市所开发的旅游商品，主要是观光型的都市旅游商品模式。

但观光旅游是以游览观光为单一目的的旅游，随着旅游者的旅游需求向着多种功能需求的方向发展，这种单一功能的观光型旅游商品处于下滑之势。据对我国53个主要城市的调查，有25个城市的接待量一度呈负增长，其中多数是观光资源丰富的城市。如桂林为－13.7％，成都为－10％，南京为－9.6％，武汉为－5％，无锡为－4.8％，可见单一的观光旅游商品正制约着旅游业的发展。世界旅游的模式，正由观光型向度假型、公务型、休闲型转化。

思考题

1. 试述都市旅游和都市旅游商品的概念。

2. 都市旅游商品应如何定位？试以某一都市为例，进行其旅游商品的定位。

3. 试述都市旅游商品开发的意义、原则和模式。试以某一都市为例，分析确定其旅游商品的模式。

第七章　民俗旅游商品

学习目的

掌握民俗旅游商品的概念和类型，认识民俗旅游商品开发的策略和原则。

主要内容

- 民俗的概念和特征
- 民俗旅游商品的概念和类型
- 民俗旅游商品开发的意义
- 民俗旅游商品开发的策略和原则

第一节　民俗旅游商品的概念

世界各民族的民俗文化源远流长，光辉灿烂。如何将具有民俗特色的文化优势转变为经济优势，是世界各国旅游业共同面临的课题。目前，民俗旅游成为旅游商品的一个重要组成部分。研究民俗旅游商品的开发和经营，对促进旅游业的发展，具有重大的理论意义和现实意义。

一、民俗的概念和特征

（一）民俗的概念

民俗，即民间风俗，指一个国家或民族中广大民众所创造、享用和传承的生活文化。民俗起源于人类社会群体生活的需要，在特定的民族、时代和地域中不断形成、扩布和演变。民俗一旦形成，就成为规范人们的行为、语言和心理的一种基本力量，同时也是民众习得、传承和积累文化创造成果的一种重要方式。

民俗是社会生活中的一种普遍现象，它既包括农村民俗，也包括城镇和都市民俗；既包括古代民俗传统，也包括新产生的民俗现象；既包括以口头语言传承的民间文学，也包括以物质形式、行为和心理等方式传承的物质、精神及社会组织等民俗。民俗主要是以口耳相传、行为示范和心理影响的方式扩布和传承的，它的主体部分形成于过去，但它的根系一直延伸至今。

民俗事象纷繁复杂，大略可以分为四个部类。

1. 物质民俗

指人民在创造和消费物质财富过程中，不断重复的带有模式性、类型性的风俗习惯。它主要包括生产民俗、商贸民俗、饮食民俗、服饰民俗、居住民俗、交通民俗、医药保健民俗等。

2. 社会民俗

指人们在特定条件下所结成的社会关系的惯制，它所关涉的是从个人到家庭、家族、乡里、民族、国家乃至国际社会在结合、交往过程中使用并传承的集体行为方式。主要包括社会组织民俗(如血缘组织、地缘组织、业缘组织等)、社会制度民俗(如习惯法、人生仪礼等)、岁时节日民俗以及民间娱乐习俗等。

3.精神民俗

是指在物质文化与制度文化基础上形成的有关意识形态方面的民俗。它是人类在认识和改造自然与社会过程中形成的心理经验,这种经验一旦成为集体的心理习惯,并表现为特定的行为方式并世代传承,就成为精神民俗。主要包括民间信仰、民间巫术、民间哲学、伦理观念以及民间艺术等。

4.语言民俗

指通过口头语言约定俗成、集体传承的信息交流系统。它包括两大部分:民俗语言与民间文学。民俗语言包括民间俗语、谚语、谜语、歇后语、街头流行语、黑话、酒令等;民间文学是指由人民集体创作和流传的口头文学,主要有神话、民间传说、民间故事、民间歌谣、民间说唱等形式。

民俗的上述四大部类之间存在着相互关联、相互制约与促进的有机联系,它们相互影响,并随着时代的发展而不断的变化,新的民俗不断出现,丰富、充实、取代着旧的民俗。

(二)民俗的特征

民俗的特征是多种多样的,不同地域、不同民族、不同国家的民俗,既有共性又有个性,要全面指出民俗的全部特点是十分困难的,这里所说的民俗的特征,是指各类民俗共有的特征。

1.集体性

集体性,是指民俗在产生流传过程中所体现的基本特征,也是民俗的本质特征。民俗文化的产生,离不开人类的群体活动,它是由种种人群集合体不断创造、完善、传承和保护下来的,是一种群体智慧的结晶。民俗文化不是个人行为,是集体的心态、语言和行为模式,个人行为构不成民俗,民俗的形成、发展永远是集体参与的结果。

集体性也是民俗在流传上的显著特征。民俗一旦形成,就会成为集体的行为习惯，并在广泛的时空范围内流动。集体性体现了民俗文化的整体意识，也决定了民俗的价值取向，这是民俗文化的生命力所在。

2.传承性和扩布性

民俗的传承性，是指民俗文化在时间上传衍的连续性，即历时的纵向延续性，同时也是指民俗文化的一种传递方式。民俗的扩布性，则指民俗文化在空间伸展上的蔓延性，也是指民俗文化的横向传播过程。民俗的传承性和扩布性，使民俗文化的传承成为一种时空文化的连续体。

民俗文化的传承是由它的功能决定的。这种功能系统体现着教化的职能，传承只不过是一种形式和手段。在传统与现代社会中，每个人的成长都离不开民俗文化的教化和熏陶。从孩提时代到成人，人们从民俗文化中学得一系列知识、技能和道德，甚至是祖先留下的成见。这是人类社会的一种潜在能力，一切教化都在潜移默化中进行，使你不知不觉地在民俗传承过程中获得知识和能力。同时，民俗传承有时又是积极主动的，这又使民俗文化的传承有目的地进行。民俗的传递，就这样一代一代绵延不断。

扩布性，也称传播性，它也是一种文化传播。传承是自上而下，从古到今；扩布则是前后左右的空间流动。一个新的民俗在一个民族、一个地区形成、完善后，它的功能和价值被充分显现出来，它不仅为该民族、该地区的民众所接受，成为传统文化的延续和发展，而且开始向其他民族地区渗透。民俗文化的这种传递方式随处可见。

3.稳定性和变异性

民俗的稳定性，是指民俗一旦产生，就会伴随着人们的生产及生活方式长期相对固定下来，成为人们日常生活的一部分。只要社会稳定，人们的生产方式和生活方式不发生剧烈变革，民俗文化的稳定性就会越来越强。只要经济基础不变，即使社会发生了巨大变革，民俗文化仍然具有稳定性。当经济基础消失时，民俗文化并不因此而立即消失，它作为人类群体观念的反映，仍然要保持一个相当长的时期，这就是民俗文化稳定性的强大支配作用。如中国的旧历新年要扫尘、吃年夜饭、放鞭炮，元宵节吃元宵、放焰火、猜灯谜，清明节放风筝，中秋节吃月饼等习俗就一直传承至今。

民俗文化的稳定性是相对的，稳定中随时包含着可变因素，这就是变异性。它是指在民俗传承和扩布过程中引起的自发和渐进的变化。是民俗文化机能的自身调适，也是民俗文化的生命力所在。没有变异性的民俗文化是不存在的。存在于现代社会中的种种民俗事象，大都是古代民俗变异流传的结果。

4.类型性

民俗的类型性或模式性，是指民俗文化的表现形式是一种民众共同遵守的标准。这种标准既是一种定型化的思维习惯，也是一种约定俗成的行为方式。

5.规范性和服务性

民俗文化就其实质而言，是人们在长期生产实践和社会实践中创造的语言和行为模式，或者说它是民众共同创造和遵守和行为规范。这种模式和规范对客观环境有很大的适应性。民俗文化中的种种行为模式，是民众生活中约定俗成的，因此具有相当的稳定性。最常见的是民俗社会中经常使用的不成文法或习惯法，它对民众的思想和生活产生强大的约束力量，迫使人们在一定的道德和习惯规范中行事，以得到心理和环境的协调和平衡。

民俗具有丰富的文化内涵，是集体的智慧和创造。民俗文化传统是一个庞大的知识系统，包括信仰、宗教、道德、法律、文学、艺术等，它是人类取之不尽、用之不竭的文化宝库。民众在统一的意志和行为中，创造了丰富多彩的民俗文化，而这种创造又处处体现着它的服务性功能：首先，民俗文化的创造是服务于社会的；其次，民俗文化服务于生产和生活实践；第三，民俗文化协调民众心理，满足民众的审美需要。

规范性与服务性是民俗历史发展的产物，这两种特性是相辅相成的，规范是社会和生活的需求，需求又是服务的目的。

以上是民俗文化的重要特征，但不是所有特征，此外还可归纳出地域性、民族性、封建性等特征。

(三)民俗与旅游

在人类漫长的历史发展进程中，各个不同民族形成了不同的民俗文化，它是人类重要的文化宝库。在现代旅游迅速发展、人类文化交流广泛的今天,民俗已不仅仅是少数专业学者考察研究的对象,而为更多的社会大众所接受。民俗已成为一个极为重要的旅游资源,日益被人们所重视,民俗旅游日益成为不可或缺的旅游热点。

民俗旅游,是指旅游者前往民俗文化所在地,为观赏、领略或参与风土习惯而开展的旅游活动。它是一种高层次的文化旅游。民俗旅游是民俗文化在旅游中的运用和发展,极大地丰富了旅游活动的内容,也促进了旅游地经济、文化的发展。它有双向性功能,它不仅可以满足旅游者休闲、探奇、求知、审美、欣赏等要求,而且可以通过旅游者将民俗文化广为传播,增进不同民族、地区人们的了解,促进民族的进步。因此,民俗旅游极具发展前景,是今后旅游发展的方向。

二、民俗旅游商品的概念和类型

(一)民俗旅游商品的概念

民俗旅游商品,是指旅游经营者为满足旅游者在其旅游过程中对民俗文化的了解与追求而开发组合的活动和服务的总和。

(二)民俗旅游商品的类型

民俗文化有着极为丰富的内涵,而作为旅游对象的民俗文化,主要是民俗文化中具有表象性的部分,也就是旅游者在旅游活动中能够观赏和体验的有积极意义的部分。因此,不是所有的民俗文化都能开发成为民俗旅游商品的,民俗旅游商品必须具有可观赏性、体验性。民俗旅游商品大致可分为以下几个类型:

1.物质生产民俗旅游商品

物质生产,是人类文化产生的主体。物质生产民俗是贯穿人类生产实践活动全过程的基本民俗,它包括农业民俗,狩猎、游牧和渔业民俗,工匠民俗,商业和交通民俗等。物质生产民俗旅游商品,就是指旅游业经营者对物质生产民俗中可供观赏和体验的部分,进行设计组合供旅游者前往观赏或参与活动的旅游商品。如对物质生产过程中举行的各种仪式、使用的工具、娱乐方式、行业习俗等组合设计,供旅游者观赏参与的活动安排便是这种旅游商品。

我国是一个以农业生产为主的国家,有关农业民俗的传承,在我国有着极其悠久的历史，各民族又有不同的特点。古代农业生产水平较低，农业收成的好坏直接影响人们的生活，祈求丰收成为人们的共同心愿，于是逐步形成了占卜、祭祀、娱乐等习俗。如哈尼族在每年大地回春、撒种育秧时起，流行一种风俗——吹“栽秧号”。两个中年男子手持唢呐站在田埂上，对着田野不停地吹，意在叫醒传说中的“卡依阿玛”(一种小鸟名)，要它来看守庄稼。这种“栽秧号”从撒种那天起，一直吹到栽完秧过“苦扎扎节”(六月节)。最热闹的要数“开秧门”的日子。这一天家家备好米酒、黄花染成的糯米饭，穿上新衣，聚集在田间，号手们吹一通“栽秧号”，德高望重的老人到秧田里栽下第一把秧苗，预祝丰收，然后人们高兴地下田栽秧。这种古老的风俗，表达了哈尼族人民渴望丰收的强烈愿望。如四川天全县上元节制作“祈谷灯”、“白果灯”，活动通宵达旦。台下各由两人担神像，祈求五谷丰登。农民制作“九曲莲灯”，并在一亩地见方的周围插上竹子，由巫师在里面跳舞祈年，叫“踹灯神”。又如浙江萧山的夏至茶山会期，农民举行竞渡赛会时，穿上小儿衣服，唱农歌，率数十人同乘一船，先后竞驶，相互追赶，观者人山人海，这种活动具有祭祀祖先、共庆丰收的意思。

狩猎、游牧和渔业的习俗也别具特色。如在我国许多林区，猎户狩猎前要祭祀，供献猎神，占卜出猎方向，进山前要祭山神。猎人找到野兽，不能唱歌、跳舞，也不能有响声，以免惊跑其他野兽。浙江嘉定的农家，在十月一日造米饴，戴在牛角上，酬答牛的劳苦。在广西镇安还有为牲畜招魂的习俗，在除夕这一天，农家各自提瓮汲取新水，归来时，要沿路歌唱“牛羊鸡狗猪鸭，六畜魂兮归来”一语。正月底，农民采白头翁、艾草和米做成糍饭，加进鱼虾来祭畜栏，名叫“收鸡鸭魂”。六月初，人们要染五色饭，杀猪分食，叫“祭牛栏”。男女用小鸡五色饭，到田野、牛屋内，团坐而食，叫“收牛魂”。广东琼州一带有水国之称，人们大多以舟楫为家，有的妇女一手把舵，一手煎鱼，还把儿女背在背上，这是一幅江南渔民的典型民俗生活图景。

各行各业的工匠，数千年来代代相传，在生产技艺、技术传授等方面都形成很有特色的行业习俗。如文房四宝是中国传统文化用品，其中以湖笔、徽墨、宣纸、端砚最为有名。这些工匠皆有绝技在身。清乾隆六年(1741年)建于浙江湖州的“王一品斋笔庄”,堪称湖笔业的代表。王氏世代以制羊毫笔而誉满神州和东瀛,他们选用上等山羊毛,经过浸、拔、并、梳、连、合等近百道工序,方能制成佳品。在各行各业中还有很多特殊的语言禁忌和行为禁忌,如甘肃武威一带挖煤工匠为了避凶求吉,不论在井下还是井外,都不能说“砸”、“淹”、“盖”、“炸”等。

商业方面极具习俗特色的应属集市,而集市交易中最具民俗特色的是小商小贩们那各种各样招徕顾客的叫卖声和敲击声,以及出没在骡马市场和大宗交易中的“中人”的活动。在我国各地都出现过专卖性的集市,如北京的骡马市、菜市、花市、灯市、珠市等。此外行商、坐商的习俗也很有地方特色,如历史上往来于大西北丝绸之路上的骆驼商队,云贵高原的马帮商队和上山下乡走街串巷的货郎小贩,以及各种招徕顾客所用的旗帘、幌子、牌匾等。

我国的交通工具品种较多,独具特色的也不少。如陆上的传统交通工具:用人力推拉的独轮车和架子车、人抬轿子、畜拉车、黄包车等;水上的传统交通工具:黄河上的羊皮筏子、大木排,赫哲族的桦树皮船,西藏的牛皮船,南方的木船和竹筏等。

2.物质生活民俗旅游商品

物质生活民俗,包括饮食、服饰、居住、建筑及器用等方面的民俗。这些民俗经旅游业经营者开发、设计组合,成为旅游者旅游的对象,便可以称为物质生活民俗旅游商品。因为它们都是可触摸的、可见的,同时也是最具直观性和观赏性的,因此它们是民俗旅游商品的极为重要的组成部分。

民以食为天,饮食在人们生活中占有十分重要的位置。不同的国家、不同的民族有着不同的饮食习俗,五花八门,各具特色。世界上有三大饮食体系:中国、法国和土耳其。而中国饮食更是博大精深。中国菜肴品种繁多,并形成了众多的风味流派:粤、鲁、川、淮、闽、浙、徽、湘八大菜系。此外,还有湖北、河南、陕西、东北等比较著名的地方风味菜,回族、朝鲜族、维吾尔族等少数民族菜,以及宫廷菜、素菜、官府菜、仿古菜、药膳菜等著名的风味菜。各种菜系的菜品,更是不计其数。仅就有据可查的八大菜系来说,四川菜有4000多种,江苏菜有3000多种,广东菜有2000多种，山东菜2500多种。我国面点及风味小吃品种也极为繁多。从流派上讲，面点及风味小吃可分为京式、苏式、广式、川式、晋式、秦式等六大流派；从品种类别来讲，可分为包类、饺类、糕类、卷类、酥类、饼类、果类、粽类、馒头、馄饨、麻花、烧麦、面条等十多种；从熟制方法来讲，可分为蒸、煮、煎、炸、烙、炒等近十种技法。它们之中，既有经济实惠的普通面点，也有乡土特点鲜明的地方小吃。荤、素、甜、咸、鲜、美、嫩、爽应有尽有。

日常食俗除了食物和制作方式外，还包括食用方式及特殊的习俗，诸如节日食俗、祭祀食俗、待客食俗、特殊食俗等。如在我国汉族地区，除夕晚上吃"团圆饭"，正月十五吃元宵，端午节吃粽子，八月十五吃月饼；蒙古族设宴招待客人用烤全羊；彝家招待宾客用待客酒等。

服饰包括衣着、装饰物、对人体自身的装饰及具有装饰作用的生产工具、护身武器和日常用品等四类，内容极为丰富。如中国的各民族服饰、日本的和服、非洲人的纹身、印第安人的服饰、欧洲各民族服饰等。

居住建筑是民族文化最全面、最生动具体的体现。世界上的民居类型丰富，建筑技艺精湛，各具特色，有很高的旅游观赏价值。中国的民居建筑以四合院最为广泛和典型，它比较充分地体现了中国传统的伦理观念；干栏式住房在南方广为流传，如傣族、哈尼族、壮族的竹楼，湖南土家族、苗族的吊脚楼；此外还有蒙古包等各类建筑物。

器用方面更是琳琅满目，不胜枚举，从各种器皿到家具都极具特点和观赏性。

3. 岁时节日民俗旅游商品

岁时节日，主要指与天时、物候的周期性转换相适应，在人们的社会生活中约定俗成的具有某种风俗活动内容的时日。这一部分民俗既独特又富有参与性，它是民俗旅游商品中可重点开发的内容。

我国传统岁时节日是农业文明的伴生物，其活动内容丰富多彩，难以尽述，但主要内容就是祈望五谷丰登、人畜两旺、岁岁平安、驱毒避邪。所以岁时节日的各种风俗、活动都是围绕这一主题进行的。如春节燃爆竹、点旺火、守夜、"压岁钱"、耍狮子、舞龙灯、扭秧歌、踩高跷、跑旱船、杂耍等；元宵节燃放灯火，张灯、观灯、赏灯、猜谜、看戏、吃汤圆；清明节扫墓、踏青、游春；端午节煎兰汤沐浴、采制草药，将菖蒲、艾叶插在门旁以避虫消毒，制作、饮用、涂抹雄黄酒以驱毒杀虫，吃粽子、赛龙舟；中秋节吃月饼、玩兔儿爷；重阳节登高、赏菊、饮菊花酒、佩茱萸、食菊花糕等。除这些全民性的节日外，我国还流行着许多地域性、民族性的节日，其活动形式也多姿多彩。如苗族的“苗年”，跳芦笙、跳铜鼓、跳皮鼓、对歌、斗牛、赛马；藏历年家家户户屋顶上燃起吉祥的松烟，各家都准备好酥油、糌粑做点心，男女老幼互道“扎西德勒”，跳锅庄舞等。

世界各民族的岁时节日也别具特色。如圣诞节制作圣诞树，挂上各种彩花和礼品，圣诞老人向大家祝平安；巴西的“狂欢节”，人们穿上华丽的彩服，上街跳桑巴舞，扮演各种传说人物，狂欢5天等。

4.人生仪礼民俗旅游商品

人生仪礼，是指人在一生中几个重要环节上所经过的具有一定仪式的行为过程，主要包括诞生礼、成人礼、婚礼和葬礼及祝寿仪式、生日庆贺等。人生仪礼集中体现了在不同社会和民俗文化类型中的生命周期观和生命价值观。这些人生仪礼民俗尤其是成人礼和婚礼都是旅游中可观赏和参与的，也是很有开发前途的民俗旅游商品。

诞生仪礼是人一生的开端礼，世界各民族都有不同的习俗。如我国汉族，婴儿出生后第三天举行庆贺仪式，北方多用热水浸泡艾叶、花椒等，由老年妇女为婴儿擦身，以去掉胎气；到婴儿“满月”时，抱孩子出门见见世面，并请亲朋好友来吃酒；满周岁时，举行检验小孩天赋和卜测未来前途的“抓周儿”仪式，孩子穿上新衣，将糕点果品、文房四宝、书籍、玩具、秤、剪等物品放在席上，让孩子坐在当中，任他伸手去抓，人们相信，小孩抓到的第一件东西就代表了他日后的志趣。哈萨克族生了孩子的人家，都要举行热闹的晚会，由有威望的妇女给小孩割脐带，庆祝孩子降生，第七天举行命名礼，每四十天给孩子洗澡，男孩5至7岁时行割礼等。

成年礼是为承认年轻人具有进入社会的能力和资格而举行的仪式，它是一种古老的习俗。在古老的部落社会里，这个礼是十分隆重的，它特别强调“死亡”和“复活”的主题。当已成年的男子进入他们临时的进行残酷训练的隐居地时，全身涂以白色，象征孩子阶段已死去，当他们经过严格训练，接受部落的秘密后，便又一次复活，成为强有力的人，被接纳为部落的正式成员。这种“拟气再生”是成年仪礼中的核心，其过程有时十分残酷，现在在一些民族中仍然存在。此外，还有各种的仪式，如加冠、笄礼、穿裙、穿裤、纹身、染齿等。

婚礼是人生仪礼中的又一大礼，历来都受到个人、家庭和社会的高度重视，是人生诸仪礼中最完备、传承最悠久的，也是最丰富多彩的，是极富观赏性的民俗。

葬礼是人生的最后一项仪式，世界各民族所处的自然环境、社会形态、宗教信仰不一，其葬礼仪式也各不相同。因这一仪礼是怀念亲人的，所以场面是十分悲痛的，不宜作为旅游项目。

5. 信仰民俗旅游商品

世界各国都有着相同的和不同的信仰与祭祀活动，如祭祖、祭灶、祭月、祭土地神、祭水神、祭财神、祭海神等，这些民俗信仰与祭祀活动相当一部分有一定的规模，气氛热烈。如天津的天后宫庙会，北京妙峰山庙会，淮阳的人祖庙会，布依族的祭傩公、傩母会，苗族的祭龙会等，都有着独特的旅游审美价值。

6. 民间艺术民俗旅游商品

民间艺术，是在社会中下层民众中广泛流行的音乐、舞蹈、美术、戏曲等艺术创造活动。这是人类文化宝库中的一块瑰宝，对广大旅游者具有极大的诱惑力。

我国民间艺术多种多样，不少都享誉世界。如民歌中的陕西“信天游”、青海“花儿”、江南小曲；民间舞蹈中的汉族“秧歌”、“灯调”，藏族“堆谢”、“安子”，壮族“蜂鼓舞”，朝鲜族的“长鼓舞”，景颇族“刀舞”；民间器乐中的二胡、唢呐、琵琶、古筝、锣、鼓；戏曲中的京剧、越剧、黄梅戏、粤剧等。

7. 民间游戏娱乐民俗旅游商品

民间游戏娱乐，是一种以消遣休闲、调剂身心为主要目的，而又有一定模式的民俗活动。让旅游者亲身参与，可分享各种游戏的欢乐。

民间游戏是民间娱乐中最常见、最简易、最普遍的趣味性活动。我国民间游戏品种众多，有智能游戏，如急口令、绕口令、背诵歌谣、猜谜语、拼图、剪纸;有体能游戏,如捉迷藏、老鹰捉小鸡、丢手绢、跳房子、冰嬉、水戏等;有智能与体能相结合的游戏,如猜拳、行令等。

民间竞技是一种以竞赛体力、技巧、技艺为内容的娱乐活动,争强斗胜是民间竞技的根本特性。我国传统的竞技项目丰富多彩,项目数量多且范围广:有二人对垒的,还有多人参与的;有室内竞技,如各种棋弈,也有室外竞技的,如踢毽子、跳绳、射箭、赛马等;有用器械的,也有只用身体的;有力量型的竞技,如广泛流行于汉族、蒙古族、藏族、维吾尔族、壮族、瑶族的摔跤、拔河、接力赛、赛龙舟等,有技巧型的竞技,如跳绳、跳皮筋、踢毽子、荡秋千、马球等。民俗娱乐是一种参加人数最多的活动,是我国民俗文化中光彩夺目的一部分。

此外,还有民间杂艺也是广大群众所喜爱的民俗文化,如杂技、魔术、动物表演等。

8.民俗风情园民俗旅游商品

这是现代的旅游经营者为了满足人们对民俗的了解与追求,将一个民族或几个民族中最具特色的住、吃、穿、行、娱等民俗集中在一个地方,供人们旅游观赏、参与的民俗旅游商品。它完全是人造的,具有集中、方便的优点,是目前旅游投资的一个热点。现在全世界已建成了不少这类景点,如深圳的民俗村、世界之窗,西安的唐城,各地的民族风情园等。

以上是民俗旅游商品的几大类型,是民俗旅游商品组合的依托基础。

第二节　民俗旅游商品开发

一、民俗旅游商品开发的意义

(一)促使民俗风情资源转化为社会经济效益

人类历史长河中形成的宝贵民俗文化,通过现代旅游业这一载体,开发为民俗旅游商品，既可使其传播得更广，又可将这种无形的财富转化为有形的社会经济效益。

（二）带动地方民族经济的全面发展

民俗旅游商品的开发，可以使当地的整体经济得以带动和发展。如中国许多偏远山区的经济，通过这一方式都得到了发展。广西龙胜各族自治县，民族众多，苗、瑶、侗、壮各族风俗集中，而且自然景色极美，当地政府通过开发民俗旅游商品，使旅游业成为本县的支柱产业，大量游客的到来，不仅使龙胜名扬国内外，而且带动了各项经济的发展。

（三）促进民俗风情文化的健康发展

民俗风情文化中也存在一些愚昧、落后的东西，如不去其糟粕、取其精华，就会使民俗文化的传播偏离正道，走入误区，形成负面效应，对民俗文化的持续发展十分不利。如果有选择地开发利用，就会将民俗文化中最优秀、最有特色的部分发扬光大，形成保护和利用的良性循环。

（四）丰富繁荣现代旅游

民俗文化旅游商品具有独特的魅力，它可以满足旅游者猎奇和参与的要求，使旅游者的旅游活动更为丰富。在当今崇尚个性化的时代，这种集游乐、获取知识、体验异地文化于一体的新型旅游商品，必将成为游客的首选。

二、民俗旅游商品开发的策略

民俗旅游商品魅力独特，而开发的好坏，直接影响它的发展和效益。开发民俗旅游商品应着眼于它的民族性、艺术性、神秘性和传承性等引人入胜的特性。

（一）表现民俗文化的民族性和差异性

民族性是区域文化异向发展的产物，从而形成各地民俗文化的差异性。旅游者的决策行为表明，旅游目的地与旅游者所在地的风俗文化差异越大，就越容易被选择。开发民俗旅游商品，应以发掘民族的个性文化为目标，为旅游者营造一种异域、异族风情的文化氛围。

（二）表现民俗文化的艺术性

艺术的生命力超越时空，随时代流传，不仅古老的艺术遗产受到人们的青睐，现代的艺术也同样具有恒久的生命力。不论何时，开发民俗旅游商品都应重视其艺术品位的提高，将普通的民俗文化上升到艺术的高度，让旅游者在游览过程中得到美的享受。

（三）表现民俗文化的神秘性

开发民俗旅游商品时，应注重民俗文化的神秘性。人都具有探求秘密的猎奇心理，对自然界或民俗中神秘的东西特别感兴趣，如果将民俗文化中如阴阳五行、风水学说、祭祀活动等神秘部分合理地开发、利用，让旅游者参与其中，这种神秘性便可成为一种持久的旅游吸引力。

（四）表现民俗文化的传承性

民俗文化具有传承性，其传承性最能体现文化历史价值，也是其生命力之所在。因此，开发民俗旅游商品，就要忠于它原有的传统文化特色，表现其最有传统的部分，以吸引旅游者。如中国的春节，自古就有，它的吃年夜饭、守岁、放鞭炮等传统习俗使广大海外游客入迷。

三、民俗旅游商品开发的原则

（一）特色原则

开发民俗旅游商品，应当突出个性，充分揭示和发展其独有的特色，将各种乡土风情、民俗文化有机结合起来，形成一个主题，以此来树立当地民俗旅游的形象。有个性、有特色，就容易在旅游者和潜在旅游者的心目中造成强烈的影响，形成吸引力和竞争力。所谓突出个性，就是创造一个具有特殊风格的民俗旅游商品形象。如哈尔滨推出的“国际冰雕节”、宁夏推出的“大漠黄河旅游节”等一系列民俗旅游商品，都充分突出当地特色，将最具代表性的民俗文化组合成旅游商品提供给广大旅游者。

（二）因地制宜原则

民俗旅游商品开发的特色原则，要求从实际出发，因地制宜，就地取材，利用当地固有资源，充分表现当地民俗风情的原始性、真实性、独特性，成为具有本地特色原汁原味的民俗旅游商品。

（三）可持续发展原则

任何旅游商品的开发都应遵循可持续发展原则，民俗旅游商品自然也不例外。民俗旅游商品的可持续开发具有保护和滚动发展两方面内容：一方面，民俗旅游商品开发应以保护环境为前提，决不以牺牲生态环境资源为代价，要与自然环境和谐发展。同时民俗旅游商品开发应以保护民俗文化为根本。随着旅游业人流、物流、信息流的流动，民俗文化也有被同化、冲淡、代替的可能。一般来说，旅游地文化容易受到外来文化的冲击而异化，从而导致地方民俗文化的特性削弱。另一方面，民俗旅游商品开发应实现经济上能自我滚动发展，以项目养项目，以旅游养旅游，自力更生，发展壮大。

（四）参与性原则

参与性原则，是指开发民俗旅游商品时，一要让游客尽可能地亲身参与某些旅游项目之中，体会异域的民俗文化风情，这可增加商品的吸引力和竞争力；二要由当地群众参与经营，这样既能体现民俗旅游商品的地域性、真实感，造就地域文化的相对神秘感，又能吸引更多的客源，桂林的民俗风情园、法国大香槟地区的“葡萄园之旅”等旅游产品都体现了这一原则。

（五）抢救与保护原则

民俗旅游资源是深层次开发旅游业的基础，然而人们往往对于有形的自然资源和物化的民俗文化资源更为重视，而对精神形态的民俗风情认识不足，存在盲目性和偏见。这种认识上的偏颇既影响到民俗旅游资源的开发，也影响到民俗旅游资源的保护。因此，在开发民俗旅游商品时，必须以保护为前提，没有保护的开发是掠夺性、破坏性的开发，对即将消亡的民俗旅游资源不进行抢救，开发和利用民俗旅游资源也只能是一纸空文。

（六）乡土文化原则

民俗旅游商品反映的是本土性的民风民情、民族文化、民俗生活、民族历史传统等，它具有区域乡土性、传统性和古朴性。如果在开发时，不遵循乡土文化这一原则，将民俗旅游庸俗化或异化，就会导致民俗文化的乡土传统和特色的丧失。因此，我们在开发民俗旅游商品时，应当展现当地的乡土历史特色，在内容、格调、造型、色彩等方面都要有浓郁的乡土古朴性，给人以真实、淳朴、乡土气息的心理感受。

思考题

1.什么是民俗？民俗的特征有哪些？

2.什么是民俗旅游商品？它有哪几大类型？

3.简答民俗旅游商品开发的意义。

4.民俗旅游商品开发的策略有哪些？

5.根据民俗旅游开发原则，就某地的民俗资源开发作一个简单的设计。

第八章　旅游服务商品

学习目的

在准确理解和把握旅游服务商品科学概念和特征的基础上，对旅游服务商品的构成和类型划分有较深刻的认识，并准确掌握旅游服务商品开发的原则和规范要求。

主要内容

- 旅游服务商品的概念和特征
- 旅游服务商品的构成和类型划分
- 旅游服务商品开发的原则和规范要求

第一节　旅游服务商品的概念和特征

一、旅游服务商品的概念

(一)服务

服务,是指企业经营者为实现自己的经营目的,为对方或集体某项物质或精神的具体需求,直接或间接以体力或脑力提供具有一定文化品位,并使对方获得满足和愉悦,而开展的可见和不可见的无形综合劳务活动的总和。

服务的目的是满足对方的物质或精神的合理需求。如商店人员为购物者提供的购物服务,咨询处、购票处为客人提供的购票服务,剧院的表演,为客人提供的观赏、感受服务,交通为客人提供空间转移的服务,旅游为客人提供的住宿服务等。通过使对方的物质或精神需求得到满足和愉悦,也使自己实现经营的目的。

服务的方式是具有文化品位的可见或不可见的体力劳务、脑力劳务或体、脑同时并用的劳务。

服务的核心是要使对方获得满足和愉悦。

服务分有偿服务和无偿服务。有偿服务是索要报酬的服务;无偿服务是不索要报酬的服务,如出于支助救济或情谊友好的目的而提供的服务。

(二)旅游服务

旅游服务,是指旅游商品供给者为实现自己的经营目标,针对旅游者个人或集体在旅游活动过程中所产生的精神或物质的具体需求,提供具有一定文化品位的,并使对方获得满足和愉悦的直接可见性的或间接以体力或脑力的不可见的形式,而开展的综合劳务活动的总和。所以,旅游服务只是限于旅游行业的范围。

(三)旅游服务商品

旅游服务商品,是指旅游企业在其经营管理活动中,把服务作为一种商品出卖给旅游者,以体力或脑力的无形劳务形式使旅游者有一个完美的经历体验和感受,而提供的相关活动内容的总和。

旅游服务商品虽然是无形的,但却和一般的物质商品一样,都具有商品的本质属性,即具有价值和使用价值的两重属性;旅游服务商品的价值,在于它的提供和生产是要消耗社会人类的必要劳动量。旅游服务表面上是旅游从业人员的劳动消耗和活动的表现,而实际上从业人员的成长由于注入了全社会人类劳动培养的结果,从而才体现了社会价值。而旅游服务商品的使用价值,就在于它对旅游客人的有用性。

旅游服务商品是旅游商品的组成部分,是旅游者在其食、住、行、游、购、娱活动中不可缺少的,各种旅游资源、旅游设施、景点、饭店都需要旅游服务的配套。它紧密地伴随着并为旅游者自始至终的旅游活动提供热情的服务,使得旅游者在旅游过程中获得满意的精神文化体验,感受更好的物质享受。所以,旅游服务商品也可以称之为体验经济的商品。

二、旅游服务商品的特征

(一)服务性

服务性,是旅游服务商品的本质特征,服务之所以能够成为商品,并为游客购买,就在于它对客人有用,使旅游者的精神与物质需求得到满足。

(二)服务生产与服务消费的同步性

旅游服务商品生产的过程,也就是服务消费的过程,消费结束了,生产也就结束了,二者是同步进行的。这种同步性在其他行业也存在,但在旅游行业却特别突出。

(三)不可贮存性

不可贮存性,是指服务具有不可能被贮存起来的特性。这是服务的生产与消费同步特性的必然。服务的生产与消费必须在同一时间、同一地点或活动过程中同时实现,是无法贮存的。

（四）时效性

时效性，是指旅游服务必须在限定的时间内实现。如游览过程中的导游服务，空间转移的交通服务，客房住宿的饭店服务。供求双方都不可提前或推后，必须在限定的时间内实现。

（五）文化性

文化性，是指旅游服务商品所具有的文化品位的特性，表现为服务人员的文化思想素质和服务技能素质。具体表现为服务人员的理念、行为、视觉方面的文化形象品位。服务商品文化性是旅游服务商品最重要的特性，文化品位越高，旅游服务商品质量越高，游客感受体验就越深刻、越高雅。

（六）差异性

差异性，是指因服务对象的不同、需求的不同，而表现的服务个性差异化的特性。这一特征随服务对象的兴趣、爱好、习惯要求的不同而具有灵活服务的差异。

（七）不可测度性

不可测度性，是指旅游服务商品难以使用计量指标进行量化测度的特性。服务的优劣只能通过游客体验的反馈才能判断，同时不同的游客因其对服务的需求和体验的不同、评价的不同，使得对其质量难以测度。

第二节 旅游服务商品的类型

旅游服务商品依划分方法的不同而有不同的类型。

一、按服务的内容划分

（一）旅行社服务商品

旅行社服务商品，是指旅行社为自己的团队旅游、散客旅游、休闲旅游、专项旅游所开发设计的旅游线路、旅游项目、旅游组织、活动安排，以及所提供的相关的可见性和不可见性的体力和脑力劳务服务的总和。

（二）团队旅游服务商品

团队旅游服务商品，是指旅行社专门为旅游团队开展旅游活动间接提供不可见性的设计、策划等服务和直接提供可见性服务的总和。

（三）散客旅游服务商品

散客旅游服务商品，是指旅行社为国内外旅游散客、背包散客开展旅游活动提供不可见性和可见性的间接和直接服务的总和。

（四）休闲旅游服务商品

休闲旅游服务商品，是指旅行社或旅游饭店为国内外休闲游客开展休闲、度假提供间接不可见性和直接可见性服务的总和。

（五）专项旅游服务商品

专项旅游服务商品，是指旅行社以特色旅游资源为依托，以市场为导向，针对特色专项旅游的游客，提供与之相适应的不可见性和可见性的间接和直接服务的总和。

（六）入境和出境旅游服务商品

入境和出境旅游服务商品，是指旅行社针对入境游客的全陪导游、地陪导游和对出境游客的引导，而开展的相应间接不可见性和直接可见性服务的总和。

（七）旅游饭店服务商品

旅游饭店服务商品，是指旅游饭店针对入店游客的住宿、餐饮、生活、娱乐等各种需求，提供与之相适应的间接不可见性和直接可见性服务的总和。

（八）旅游交通服务商品

旅游交通服务商品，是指旅游交通企业为游客旅游的空间转移的需求，提供与之相适应的间接不可见性和直接可见性服务的总和。

（九）娱乐旅游服务商品

娱乐旅游服务商品，是指旅行社针对以娱乐为首要目标的游客（如我国澳门地区的博彩娱乐旅游）的相应需求，而提供的与之相适应的间接不可见性和直接可见性服务的总和。

(十)导游服务商品

导游服务商品,是指旅行社、景点的导游人员针对游览观光游客的需求,提供与之相适应的间接不可见性的策划组织和直接的导游解说、生活关照等的可见性服务的总和。

在导游服务中,又可分为国际导游服务(领队)、全程导游服务(全陪)、地方导游服务(地陪)、外语导游服务、普通话导游服务、方言导游服务、固定职业导游服务、自由职业导游服务和业余导游服务等。

二、按旅游服务的性质划分

(一)常规旅游服务商品

常规旅游服务商品,是指旅行社、饭店和交通三大企业各自针对游客旅行游览产生的与本企业相关的常规需求,提供规范化、标准化、程序化的不可见性的间接策划组织和可见性直接面对面的服务的总和。

(二)个性化旅游服务商品

个性化旅游服务商品,是指旅游企业针对个别或集体游客的差异需求,提供使其获得满足的不可见性策划组织与可见性面对面直接服务的总和。这是旅游服务商品发展改革的方向。

(三)金钥匙旅游服务商品

金钥匙旅游服务商品,是指旅游星级饭店取得"金钥匙"资格的人员为住宿客人的需求,提供最优质、最快捷、最高品位服务的总和。

三、按旅游服务的特征划分

(一)旅游服务商品的可见性服务(见本书第二章)

1. 静态的可见性服务。

2. 动态的可见性服务。

3. 面对面的可见性服务。

(二)旅游服务商品的不可见性服务(见本书第二章)

第三节 旅游服务商品开发的原则和质量规范

旅游服务商品包括可见性服务商品和不可见性服务商品，两者都需要有策划、组织、开发及规范的质量要求。

一、旅游服务商品开发、策划的原则

（一）游客需求导向的原则

旅游服务的对象是游客，游客需求的满足是服务的根本目的。而游客层面的广泛性，决定了其需求的品位、层次、要求的多样性。因此，旅游服务商品的开发，必须以旅游者的需求为导向，并从旅游企业的实际、条件出发，开发、策划、设计适销对路的旅游服务商品。

（二）文化品位的原则

旅游的本质是旅游者对文化精神需求的满足，特别是现代旅游的旅游者更乐于追求高文化品位的旅游商品。没有文化品位的旅游，不是现代的旅游。因此，旅游服务商品的开发、策划、设计和提供，必须具有高文化的品位，特别是四星以上等级的饭店，“金钥匙”服务之所以受到推崇，关键就在于“金钥匙”人员的高文化的素质和高文化品位的技能。

（三）灵活差异的原则

旅游客源的广泛性，决定了旅游个性需求的差异性，因而旅游服务不应该永远以一个模式、一个规程、一个标准、一个内容去服务于不同游客的需求，要提供不同的服务。

（四）游客至上的原则

游客至上的原则，是对待宾客的行为准则，是经营管理的宗旨，也是服务的理念形象。从服务项目、内容、方式、价格到质量、特色、时间，都要为游客着想，把游客的需求和利益摆在首位，这不但是企业经营的需求，也是职业道德的需求。

(五)微笑的原则

微笑，是服务真诚的象征，是文明、友好、尊重的表示，是打开游客心灵的最美好语言，是带给游客“宾至如归”的欢迎词，是和游客建立友谊的新桥。服务没有微笑，便不成其为服务；旅游业没有微笑，便没有灵魂。

二、旅游服务商品的质量规范

(一)国家及省市关于旅游服务的质量规范

对于旅游服务的质量，国家旅游总局对各类旅游企业、星级饭店、旅游区(点)的质量等级，都颁布了明确的规定和标准，还制定了各种管理法规、规定、办法和实施细则。各省、自治区、直辖市也分别制定了相应的政策、制度，建立了质监机构。这些举措对旅游服务商品的质量都有完整的规范要求，都是旅游服务商品质量规范的准则。

(二)旅游企业关于服务的质量规范

各旅游企业通常都根据国家的法规制定了本企业的工作管理条例与服务的细则和规范要求，这些也是旅游服务商品质量规范的准则。

(三)旅游服务商品质量常规性的规范

旅游服务商品质量常规性的规范多表现为服务质量、服务标准和服务程序三个方面。服务质量是旅游服务的生命，应表现为文化品位的高质量和游客的满意度；服务标准可从服务的项目内容与技能上确定；服务程序则是指服务的先后顺序和服务的艺术技巧。三者是相互联系的不可分割的整体。

(四)服务的理念、行为和视觉的形象规范

服务的理念、行为和视觉的形象规范，实际上是服务的 CIS 的形象规范。形象是巨大的无形财富，比有形财富更有价值。在一些发达国家，有的无形资产占企业资产的五至七成。服务是企业的一种形象，服务形象表现为服务的理念形象、行为形象和视觉形象。

旅游服务的理念形象，是指旅游企业服务商品经营理念的定位。如“服务至上，宾客至上”，“满足顾客的需求就是我的职责”，应该说这是旅游企业服务的精神象征，是服务成功的关键。

旅游服务的行为形象，是指旅游服务围绕其服务理念所表现的岗位职责行为、标准化行为、规范化行为、程序化行为以及灵活超长个性化服务行为。

旅游服务的视觉形象，是指旅游企业根据服务理念所设计的给游客以强烈感受的可见性的外观规范标准体系。如企业商标、象征符号、企业造型、建筑、设施设备、展示陈列、广告版式、公共标志、员工着装、服务微笑等。

思考题

1. 什么是旅游服务？什么是旅游服务商品？

2. 试述旅游服务商品的特征。

3. 试述旅游服务商品各种划分的类型。

4. 试述旅游服务商品开发的原则。

5. 根据本章有关内容，为一个旅游企业的旅游服务商品形象进行开发设计。

第九章　旅游设施商品

学习目的

要求了解旅游设施商品的概念、类型，把握旅游设施商品的设计原则与定位。

主要内容

- 旅游设施商品的概念
- 旅游设施商品的类型

  狭义的旅游设施商品　广义的旅游设施商品
- 旅游设施商品的设计原则

  特色原则　美学原则　现代原则　文化性原则　实用性原则　效益原则
- 旅游设施商品的定位

  档次定位　形象定位　文化定位

第一节　旅游设施商品的概念和类型

一、旅游设施商品的概念

(一)什么是旅游设施商品

旅游设施商品,是指为了吸引旅游者前往旅游,满足其吃、住、行、游、购、娱的需要只出卖暂时的使用权、享受权的各类配套建筑和各种服务、生活设备的总和。它是旅游商品整体的基础构成部分,不是为了满足旅游供给方自我的需求,而是完全为了满足各类旅游者的需求,配合旅游整体商品的出卖而设置的,故具有商品的属性,属于静态的可见性服务的设施旅游商品。

(二)旅游设施商品的特征

旅游设施商品与一般商品比较起来,有着十分明显的两大特征:

1.暂时出卖其使用价值或功能而不出卖其本体或所有权

旅游设施商品只是在其交易过程中,并不像一般商品那样将其本身的所有权出卖,而只是通过配合旅游整体商品,暂时出卖其使用价值或功能。即只为旅游者的吃、住、行、游、购、娱等的暂时需要提供种种条件或方便,行使使用权、享受权而已。

2.各类旅游设施商品的使用功能都是不单独出卖的

旅游设施商品只是指为了配合满足旅游者的吃、住、行、游、购、娱等需要而提供的各类配套建筑和设备设施,它不是独立的经济实体,其使用功能不能单独销售。一方面,旅游设施商品与旅游线路、导游及各类服务一样,只是为了配合旅游整体商品的销售而提供的条件,任何旅游者都不可能单独购买哪一项旅游设施设备的使用价值,只有在配合旅游整体商品的销售中,旅游设施商品才能销售自己的功能。另一方面,在旅游整体商品的销售中,旅游设施商品又是不可缺少的重要组成部分,就像不可缺少的景点、线路、导游的服务一样。

二、旅游设施商品的类型

旅游设施商品是由各类成套的旅游建筑和相关设备组成的，可以分为狭义的旅游设施商品（或称直接旅游设施商品）和广义的旅游设施商品（或称间接旅游设施商品）。

（一）狭义的旅游设施商品

狭义的旅游设施商品，是直接为吸引旅游者并为其服务而提供的各类旅游配套的建筑和设施。其构成主要有下列几类：

1. 自然景区景观旅游设施商品

自然景区景观旅游设施商品，不是指景区景观本身，而是指构建在旅游景区景观的种种设施设备。如为了便于旅游者观赏景区景点而设置的观景台；为旅游者滞留于景区景点游玩而设置的场地和娱乐设施；为保障旅游者安全、方便旅游者行走或攀登而设置的固定设施，如道路或特殊设备（如索道，攀岩、探险的安全设备）等。这些设施都是不能单独销售的，只能配合自然景观商品并作为自然景观商品的重要组成部分而销售。不仅如此，自然景观商品也不可能离开这些配套设施，否则自然景观商品自身的销售亦将大打折扣。

2. 人文景观旅游设施商品

人文景观旅游设施商品，是指附设在人文景点中的种种设备设施，是为了便于旅游者对人文景观观赏、学习和参与所配备的相应设备设施。一方面，这些设施不能单独销售，只能配合人文景观并作为人文景观商品的组成部分而销售；另一方面，人文景观商品在销售时，往往又不可能离开这些设施的配套。因为人文景观商品如果没有配套的设施，就会给客人造成种种不便和困难，不但难以吸引游客，更难获取经济效益。

3. 旅游饭店设施商品

旅游饭店设施商品，是指构成旅游饭店的建筑物及其一些相关配套的可见性的服务设备设施。如客房生活设施、餐厅的餐饮设施等，这是构成旅游饭店商品整体不可分割的重要组成部分。因为这些设备设施的优劣、档次高低，不仅直接影响着旅游饭店和饮食服务的质量和等级，而且直接决定着旅游饭店商品的价格。但这些设备设施又是不能独立出卖的，必须与组成饭店商品整体的其他相关部分结合在一起，方能形成总体的旅游饭店商品。

4.旅行社旅游设施商品

旅行社旅游设施商品与饭店设施旅游商品一样，是指构成旅行社本身的建筑物及其一些相关的可见性的服务设备设施。如旅行社的现代通讯设备设施、接待服务的设备设施、交通车辆设施等，它们都是旅行社总体旅游商品不可分割的组成部分。因为这些设备设施的优劣、档次的高低，同样直接影响到旅行社的品位档次和质量，而且也直接影响它的销售价格。但这些设备设施同样不能单独出卖，更不出卖其所有权，必须与旅行社的其他相关部分组成旅行社的总体旅游商品，方可出卖其使用权和享受权。

(二)广义的旅游设施商品

广义的旅游设施商品，是指为吸引旅游者并为其提供间接服务的各类基础配套设施。

1.交通旅游设施商品

交通旅游设施商品，是指为旅游者完成空间转移而提供的种种交通设施。一般说来，它可以分为空运、陆运和水运三种。空运有飞机，陆运有火车、汽车，水运有轮船。这些设施不仅是为旅游者提供交通服务的基础，具有商品的属性，而且拥有和经营这些设施的机构、单位可以成为独立的经济实体。

2.娱乐旅游设施商品

娱乐旅游设施商品，是指专门为旅游者设计娱乐活动时而构建的种种设备设施。这些设备设施不仅是开展旅游娱乐活动必不可少的，而且是旅游娱乐商品的重要组成部分，但它又是不可能独立销售的，而必须与娱乐活动的其他因素构成商品的整体才能销售。比如，近年来，随着现代旅游业的发展，一种既不以观光为主，也不以游览名胜古迹、欣赏民俗风情为主，而是以休闲娱乐为主的旅游项目逐渐发展起来，投资这种旅游项目所需的种种设备设施都是为了吸引更多的旅游者，创造更大的经济效益，因而这些设备设施更带有商品的属性，桂林市兴安县的"乐满地"就是典型的一例。

3.社会其他为旅游者提供服务或经营的设施商品

社会其他为旅游者提供服务或经营的设施商品，主要是指社会上间接地为旅游者提供服务或经营的种种设施。如现代通讯、水电、安全、饮食、茶社、摄影、商店、咨询等部门或行业所提供的设施。这些设施虽然不一定是专门为旅游者设置的，但由于它们间接为旅游者提供了服务，因而仍然是间接的旅游设施商品。没有这些相应的设施，旅游活动就无法开展，而这类设施商品则往往是独立的经济实体。

第二节　旅游设施商品的设计与定位

一、旅游设施商品的设计原则

（一）特色原则

特色是什么？特色是指事物所表现出来的独特风格、品位与色彩、神韵等。旅游设施商品的设计应因地制宜，突出自己的特色，或具有古朴高雅的风采，或新颖别致，给人以意想不到的感受。如景区景点设施，就应该有机地配合当地景区的特点来添置设施、包装设计，使之具有独特的、他人不可替代的景区风貌；而人文景观设施则应根据人文景观具体内容的需要，配备与其密切协调的配套设施，像寺庙、墓室、展览馆、博物馆及其他文物古迹的设施配套，都应该各具特色；至于娱乐设施、饭店设施、旅行社设施以及交通运输设施等也应该从各自的实际出发，配备一些能体现和突出自己特色的相应设施。如桂林山水甲天下，山青、水秀、洞奇、石美名冠全球，近年来桂林市从这一实际出发，开展了大规模的城市改造工程，拆墙见绿，显山露水，更加突出了桂林山水的特色：美丽的现代城建设施，装点着秀甲天下的世界旅游名珠，使山水与设施相得益彰，使桂林成为名实相符的世界旅游美都。

（二）美学原则

旅游的本质是旅游者文化精神需求的满足，具体体现在旅游者对美的感受。因此，旅游设施的设计必须符合美学原则。设备设施作为自然景观、人文景观的辅助设备，是为展现其美的境界服务的，如果设施与景观配合得十分和谐，设施本身就成为一件美的艺术品，给人以美的感受。如哈尔滨冬季的冰雕，桂林象鼻山夜晚的灯火，杭州西湖上的游船，桂林漓江上的竹筏等。

（三）现代原则

现代原则，就是指设备设施要跟上时代的步伐，增加现代高科技含量。人惟求旧，器惟求新。旅游设施属于“器”的范畴。因此，不管是景区景点设施、人文设施，还是娱乐设施、饭店旅行社设施、交通运输设施，抑或是其他基础设施、配套设施等，都应遵循现代原则，必须在档次上适应现代社会的发展，并做到适度超前，只有这样，才能具有生命力和吸引力。当然，现代原则并不排斥古旧，在古香古色设施中融进一些现代技术，往往更具有吸引力。

（四）文化性原则

旅游的本质是旅游者文化精神的需求，只有提供高品位文化含金量的旅游商品，才能满足旅游者的需求。自然，作为旅游设施，就必须具有与旅游品位相适应的文化含金量。如星级饭店，按照国家规定，各相应等级的星级饭店的设施都有相应的设施品种、标准、规格，以表现其相应的文化品位。在此基础上，各饭店仍可进一步设计，使自己的各项设施更具自己的文化特色，应该说这是十分必要的。如桂林市香江饭店的少量房间，在具备国家规定标准设施的基础上，增添了石文化的品种设施，桂林市云雾山庄的客房，开发了具有日本和朝鲜民俗文化的客房，都很受游客的欢迎。

（五）实用性原则

实用性原则，是指旅游设施在符合特色、美学、现代、文化性原则的基础上，要具有方便、实际及使用功能的原则。否则，就是华而不实的设施。

（六）效益原则

旅游设施商品的效益原则，一要讲经济效益，二要讲社会效益。旅游业的发展与经济息息相关，旅游设施商品不可避免地要讲究经济效益。一方面，要考虑设施的投入所带来的产出效益，要考虑投资回收期。另一方面，必须同时考虑社会效益，尽可能做到经济效益与社会效益的有机结合。如我国有的城市已取消一次性生活设施的供应，这既可在房费上减轻游客的经济负担或增加其他服务项目更好地满足旅游者的需求，又可减少污染，有益于社会。

二、旅游设施商品的定位

（一）档次定位

旅游设施商品是为了配合旅游总体商品的出售而成套配置的设备设施。因此，它的档次定位应随着旅游总体商品的档次定位而定。如星级饭店的设施必须与其相应星级的档次定位相匹配，从饭店的外观建筑到内部装修，以及其他配套设施设备，都应与饭店的定位级别相对应。

（二）形象定位

旅游设备设施的定位也是旅游总体商品形象的展现。这正与一般的物质商品的包装一样，包装形象的定位也就是商品形象的展现，旅游设备设施的形象应给人们对总体旅游商品以直观的感受，其形象定位应以能否展现其旅游总体商品形象为原则。

（三）文化定位

旅游设备设施商品的形象定位，是通过其文化品位得以展现的。如设备设施的高雅、精巧、古朴、华贵及现代艺术性等特征，都是其文化定位的展现。这种文化定位也应该与旅游总体商品的定位协调一致。同时，旅游设施商品的文化定位也是旅游总体商品文化性的集中体现。没有文化的旅游商品，不是现代旅游商品；旅游设施设备商品的文化定位，也就是旅游商品的文化建设。

思考题

1. 什么是旅游设施商品？旅游设施商品有什么特征？
2. 概述旅游设施商品的类型。
3. 旅游设施商品的设计原则有哪些？

第十章　旅游购物

学习目的

　　掌握旅游购物的概念和分类，认识旅游购物的供应原则和营销策略，了解旅游者旅游购物的原则。

主要内容

- 旅游购物的概念与特性
- 旅游购物的组成与分类

  旅游纪念品　旅游用品　旅游消耗品
- 旅游购物的供应与营销

  供应原则：市场需求原则　鲜明的民族性、地方性原则　美学原则　就地原则　时尚原则　系列化、多样化、配套化原则

  营销策略：确定目标市场　制定合理的价格　选择适当的广告宣传媒介　树立品牌　突破传统的销售模式，探索新的销售方法
- 旅游者购物的原则

第一节 旅游购物的概念和特性

旅游购物，是指旅游者在旅游过程中，购买具有地方特色、民族特色的物质商品或纪念品、工艺品的行为活动和过程。旅游者所购买的商品是购买了商品所有权的一般物质商品，而不是属于旅游商品的范畴，因为旅游商品是不出卖所有权的。但旅游购物却是国家创汇、创收的一个极为重要的途径。旅游者的购物支出具有较大的弹性，目前在旅游业较发达的国家和地区，旅游购物的销售收入占旅游商品销售总收入的50%～60%，而在我国平均仅为30%左右，有的省份只有10%左右，且呈现下降的趋势，这也说明我国发展旅游购物的空间很大。因此，在旅游实践中，增加旅游者旅游购物供应的销售收入，就成为旅游经济发展中的一个重点。

一、旅游购物的概念

旅游购物，是旅游者在旅游活动中产生的伴随行为，是旅游者在旅游过程中购买有形物质商品所有权的行为活动和过程。它包含三个条件：其一，必须是购买有形的物质商品。其二，必须购买物质商品的所有权。其三，必须是旅游者购买的。只有同时具备这三个条件的购物，才能称之为旅游购物。旅游者购买的这种商品，实质上就是一般的物质商品，所以不能称之为旅游商品，但可以称之为旅游购物。

这里应特别指出，许多旅游界的人士，总是把旅游者购买的纪念品和工艺品称为旅游商品。这就把旅游纪念品和旅游商品混为一谈，从而造成了对旅游商品理论研究的混乱，对实践指导的混乱。事实上，旅游纪念品和工艺品只是旅游者购买物质商品的一个组成部分，它是属于物质商品的范畴。纪念品和工艺品究竟是旅游商品还是一般物质商品，不是决定于谁去购买、在什么地方购买，而是决定于它们的本质属性。旅游商品是只出卖观赏权、感受权、体验权、使用权、享受权的有形和无形服务的总和，它是不出卖所有权的。而一般物质商品则是出卖所有权的，这在本书第二章已作了论述。弄清这些基本概念，才能在旅游理论研究和实践上取得突破。

二、旅游购物的特性

旅游购物是指旅游者购买纪念品和工艺品的所有权，即可以带走的物质商品。但它又具有自己的特性，这些特性主要有以下几点：

（一）纪念性

旅游者在旅游过程中购买纪念品、工艺品，一个重要的动机，就是为了让自己的旅游经历得以物化。通常旅游者所选购的纪念品和工艺品，大多是与旅游地的特定文化环境氛围相一致的、具有明显纪念性的物质商品。所以，纪念性是指旅游者购买的物质商品所具有的能够显示旅游所在地的某种特点，而在时过境迁之后又能够引起游客美好回忆的特性。纪念性是旅游商品的一个最基本的特征。比如，到桂林的旅游者，一般喜欢购买以桂林山水为内容的山水画、工艺扇、文化衫等；到苏州的旅游者，多爱购买苏绣的代表作双面绣、手帕、枕套等；到西藏的旅游者，喜爱购买具有藏族文化特色的饰品；到福建的旅游者，会购买安溪的铁观音、福州的寿山石等。旅游者购买这些商品的原因，就在于它具有一定的纪念意义。

（二）民族性

旅游者在异域他乡旅游购物时，总想买些该国该地富有民族性的商品。去苏格兰的旅游者，首选的是苏格兰短裙、风笛、威士忌；去墨西哥的旅游者，首选的是宽边草帽、披风、特基拉酒、干辣椒、仙人掌；去南非的旅游者，首选的是钻石首饰；去马来西亚的旅游者，会选购锡制器皿；到中国的旅游者，会购买中国的丝绸、古董、印章、瓷器。之所以有这样的选择，是因为这些商品富有浓郁的民族性。

（三）地方性

这是与民族性有区别而又十分相近的一种特性。旅游者在选购具有民族风格商品的同时，也会选择具有突出反映地方文化特点的商品。比如，外国旅游者到中国来，除了购买具有中国民族特色的商品——丝绸、茶叶、瓷器外，还会选购具有浓郁地方特色的商品，如无锡的胖阿福、安顺的蜡染、苏州的扇子、酒泉的夜光杯、张小泉的剪刀、潍坊的风筝、东来顺的涮羊肉、全聚德的烤鸭、云南的过桥米线、四川的麻婆豆腐等。

（四）艺术性

艺术性，是指旅游者购买的物质商品所具有的独特创意和典型、美观的特性。旅游者旅游的目的之一是为了获得美的感受，故具有美感的商品自然成为旅游者购买的首选对象。旅游物质商品愈有艺术性，感染力就愈强，游客就愈喜爱。比如，我国的砚台本是研墨用的，但有些高级的砚台如端砚，除了材质一流外，还经常雕刻有龙虎飞禽、山水人物、梅兰竹菊等精美的图案，这些砚台已不只是实用的文具，而且是别具一格可供陈列欣赏的艺术珍品。

（五）实用性

实用性，是指旅游者购买的物质商品所具有的使用价值，即实用性和功能。这一特性对于一般旅游者来说也是十分重要的。许多旅游者很想购买具有一定实用价值的物质商品，作为玩赏和馈赠之用。实用性强的物质商品很多，如旅行箱包、旅游鞋帽、手杖、风雨衣、钱包、服装、中药材、小玩具等。

上述五种物质商品的特性不是孤立的，而是相互联系和互相渗透的，并形成一个整体。只有具备这些特性的物质商品才能得到广大游客的青睐。

第二节　旅游购物的组成和分类

旅游者购买的物质商品种类繁多，可大致分为旅游纪念商品、旅游用品、旅游消耗品三大类。

一、旅游纪念品

(一)旅游纪念品的概念

旅游纪念品，是指旅游者在旅游活动整个过程中，购买具有区域文化特征、富有民族特色、有纪念性的一切物质商品。它多是以旅游景点的自然风光或文物古迹为题材，体现当地的传统工艺和风格且制作独特的商品，是旅游购物中最具特色的商品。

(二)旅游纪念品的类型

旅游纪念品类型繁多，可分为文物古董、书画金石、工艺美术品、土特产和药材、首饰珠宝、服装等几大类。

1. 文物古董

文物古董是民族发展进程的见证，而且积淀了民族的智慧、精神与情趣，具有很高的历史文化价值。文物古董以其迷人的魅力吸引着广大旅游者，是重要的旅游审美文化资源。作为旅游纪念品的文物古董，主要指国家法律允许进行流通的，具有时代价值的艺术品、工艺美术品、历史文献、图书资料，以及反映各时代社会制度、社会生产和社会生活的代表性实物。这是一类极具收藏价值的珍贵的旅游纪念品。

2. 书画金石、文房四宝

书画金石是反映民族文化的各类书法、绘画、篆刻、拓片作品，是旅游者购物的一个重要组成部分，它是形象地反映民族文化的艺术品，具有很高的收藏价值。

文房四宝是我国书画艺术的主要工具——笔、墨、纸、砚的总称。主要代表有毛硕之冠——湖笔、千秋光——徽墨、纸寿千年——宣纸、天下第一砚——端砚。

3. 工艺美术品

我国的工艺品源远流长，种类繁多，异彩纷呈。可细分为以下几类：

(1)雕塑工艺品

雕塑是一种造型艺术，是雕刻与塑造两种制作方法的统称。雕塑工艺品主要有牙雕、石雕、木雕、核雕、煤精雕、玉雕、发雕、米雕、竹雕，以及装饰工艺品、塑类工艺品和其他工艺品。

牙雕是象牙雕的简称，世界许多国家的牙雕都久负盛名，如泰国、中国及非洲的牙雕。

中国的石雕工艺也别具特色，较著名的有寿山石雕、青田石雕、东兴石雕、大理石雕等，其中尤以福州市郊寿山所产的寿山石最负盛名。寿山石雕晶莹温润、色泽艳丽，民间传说为女娲补天之石。其艺术特色在于因材施艺，巧用石材原色，类似的还有昌化鸡血石雕、浏阳菊花石雕。

发雕、米雕属于微雕，以中国的最有名。它是在米粒大小的象牙片、竹片及头发上镂刻书画诗词，作品上的字迹往往需要用放大镜甚至显微镜才能看清。微雕的代表人物苏州的沈为众，曾在一粒米大小的象牙上雕刻了 10 首唐诗，加上款识共计 310 字。他还雕刻过世界上最小的佛像，在一个体积只为一粒米大小的象牙上，雕有一个莲花座，上面盘坐着一尊佛祖，身后是佛龛和光环。佛像的手指仅为一根头发丝的三分之二粗细，借助显微镜，可以清晰地看出佛的慈祥面容和流畅的丝丝衣纹，可谓巧夺天工。

木雕在中国也广为流行，从家具到生活用具都可见到精美的木雕。主要代表有东阳木雕、潮洲木雕、剑川木雕、湖北木雕船、海南椰雕、泉州木偶等。东阳木雕出于浙江省东阳，那里到处都有木雕艺人，被称为“木雕之乡”。东阳木雕约始创于北宋时期，至明代已形成了完整的工艺体系。其表现手法多样，构图设计完美，布局结构严谨，广泛用于建筑雕饰及家具、日用品。其雕刻技法独特完整，题材内容丰富，从神话故事、古典小说、历史人物、生活习俗到山水、花鸟、草虫、文物、园林等，几乎应有尽有，无所不包，现已远销 70 多个国家和地区。椰雕出于海南，是用椰壳的自然形态加工成壶、碗、盒等各种器皿和花瓶、奖杯、乐器等工艺品，造型古朴，具有浓厚的地方色彩，在古时被称为“天南贡品”。

其他雕刻工艺品中较有特色的有贝雕，这是以贝壳为原料，造型表现出各种内容的一种艺术，很受人们喜爱。

(2)陶瓷工艺品

陶瓷是陶器和瓷器的合称。以陶器而言，宜兴的紫砂陶、洛阳的唐三彩最为著名。宜兴紫砂陶造型美观大方，品种极多。紫砂陶茶具内壁无釉且多孔，有很强的吸附力，三伏酷暑季节，泡茶数天不变味，尤能保持茶香。紫砂陶花盆、花钵栽种花草，易活且不易烂根。宜兴紫砂陶现在已成为我国最负盛名的旅游工艺品之一。洛阳唐三彩是一种低温铅釉的彩釉陶器，这种陶器以黄、绿、褐三色为主，故称唐三彩。代表造型是牵马俑、妇女俑、马俑等。

中国素有瓷器王国之称，中国的瓷器自古就闻名世界，与茶叶、丝绸一起被誉为中国国宝。中国有三大瓷都：景德镇、醴陵、德化。四大瓷器：景德镇的景瓷、醴陵的彩瓷、德化的白瓷、龙泉的青瓷。其中景德镇的景瓷最负盛名，青花瓷、青花玲珑瓷、粉彩瓷、薄胎瓷是景瓷中闻名中外的四大传统名瓷，其特点为"声如磬、白如玉、薄如纸、明如镜"。

(3)编织工艺品

编织工艺品，指以草、竹、柳、藤、棕、麻、麦杆等为原料，经手工编织而成的民间工艺品。其历史十分悠久，由于我国幅员广阔，编织材料极为丰富，所以我国的编织工艺品品种之繁多、工艺之精巧、款式之新颖、造型之优美都是世界闻名的。久负盛名的竹编产地有浙江东阳、嵊州，湖南益阳，四川成都，福建泉州，安徽舒城等。草编产地分布极广，制品柔软轻便，有山东草编、浙江宁波草帽等。

(4)漆器工艺品

漆器是经过制胎式脱胎，再髹底漆、扫磨、推光、装饰而成的一种工艺美术品，具有色泽光亮、防腐、防酸、防碱的特点。在距今二千二百多年前的战国时期，漆器制作工艺就已达到了很高的水平。现在主要有北京雕漆、福州脱胎漆器、扬州镶嵌漆器、天水漆器、成都雕填漆器、重庆彩绘漆器、平遥推光漆器等，其中以北京雕漆最为著名。

(5)金属工艺品

金属工艺品，是指以金、银、铜等金属为主要原料，经各种特殊工艺加工制成的工艺品。远在商代，我国青铜器的制作就已达到了很高的水平，战国时的"金银错"，明代的"宣德炉"和"景泰蓝"等，都是我国古代著名的金属工艺品。主要品种有景泰蓝、珐琅、金银花丝镶嵌、镂空镶嵌、仿古铜器、斑铜制品及金银器物等，其中有代表性的如北京景泰蓝、芜湖铁画及龙泉宝剑均中外闻名。

一般来说，金属工艺品的制作工艺都相当复杂。例如，北京景泰蓝，前后经37道工序，首先是用紫铜打成各种器皿的胎型，然后用铜丝掐成花纹，焊在铜胎上，再反复烧结四五次，最后打磨光亮镀上黄金，不仅用料昂贵，而且成本也高。所以景泰蓝具有浑厚凝重、富丽典雅、金碧辉煌、美妙无比的艺术特色。

(6)花画工艺品

花画工艺品是工艺花工艺品和工艺画工艺品的合称。我国的工艺花工艺品包括绢花、绒花、纸花、羽毛花、塑料花。其中北京的绢花，辽宁的塑料花、羽毛花较为有名。我国的工艺画工艺品著名的有大连贝雕画、青岛贝雕画、吉林的树皮画、福建福州的软木画以及广东潮州的麦秸画，具有独特的地方特色和艺术风格。

(7)刺绣工艺品

在丝绸质料上绣花，被称为刺绣。刺绣是我国特有的一种传统工艺品，有二三千年的历史。其中以“四大名绣”，即苏州的苏绣、广东的粤绣、湖南的湘绣和四川的蜀绣最为著名。苏绣素以针法活泼、图案秀丽、色彩雅洁的风格见长；湘绣以国画为基础，擅绣飞鸟走兽、山水花卉；粤绣以色彩见长，注重装饰；蜀绣则以针法严谨、针脚平齐而闻名。此外，还有北京的京绣、温州的瓯绣、上海的顾绣、苗族的苗绣、南京的云锦、成都的蜀锦、广西的壮锦、土家族的土锦等，品种繁多，都具有鲜明而浓厚的民族特色。

(8)民间工艺品

民间工艺品是产生于民间并在民间广泛流传，具有鲜明的民族风格和地方特色以及很强的装饰性和趣味性的手工工艺美术品。如江苏无锡惠山的泥塑“大阿福”，山东菏泽艺人李俊善的面塑，贵州、云南少数民族的蜡染，沈阳的羽毛画，民间妇女的剪纸，潍坊的风筝等。

4.土特产和药材

我国地域广大，生活方式和生活习惯时有差异，因此土特产相当丰富。我国的土特商品，著名的有贵州茅台、金华火腿、南京板鸭、天府花生、天津鸭梨、龙口粉丝、上海五香豆、桂林“三宝”、青岛啤酒等，其中在世界上独具特色的则有茶叶和各类中药材。

中国是世界上制茶最早的茶叶大国。各地名茶多达二百多种，其中久负盛名的就有西湖龙井、苏州碧螺春、黄山毛尖、祁门红茶、武夷岩茶、信阳毛尖、福建茉莉花茶、普洱茶、安徽铁观音、庐山云雾、闽南乌龙茶和君山银针等。

我国的中药有中药材和中成药两大类。中药材主要有人参、党参、枸杞、贝母、三七、黄芪、麻黄、半夏、羌活、胖大海、当归、何首乌、冬虫夏草、阿胶、牛黄、鹿茸、麝香、杜仲、甘草等。中成药有云南白药、蛇胆川贝枇杷膏、桂林西瓜霜、漳州片仔癀、六味地黄丸、乌鸡白凤丸等。

5. 珠宝首饰

人类应用珠宝的历史悠久，在数千年的历史长河中，珠宝主要作为权力、富贵和吉祥的象征，流行于各个国家的王宫贵族之间。这类商品较为名贵，具有较高的收藏价值。世界各地的珠宝首饰造型各异，较充分地反映了各民族和各地区的文化。

中国自古就有佩戴玉器的传统，历代王朝的君主都视玉为圣洁之物，用来做神灵的祭物、宫廷里的礼器和达官贵人的装饰品。如皇帝和诸侯用来祭天的玉璧、祭地的玉琮、传达王令的玉圭、封官的玉佩，以及皇后、贵妃用的玉钗、耳坠、项链、手镯等。此外，其他珠宝如红宝石、珊瑚、蓝宝石、青金石、水晶、珍珠、琥珀等也受人喜爱。

近百年来，随着社会的发展和物质文化生活水平的提高，珠宝首饰已开始进入普通百姓的生活，日益成为旅游物质商品的一个重要组成部分。

6. 服装

服装最能体现一个民族的文化性和民族性，加上其实用性，受到广大旅游者的青睐。如中国的旗袍，西班牙的披风、斗牛裤、安达卢西亚长裙，泰国的纱笼、筒裙、绊尾幔，日本的和服，美国的牛仔服等。现在的一些时装，也成为旅游购物的亮点，如巴黎时装、上海服装、广东服装、福建服装等。

二、旅游用品

旅游用品，是旅游者为实现旅游目的的需要所购买的在旅游过程中使用的商品。主要有旅行车、游艇、旅行箱包、旅游鞋帽、登山器械、滑雪(水)器械、手杖、风雨衣、太阳镜、摄影摄像机、数码相机、防寒暑用品、美容护肤品及常备急救药品、帐篷等。

随着旅游者旅游个性化的要求及各种新型旅游项目的兴起,这种旅游用品市场前景极为广阔,与旅游纪念品具有同等地位,是旅游购物供应开发的一个新的方向。

三、旅游消耗品

旅游消耗品,指旅游者在旅游过程中所消耗的商品。主要有食品、饮料,以及盥洗用品、当地特色风味小吃、日常生活必需品等。

旅游者在旅游过程中消耗的食品、饮料、日常生活用品,基本上是按照平时的喜好来购买的,这种支出是较稳定和有限的。而对当地的特色小吃的需求则是有弹性的,因此开发利用当地的特色小吃,就成为旅游创收的一个较好的途径。

中国饮食文化源远流长,与法国饮食、土耳其饮食并称为世界三大饮食体系。而中国饮食又以其独特的制作工艺及色、香、味、形,而在世界各地广为流传。

中国菜肴品种繁多,形成了众多的风味流派,如粤、鲁、川、淮、闽、浙、徽、湘八大菜系。此外,还有湖北、河南、陕西、东北等比较著名的地方风味菜,回族、朝鲜族、维吾尔族等少数民族菜,以及宫廷菜、素菜、官府菜、仿古菜、药膳菜等著名的风味菜。各种菜系的菜品更是数不胜数,仅就有据可查的八大菜系来说,就足以让人们目不暇接,如四川菜有4000多种,江苏菜有3000多种,广东菜有2000多种,山东菜有2500多种。

我国面点及风味小吃品种极为繁多。从流派上讲,面点及风味小吃可分为京式、苏式、广式、川式、晋式、秦式六大流派;从品种类别来讲,可分为包类、饺类、糕类、卷类、酥类、饼类、果类、粽类、馒头、馄饨、麻花、烧麦、面条等十多种;从烹制方法来讲,可分为蒸、煮、煎、炸、烙、炒等近十种技法。它们之中,既有经济实惠的普通面点,也有乡土特点鲜明的地方小吃。荤、素、甜、咸、鲜、美、嫩、爽,应有尽有。

第三节　旅游购物的供应和营销

研究和了解旅游购物的概念、特性及分类的最终目的，就是为了使旅游购物能更好地供应和营销，以实现旅游业的创收。而旅游购物供应和营销需要遵循一些必要的原则，并制定正确的策略。

一、旅游购物供应开发的原则

我国目前一些地区的旅游购物供应和营销，尚存在如下几个方面的问题：一是旅游购物供应品种单一、花色单调，二是旅游购物供应和旅游购物市场缺乏特色，三是商品价格扑朔迷离，四是旅游购物环境和服务欠佳。因此，在开发旅游购物供应时应遵循如下基本原则：

（一）市场需求原则

开发、研制符合旅游者真正需求的商品，是必须遵循的总的原则。市场需求什么样的商品，就生产什么商品，特别是在旅游购物市场日益疲软的状况下，更应坚持这一原则。

设计供应一种新的商品时，必须认真分析和调查旅游市场，了解和掌握旅游者的需求和心理。如果是外销，还要熟悉异域购买者的爱好和禁忌。

（二）鲜明的民族性、地方性原则

深深挖掘本国、本地区、本民族的文化，以深厚的文化背景为依托，设计和制造独具特色的商品，是另一个重要的原则。

文化渊源是旅游购物的生命力之所在。旅游购物的文化特征越鲜明，文化品格越高，地域特征越明显，它的价值也越高，越受欢迎。如以中国年节文化为依托供应的商品——年画、风筝、年货等，以巴西狂欢节为背景的传统服饰、面具，反映西方圣诞节文化的玩具、装饰品，都深受各国欢迎。云南过桥米线、桂林米粉、景德镇陶瓷、意大利通心粉、加拿大枫叶纪念品、古巴雪茄，都是以鲜明的地方特色而受到欢迎。

同一民族有相同的文化背景，但也有些明显的地域差异。开发设计购物供应商品在注重其统一文化背景的同时，强化其地方差异性，一定能吸引更多的旅游者购买。

（三）美学原则

爱美、追求美是人的天性。美的商品能吸引人的目光，引起人的购买欲望。旅游者外出旅游，就是希望能感受美——自然美、文化美、艺术美，他们希望在欣赏到优美景观的同时，能购买到令人赏心悦目的商品。因此，设计具有美感的供应商品是开发的重要原则。

旅游是一种异地的消费活动，是一种经历和体验。旅游者为了永久地保持美的感受，为了使愉快的经历、体验能重温和回忆，就需要有一种象征物来替代，因此迫切希望能买到具有纪念性、艺术性与实用性的物质商品。

（四）就地原则

就地原则，就是以当地自然资源、名胜古迹、历史人物、民俗风情为依托，利用当地特有材料进行开发、生产，就地销售的原则。设计者要利用当地的自然风光、历史传说和典型建筑，对旅游者所要购买的物质商品进行设计、组合、造型，并利用当地特产的材料来制作，以突出民族特色与地方风格，并就地销售，形成品牌优势。

例如，广西北部有丰富的竹林资源和灿烂多彩的民族文化，该地将二者巧妙地结合起来，开发出富有民族地方特色并深受旅游者喜爱的旅游纪念品，如竹雕酒具、微缩侗族风雨桥、壮乡吊脚楼、竹子工艺筷、竹画等系列商品。

（五）时尚原则

旅游者大多喜欢新奇、新异、新颖的商品，追求新的花色、新的款式、新的质量、新的情趣。设计开发具有时尚性的旅游纪念品，就能吸引更多的旅游者购买。

中国的旅游购物自20世纪80年代以来，以中国传统文化为背景的传统商品，大多已开发出来，对外国旅游者来说，仍具有新奇性和吸引力，但对中国旅游者来说，已不足为奇。如何在保留传统特色的同时，增加其新颖性、时尚性，应成为开发设计者思考的一个重点。

（六）系列化、多样化、配套化原则

旅游供应应系列化、多样化、配套化，才能满足不同层次旅游者的需求。这就要求在题材、式样、规格、原料、色彩、包装、价格、功能等各方面求新、求变、求多样、求系列、求配套。如同样是筷子，可开发金筷、银筷、象牙筷、红木筷、橡木筷、竹筷、塑料筷、纸筷等，上面还可以雕刻不同的纹饰。如同样是苏绣，可以开发为装饰屏风、手帕、扇面，也可以做枕套、被面、台布等系列商品。

遵循以上原则开发出的物质商品，才会具有生命力，才能不断地创造出新的商机。

二、旅游购物供应的营销策略

旅游的供应开发最终目的是为了销售出去，好的营销策略对扩大市场份额，实现旅游供应经营者的利润，起着决定性的作用。

（一）确定目标市场

任何一种物质商品，都不可能满足全部旅游消费者的需要，所以在新的商品开发销售之前，要确定自己的目标市场。然后根据既定的目标市场，拟订相应的营销策略、销售办法、价格等。如开发以收藏为主的、可增值的仿古玩一类的新商品，其目标市场就可以定为受过良好文化教育，并有一定购买欲望和能力的旅游者；如开发实用的、地方特色浓郁的、价格适中的新商品，就可将所有旅游者定为其目标市场；如开发具有保健、医疗功能的新商品，其目标市场可定为中老年旅游者；如开发极具时尚性的商品，其目标市场可定为青年旅游者。

（二）制定合理的价格

在确定目标市场之后，就应制定与其相适应的价格策略。

以老年人为目标市场的商品，其商品定价应是中低价策略。因老年人退休后，收入减少，太贵的商品对他们来说，无论质量多好，都很难引起他们的购买欲望，而价格较实惠的商品，他们从心理上和经济上都能承受。

以白领阶层为目标市场的商品，可制定高价策略。这部分消费者收入高，对商品艺术性的要求高于其实用性，对符合他们爱好的商品，他

们在价格因素方面考虑较少,而且他们认为高价位的商品能体现一个人的地位,因此价格高、质量好、工艺精的商品能获得其青睐。

以青年旅游者为目标市场的商品,可制定中高价策略。这部分消费者收入虽然不高,但他们观念新、追求时尚,他们舍得消费,只要满足他们对时尚追求及张扬个性的商品,就能引起其购买欲望。价格因素不是影响其购买的决定因素,因此可走高中价位策略。

(三)选择适当的广告宣传媒介

所有的商品都需要依靠广告策略来扩大其知名度,最终达到实现销售利润的目的。因此,广告的作用也是不可缺少的,但因旅游者购物有其特殊性,故在广告媒介的选择上,有着不同于其他商品的特殊性。传统的四大广告媒介——电视、广播、报纸和杂志,对于商品供应的整体宣传效果较佳,但对于旅游者购物而言,其宣传效果就不太理想了,因为旅游者不会因某地盛产某种物品而专程前往购买。最适合旅游者的广告媒介,应是POP广告,即在旅游景点及旅游线路上设置商品宣传牌、灯箱、广告招贴画等,这样可以有的放矢针对旅游者来宣传,效果较理想。此外,还可以通过导游的讲解与商店服务员的介绍进行宣传,效果都不错。

(四)树立品牌

品牌效应在今天越来越明显,一个知名品牌可以带来不可估量的经济效益,所以创立品牌已成为企业的共识。同样旅游供应商品也得树立自己的品牌,而且这种品牌最好和当地的风光名胜紧密相连,如桂林的豆腐乳,著名的牌子就有花桥和象山,这都是桂林的景点代表。这样可以使旅游供应商品和旅游地紧密结成一个整体,相互促进。

(五)突破传统的销售模式,探索新的销售方法

传统的销售模式,主要是在各景点或各旅游定点商店进行铺面销售。这种方法有他的优点:商品集中、旅游者购买方便。但也有不可克服的缺点:店面布置单一、风格雷同,很难激起旅游者的购买欲望。

所以,在发挥传统销售模式优势的同时,可探索更符合旅游者需求的销售方式,如:

1.设专卖店和特产专柜

我国现有各旅游商店所经营的商品大同小异，没有自己的特色，各店之间常常强拉客人并以降低价格吸引顾客，破坏了旅游购物市场的秩序，使旅游者极为反感，导致旅游购物市场的萎缩。如果采用专卖店和特产专柜的形式，就可以避免上述现象的产生。专卖店和特产专柜，首先确保了经营者的利益，因为它是专营的，同时保证了商品的质量和价格，所以这种方式应广泛采用。

2.前店后厂

旅游者对生产旅游特色工艺品的工艺充满好奇心，如果能让旅游者参观生产制作场地和过程，就会激发强烈的购买欲望。将工厂和商店有机地结合为一体，将产生不可估量的作用。如天津杨柳青画店，手工作坊就在店后，旅游者参观了手工作坊后，无不为画师的精妙工艺叫绝，选购商品就顺理成章了。

3.互动式销售

让旅游者参与到商品的设计、制作和销售过程中来，让旅游者自行设计和制作商品，然后购买，这种新的方式可满足旅游者亲身参与、追求个性的要求，有很大的发展空间。如景德镇旅游部门就请旅游者自己动手设计和制造瓷器，成为旅游购物的一大热点。我国的许多旅游购物商品也可采用这一方式，如制扇子、做泥塑、做风味小吃等。

4.组合销售

这种销售方式有两层含义：一是将当地的各类旅游供应商品组合在一起销售，如将风味小吃、特产和小型工艺品组合在一起，以当地特产的石、木、竹等材料包装。桂林的桂花王茶，就是桂林产的竹子做包装盒，并设计成桂林王牌景点——象鼻山的造型，非常有特色，销路极佳。二是将当地的特色小吃、旅游纪念品、旅游用品集中在一个店面同时销售，既减少了旅游者频繁进店的麻烦，也节省了旅客的购物时间。

只要旅游供应商品的专业人员能从上述原则出发，多动脑筋，并借鉴其他商品供应、销售的经验，定能让旅游购物成为旅游市场的一个热点。

第四节　旅游者购物的原则

旅游者旅游后，都希望能将旅游经历永远地留在心里，就需要选购能反映其旅游经历和感受的物质商品。为使旅游者能选购到称心如意的商品，可参照以下三个原则：

一、选购具有当地特色商品的原则

旅游者到一个国家或地区旅游前，应充分了解当地的历史文化、风土人情、生活习俗；到旅游地后，多听、多问、多看，就可以买到真正具有当地特色的物质商品了。

如到美国旅游，就应知道美国是个移民国家，其文化、风俗、服饰、饮食融合了许多民族的特性，购买美国产的物质商品像花旗参、威士忌、牛仔服、打火机等则是较佳的选择。到西班牙旅游，就要了解到它是一个历史悠久、文明古老的国家，其文化底蕴较深，反映其文化、生活等各方面的传统商品也很多，如披风、长裙、斗牛裤及“海鲜全吃”等，都是反映西班牙民族热情、奔放性格的商品。到英国旅游，可以体会英国人的绅士风度，选料上乘、做工考究的西服和很少离手的雨伞是购物的首选。到法国旅游，结合其悠久的历史文化，浪漫的生活气息，可选择法国驰名世界的香水、时装及法国大餐。到东南亚旅游，主要体会热带风情和宗教文化，榴莲、橡胶、小佛像、宝石等都是不错的选择。

在中国旅游，各地风情各不相同，其物质商品也各具特色。到北京，首选北京烤鸭、茯苓饼、果脯及京剧脸谱；到上海，首选城隍庙的五香豆、油面筋及服装；到杭州，首选西湖龙井、丝绸、西湖藕粉；到西安，首选兵马俑仿制品、羊肉泡馍、肉夹馍、灌汤包子等。

二、货比三家的原则

市场物质商品鱼龙混杂，质量参差不齐，商品价格水分较大。因此，选购时就要不厌其烦地货比三家，才能购买到称心如意的商品。

选购某些特种商品，如珍珠、玉石、字画，需要有一定的鉴定知识，因为珠宝类商品人造的与天然的极为相似，而字画中赝品也不少，如不是专业人员，就很难判断其真伪，不容易买到真货；如果完全不懂，又很想购买此类商品，就要选择有国家质量机构担保的、信誉好的商店。

选购特产食品，主要观察其外形、包装是否完好，价格是否合理，生产日期是否有标识。

此外，旅游者还可根据自己的爱好、考虑商品的收藏价值及纪念性等多方面的因素，力争买到称心如意的商品。

三、保持健康稳定购物心态的原则

健康稳定的购物心态，是保证买到好的物质商品的先决条件。而保持健康稳定的购物心态，一要不赶时间，二要不贪便宜，三要不后悔。

旅游者旅游，时间安排较紧，不可能有充足的时间仔细挑选商品，许多旅游者会匆匆在第一家商店就购买商品，或者看到某样商品价格便宜便急忙购买，等走了几家，发现自己所购的商品价高物次，懊恼不已，使整个旅游过程不能尽兴而归。所以，购买商品时不能性急，如果买了也决不要后悔。旅游的目的主要是开心放松，即使买了不称心的商品，也没有什么大不了的，这样就不会影响心情了。

当然，选购商品的原则还有很多，但一个总的原则，就是只要旅游者自己满意就行。

案例分析　　**“大漠风”的启示**

“大漠风”是甘肃省嘉峪关市一家民间工艺美术厂的名称。嘉峪关是个边境小镇，名气很大，赫赫有名的万里长城西起于斯。慕名而来的游客，都想从这里带回点有“大漠风”特色的东西作为永久的纪念。但过去有当地特色的纪念品几乎是个空白，于是市政府下了决心，1989 年 9 月组建起这个独具风格的大漠风民间工艺美术厂。

“大漠风”全厂共 14 人，其中 12 人是从当地经过 3 个月美术技术培训后的待业青年中择优录取的。他们立足大漠,"靠大漠吃大漠",艰苦奋斗闯自己的路,不到3年时间里,开发研制出25种100多个规格的旅游纪念品,件件都成为抢手货,几年来总产值达110万元,一跃成为嘉峪关市旅游纪念品、礼品的主要生产厂家,不少艺术品在全国或全省评比中获奖。目前,这个工艺美术厂投资30多万美元进行改造,计划改造后将新增生产能力210万元,新增利税80万元,年创汇超过130万美元。

"大漠风"经营者富有胆识与才智,他们了解市场,抓住了机遇。

(吴广孝主编:《旅游商品开发实务》,
复旦大学出版社2000年版)

思考题

1. 什么是旅游购物?旅游购物有哪些类型?

2. 旅游购物有什么特性?

3. 旅游购物供应开发的原则是什么?

4. 旅游购物供应的营销策略有哪些?

5. 作为旅游从业人员,应如何帮助引导旅游者买到自己称心如意的旅游纪念品、旅游用品和旅游消耗品?

第十一章　旅游商品的可持续发展

学习目的

在理解可持续发展概念的基础上，掌握旅游商品可持续发展的内涵和要求；正确认识自然生态环境与旅游商品的关系，以及环境的保护、发展和完善对于旅游商品可持续发展的意义；了解旅游商品项目自我滚动和自我运转实现的途径。

主要内容

- 自然生态环境与旅游商品可持续发展

  旅游商品可持续发展　自然生态环境　环境保护　自然生态环境的发展和完善

- 旅游商品项目的自我滚动与旅游商品可持续发展

  旅游商品项目的自我滚动　旅游商品项目的自我运转

第一节 自然生态环境与旅游商品可持续发展

一、旅游商品可持续发展

（一）可持续发展的内涵

可持续发展，是指事物可以持久延续、更新的发展。最初是指生态持续性，后来扩展到人类社会所有领域，逐步形成了系统的“可持续发展”理论，并成为全人类迈向21世纪的共同发展战略。它是以人为中心的自然—经济—社会复合系统的可持续发展。在开发自然资源以满足当代人类发展的同时，必须保护好自然资源的潜在能力，以满足未来人类发展的需要，就是既要满足人类当前需要，又不可危及人类未来的发展，反对破坏性的开发。

（二）旅游商品的可持续发展

旅游商品的可持续发展，是指旅游商品可以持久延续、更新的发展。而旅游商品能否可持续发展在很大程度上决定于自然资源、环境、生态的可持续程度。1995年4月在西班牙召开的旅游可持续发展会议通过的《旅游可持续发展宪章》指出，旅游可持续发展就是“要求旅游与自然、文化和人类的生存环境成为一个整体，以协调和平衡彼此间的关系，在全球范围内实现经济发展目标与社会发展目标的统一”。

基于此，旅游商品可持续发展就是以旅游资源的合理利用、旅游生态环境的有效保护为目标的集约型旅游商品发展模式。

（三）旅游商品可持续发展的要求

1. 持续性

持续性，即旅游商品发展的持久性、永续性。一方面强调发展的重要性，另一方面又强调旅游资源的永续利用和旅游生态的可持续保护，强调发展的长期性、稳定性、滚动性，不以牺牲后代的利益为代价来满足当前的利益，不以损害未来的发展能力为代价换取一时的高速度。

2.公平性

公平性,即旅游商品发展的"代际平等"与"代内平等"。代际平等,就是要维持一定的资源存量,避免环境的萎缩、退化,使后代人能够获得与当代人同样的生存与发展的权利和机会,并且可以通过机制创新、技术效率的提高获得更大的发展空间。代内平等,是使欠发达或贫困落后地区获得同样的发展权利和机会,使相对贫困的人们从旅游发展中获益,并且拥有改善自身状况的可能性,以体现出同代人之间的公平。

3.限制性

限制性,是指旅游商品的可持续发展,必须保护生态环境并限制利用,对旅游商品赖以生存和发展的旅游环境的利用加以限制,实现资源最优配置,不能超过旅游资源和环境承载能力。

4.滚动性

滚动性,是指旅游商品的可持续、滚动式的发展,是追求一种高效、低耗、高产、优质的集约型增长的发展,是为商品的持续发展不断创造条件的发展。

5.竞争性

竞争性,是指旅游商品的竞争性优势,在市场经济的竞争中能立于不败之地。商品经济是竞争性的经济,只有在竞争中获胜,才能保持永久持续的发展。

6.整合性

整合性,就是要求旅游商品的发展要兼顾各方面的利益,使各方面都能够均衡协调。因为可持续性发展要求自然、经济、社会三方面持续、协调、统一发展,要求局部利益与整体利益协调发展,要求眼前利益与长远利益协调发展。这就要求有一个全盘的整合性的统一规划,才能保证可持续发展。

二、自然生态环境——旅游商品可持续发展的根基

(一)自然生态环境的基本概念

自然生态环境,是人类生存和发展的基本空间。它包括由大气、水、土壤构成的物化环境和居于物化环境交接带或界面上的生物圈即生态

环境。

地球上一切生物,包括人类在内,都是在特定的环境中产生和发展的。生物与其环境相互作用、相互适应,最终形成一种平衡和协调的关系。如果因人类活动影响环境的组成,或破坏其固有结构,或扰乱其运行规律,就会造成环境质量的下降,破坏人类与环境长期形成的和谐关系,使环境不适宜于人类的生存和发展。

(二)自然生态环境的基本特性

1.整体性和区域性

整体性,是指自然生态环境系统各组成部分彼此关联、相互依存的整体特性。任一环境系统的变化,能导致环境整体质量的变化,并影响人类的生存和发展。

区域性,是指地理区域或气候的不同所导致的环境差异。如内陆的季风和逆温,滨海的海陆风;海南岛是热带生态系统,西北内陆却是荒漠生态系统。

2.变动性和稳定性

变动性,是指因自然或人为因素的影响,环境的结构和状态会发生变化的特性。

稳定性,是指环境系统具有一定的自我调节功能的特性。当其变化不超过一定限度时,环境可借助于自身的调节功能使这些变化逐渐恢复。如水体自净作用、生态系统的恢复等。

3.资源性和价值性

资源性,是指物质和能量。环境为人类生存和发展提供了所需要的资源,如空间、物质和能量,因此环境就是资源。

环境也具有不可估量的价值。最初人类从环境中取得物质资料,对环境影响不大,形成环境资源取之不竭、用之不尽的观念,无所谓价值。随着人类社会的发展进步,对环境的要求增加,干预环境的程度、范围、方式等都大大不同于以往,对环境的压力增大,造成环境污染,资源短缺,阻碍社会经济的可持续发展。人类由此认识到环境价值的存在,有些原先并不成为有价值的东西也变得十分珍贵了,这就是生态环境对人类的价值。

(三)旅游自然生态环境

1.旅游自然生态环境

旅游自然生态环境,是指旅游活动的空间,由旅游目的地的大气、水体、土地、生物及地质、地貌等构成的相互作用、相互依存的综合体。可分为天气环境、水体环境、地质地貌环境、生物环境、天文环境。其中旅游水体环境又可分为海洋环境、江河环境、湖泊环境、泉水环境,旅游地质地貌环境亦可再分为山地环境、岩溶环境、火山环境、风沙环境、冰川环境、海岸海岛环境、丹霞地貌环境等。这些环境均是能够吸引旅游者的自然旅游资源。

按空间范围而言,旅游自然生态环境既可是某个独立景观,如一片沙滩、一株古树,亦可是某个旅游景点景区,甚至是区域、国家或整个世界的旅游环境。

2.旅游自然生态环境的特点

(1)旅游自然生态环境的标准和质量应明显高于、优于一般自然生态环境。人类迄今所制定的一系列有关生活、生产和工作环境的一般质量标准,是以对人体健康基本无害为原则的,具有普遍适用性。而旅游自然生态环境则不然,它要求空气新鲜、水体洁净、卫生良好、资源完整、景物协调,令人倍感轻松、舒适、愉悦,其质量要高于、优于人类日常的生活和工作的环境质量。

(2)旅游自然生态环境的差异性。地理因素的差异,使得各地旅游自然生态环境呈现出千差万别、丰富多彩的形态和特征。"北雄、南秀"就是对中国南北旅游自然生态环境特色的高度概括;南级、北极的冰天雪地与赤道地区的热带雨林在旅游自然生态环境上形成了极大反差;撒哈拉地区黄沙漫漫,地中海沿岸海滩则风光旖旎。若各个地方的旅游自然生态环境千篇一律,则对旅游者缺少吸引力。正是旅游自然生态环境的差异性,能满足旅游者多种多样的旅游观赏需求,从而能促进旅游商品的繁荣发展。

(四)自然生态环境与旅游商品

自然生态环境是旅游商品发展的依托条件,是开展旅游活动的广阔空间。如果离开这一最基本的空间,则旅游商品便成为无水之源、无本之木。自然生态环境的质量、品位，决定了区域旅游商品的发展方向，也制约了旅游商品的生命力和竞争力。随着人类对自然生态环境的不断了解和开发，地球上便逐渐出现了许多稳定的旅游地，吸引了众多的旅游者，旅游商品便不断发展。由此可见，自然生态环境是旅游商品可持续发展的根基。

三、环境保护——旅游商品可持续发展的前提

(一)环境保护的缘起

1.环境的破坏和污染

从工业革命至今，尤其是第二次世界大战以后，由于工业化、城市化的进程大大加剧了耕地、淡水、森林和矿产的消耗，人类赖以生存的环境遭受了极大的破坏。

工矿企业及人类活动(如交通)向大气中排放许多挥发性的有机化合物、烟尘和有害金属，造成大气环境的污染。据统计，1990年全世界的人类活动从其固定源和流动源向大气排放了9900万吨硫氧化物、6800万吨氮氧化物、5700万吨悬浮颗粒物质和17700万吨一氧化碳。生活污水、工业废水的排放，又造成了水体的污染，每年从城市排出的废水总量约几千亿吨，目前发展中国家95%以上的城市污水未经任何处理就被排入地表，水污染加剧了淡水资源的危机，全世界现有100多个国家缺水，其中严重的有40多个。工业固体废弃物、农药、化肥则造成了土壤的污染，每天从城市排出的固体废弃物多达100亿吨。

现在环境污染和生态破坏仍在不断恶化，并打破了区域和国家的疆界，演变为全球性的问题。主要表现在：全球性的气候变暖，臭氧层破坏，生物物种锐减，有毒化学品的污染及其越境转移，土壤加速退化，森林面积急剧减少。这种人为的破坏加上自然的灾害，愈来愈严重地威胁到人类的生存和发展。

2.旅游不是“无烟工业”

对环境造成破坏和污染也来自旅游本身。过去一直认为“旅游业是无烟工业”，实际上旅游业同传统工业一样，对环境也有污染和破坏，特别是对旅游环境的污染和破坏。

(1)旅游商品开发不当,对生态环境造成破坏。如旅游景区建设遇山开路、遇水搭桥、就地采石,生态环境的完整性就遭受了破坏。景区索道和宾馆的选址、设计不当,便直接破坏了景区生态环境。黄山在修建云谷寺至白鹅岭索道过程中,仅在白鹅岭就砍伐林木达48450平方米;泰山修建中天门至南天门索道时,著名景观月观峰峰面被炸掉三分之一,破坏地貌及植被1.9万平方米,从10公里外泰安城都能见到被破坏而形成的“伤疤”。我国最完整、最典型的“火山博物馆”九大连池的火山砾被大量开采出卖,有“国宝”之称的喷气锥被人拿去当作建筑材料,森林被滥伐,以致该处火山熔岩地貌和优质矿泉水资源遭到严重破坏和污染。庐山出现“城市化”倾向,疗养院、招待所、宾馆等各类建筑多达2300余栋,建筑面积达50万平方米,俨然变成了一座“山城”。发现一处,破坏一处,如我们发现了名满天下的黄果树瀑布,由于对旅游资源的过度开发,原生植被几乎已被破坏殆尽;发现了风景优美的的武陵源,同样核心景区遭到日益增多违章建筑的挤占,森林滥伐,水土流失加剧,河床升高,正如联合国教科文组织考察团所指出,“武陵源的自然环境已变成像个被围困的孤岛,局限于深耕细作的农业和迅速发展的旅游业的范围内”;中国第二大优质天然而美丽的新疆塔城库鲁斯台大草原被发现之日就是被破坏之时,大面积无序的开发、垦荒和无节制地抽采地下水,致使大草原芦苇、芨芨草等高原草甸大面积枯死,出现了严重沙漠化现象。

(2)旅游交通污染。旅游交通车船排出的废气和渗漏的燃料,污染了大气和水体。当飞机起降时,带来了噪音污染,尤其当飞机以300米高度掠过城区时,环境噪声上升71分贝,机场附近达90分贝,大大超出了城区原来环境噪音59.7分贝。在繁忙的旅游交通工具惊吓下,动物的繁殖率呈下降趋势,高速公路会成为动物迁徙和移动的阻滞带,影响了自然生态系统的良性循环,从而大大降低了旅游生态环境的质量。

(3)旅游活动污染。旅游景区游客的数量超过了生态环境的容量,会使景区生态环境质量下降。风景优美的九寨沟,1998年国庆期间,游客每天多达2万人,大大超过了其日接待6000人的环境限度,游客吃喝拉撒住,排泄物、废弃物、垃圾等严重污染了环境,生态平衡受到破坏,游客的反复践踏,致使土壤板结,进而影响植物生长。松花湖保护区本是吉林省的水源保护区,自辟为旅游度假区后,每年近百万人次的游客涌入,大量的生活垃圾、生活污水和生理排泄物在湖区任意排放,水质受到严重污染。旅游者任意攀折树枝,采摘各种花卉和果实,随意砍伐树木做取暖或搭帐篷之用,直接破坏了森林。旅游者无所不至的脚步,扰乱了旅游地动植物的生长,使其丧失栖息地,以致最终遭到减少甚至毁灭,如北极圈内的阿拉斯加,由于游人的窥视,影响了北极熊的正常繁殖。

(二)环境保护——旅游商品可持续发展的前提

环境的问题,实质是人类经济活动索取资源的速度,超过了资源本身及其替代品的再生速度;向环境排放废物的数量,超过了环境的自净能力。其危害和后果是直接造成人类自身生存和发展的基础——自然生态环境的破坏,显然对人类的可持续发展构成了极大的威胁。同样,作为旅游商品可持续发展根基的自然生态环境的破坏,对旅游商品可持续发展也是致命的打击。富春江向以秀美见称,江水清澈见底,被誉为“浙江旅游生命线”,而今由于沿江修建了许多小化肥厂、造纸厂、农药厂等企业,大量的废水、废渣肆意排入江中,乘船游在江中,只见江水一片浑浊,层层泡沫漂浮,且不时飘来刺鼻的污水气味。济南向有“泉城”之称,昔日观泉游客络绎不绝,但近年来由于城市及工农业用水剧增,过量开采深层地下水,导致地下水位下降,著名的“七十二泉”大部分泉水断流,甚至枯竭。著名的五百里滇池由于围湖造田,水面已不如以前宽阔,由于沿岸工业排放污水,“四围香稻,万顷晴纱,九夏芙蓉,三青杨柳”等景象也所剩无几。可见,环境的污染和破坏必然导致旅游资源的破坏,甚至使有些资源枯竭或消失,最终将影响到旅游商品的发展,环境问题事关旅游生死存亡。世界旅游理事会、世界旅游组织、地球理事会在《关于旅游业的21世纪议程》指出:“旅游业面临着一个严峻抉择,是立即采取行动,保证旅游业的可持续未来,还是坐等观望,任环境和经济的衰退毁灭其赖以生存的资源?实际上,我们别无选择!我们不能坐等到所有清新的环境消失殆尽,遗产与文化衰败下去,所有的海洋都被污染;我们不能坐等观望海平面上涨或臭氧枯竭危害人类健康。”

从旅游商品角度出发，保护环境最理想的政策是提倡环境资源型的旅游开发，开发中首先要把保护环境放在第一位，使旅游开发与环境保护、生态保护有机地结合起来，在保护环境的前提下有计划地、有步骤地对资源进行适度开发，努力维持环境质量。

四、自然生态环境的发展和完善——旅游商品可持续发展的支柱

（一）人类渴求优美的自然生态环境

人类除了物质生活、精神生活需求外，还有良好生态环境的需求，包括洁净的空气、水和无污染的食物，无污染、无噪音的生活空间，优良的植被环境、环境资源和生态景观。生态环境需求实际上也是满足人类本身的生理、生活和精神的需求。人类过去一系列破坏生态、污染环境所造成的恶果，破坏了良好的生态环境。因此，生态环境需求是现代人类的最根本的需求，现代经济社会的人类需求正是以生态需求为显著特征，而优美的生态环境是建立在自然生态环境的保护、发展和完善的基础之上的。

优美的自然生态环境正是旅游者向往的乐园。茂密的森林，洁净的城市，蔚蓝的天空，深山的清溪，清新的空气，给来自喧闹都市中的旅游者以无限美的享受，他们得到了生理上和心理上的双重满足。人们外出旅游就是想在不受干扰的清洁、无污染的环境中度过无忧无虑的假期。当今世界流行的“回归大自然”就是人类越来越强烈的对大自然的渴望，对优美生态环境的渴求。

（二）自然生态环境的发展和完善

1. 树立绿色环保观念

绿色，这里是指人类生存的环境必须受到有效的保护，达到生态环境保护、无污染的标准。绿色环保观念，首先是政府机构及管理者应进行观念转变，并起主导作用；其次是经营者、旅游者的环保意识的培育。总之，全社会都应树立绿色环保观念，人类才可走上可持续发展之路。

2. 有效保护环境，防止“建设性”破坏

首先，对旅游资源进行调查和评价。调查旅游资源的种类、数量、分

布、特色、个性等，进行定性、定量评价，分析其价值、品位、等级、组合特征、旅游容量，对资源的优势和劣势、利用前景、效益预测等进行科学分析、论证，防止盲目开发、低层次开发和破坏性开发。

其次，进行项目可行性研究。包括经济、技术可行性分析和对环境的影响，评估旅游商品开发对自然环境中生物和物理因素的影响，进而取消发展潜力小、负面影响大的旅游商品投资项目，从而减少投资损失，降低运营成本，避免对环境可能造成的危害。环境承载力是最基本的因素，每个旅游开发区必须认真研究，以决定最恰当的开发项目和水平，然后从环境保护出发，精心规划。

再次，制定科学规划。科学规划可有效地利用土地资源，使可能发生的环境破坏降低到最小程度，使开发同环境相协调，防止无序开发对整体景观和环境的破坏，切实保护好生态环境。对于暂时还不能利用的资源，可规划建立旅游保护区，留给以后开发。

3.倡导生态旅游和绿色饭店

生态旅游是以自然、生态资源为依托，以生态保护为核心的旅游活动，是在生态上可持续发展的旅游。旨在促进区域旅游发展的同时，不对环境构成危害。生态旅游能够满足人们回归自然的欲望，是旅游资源可持续利用的途径，因而也是实现旅游商品可持续发展的重要途径，成为当今世界一种新的旅游潮流。我国将1999年旅游业主题确定为“'99生态环境游”，进一步推动了生态旅游在我国的开展。

绿色饭店是指充分利用资源，保护生态环境，建立在生态环境的承受能力之上对人体无害的饭店。绿色饭店培育绿色观念，创建绿色企业文化，培养绿色员工，吸引绿色消费者，推出绿色客房、绿色食品，提供绿色服务以及节能、节水，这不仅可以保护、改善环境，而且也是旅游商品可持续发展的需要。

4.倡导节约能源，减少污染

所有旅游企业和旅游者在各项活动中，应尽可能地节约能源，循环利用资源，减少对环境的破坏和污染，并以适当的方式承担起实现可持续发展的义务。

总之，只有保护、发展和完善自然生态环境，旅游商品才能持久延续的发展。

第二节 旅游商品项目的自我滚动与旅游商品可持续发展

一、旅游商品项目的自我滚动——旅游商品可持续发展的粮食

(一)自我滚动:可持续发展的内在要求

可持续发展要求经济、生态、社会三者的持续发展和协调统一,提高人类生活质量。在可持续发展系统中,经济持续是基础,生态持续是条件,社会持续是目的。经济是国家实力和社会财富的基础,经济持续发展是经济、生态、社会协调统一发展的基础。

人们从事旅游商品项目经营,如果按经济规律、自然规律和社会规律办事,把旅游资源与环境的开发和保护有机地结合起来,合理调节旅游活动主体与客体之间的相互关系,就能获得最佳的经济效益。旅游商品的经济效益,不仅是衡量一个旅游商品项目得失成败的主要指标,更是旅游商品可持续发展的内在要求。旅游商品项目可持续发展实质上是经济自我滚动式发展。

(二)自我滚动的方式

1. 融资滚动

旅游是资金与劳动密集型产业,任何大型旅游商品项目很难完全依赖自有资金进行开发,必须借助外来资金。目前常用的融资方式有银行借贷、证券(包括债券和股票)融资、租赁和利用外资,以及中央和地方政府资金、企业和个人集资等。

在实际操作上,融资方向各有侧重。中央和地方政府投资偏重于跨地区或本地区公用事业及基础设施、交通、教育、社会福利。企业和个人集资多用于一些地方性旅游开发。外资多数用于涉外星级饭店的建设。大多数度假区为了获取启动资金,先划出小块土地拍卖或出租,获得资

金后修建基础设施,为进一步滚动开发创造良好的投资环境。

云南在旅游度假区的开发中,一靠土地出让,二靠优惠政策。除优惠政策外,原则上政府不再投资,而是靠土地转让金回收或利用外资进行建设,基本上称作“自费开发,滚动发展”的方式,形式上有利用外资、内资、借贷、债券、股份制、土地有偿使用等多种形式。

旅游企业则遵循“自费改革,自费开发,自我积累,滚动发展”的原则,经营管理则自主经营,自负盈亏,自我约束,自我发展。

实行滚动开发,可以达到区域持续发展的良性循环。即开发初期,国家、地方给一定政策性导向投入,在政策允许范围内实施灵活的优惠政策,以吸引外来资金,加快开发速度。在具备一定启动资金后,即以旅游业为先导产业,充分发挥其“催化作用”,以开发促进资金的积累,反过来再加速开发建设的进程,带动区域经济的发展,达到自我滚动发展的目的。

目前国内各地已经对此制定政策,鼓励旅游商品项目发展资金的筹措。例如,山西省规定,新建省级旅游度假区可享受同级经济开发区的优惠政策;重庆市规定,对批准兴建的旅游景区景点建设项目投资调节税按零税率执行;海南省三亚市甚至还为亚龙湾旅游度假区制定了更为优惠的政策,包括所有海外旅游者及商人均可得到落地签证,外国投资者可投资商业领域,允许中外合资旅行社,还可办免税商店。在这些强有力的政策性融资手段支持下,旅游业得到迅速振兴发展,旅游商品项目开发资金从总体上得到了保证,自我滚动发展便有了良好的基础。

2.旅游商品项目的选择

旅游商品项目的选择,是旅游商品得以自我滚动发展的先决条件。

只有符合旅游客源市场需要的旅游商品才能吸引游客,获得预期的经济效益和回报。同时,旅游需求的多方位多层次,确定了旅游商品项目的选择方向和投资规模,而且使得旅游资源的范畴在不断扩大,如某些电站、电视广播塔、水塔、电影厂、宇航中心、工厂、农场、果园、医院、学校甚至废弃了的矿井等,都已被辟为旅游场所,并取得了很好的效益。这是旅游商品发展的一个特点,就是一切能吸引旅游者的东西都可视为资源，对一些看似无效的资源可以通过旅游的组合形成有效的资源，有效的资源可以通过旅游的发展来提高它的附加值。世界绿色市场的兴起及产业结构调整，将给绿色经营企业带来巨大的市场机遇，巨大的市场压力背后往往蕴藏着巨大的市场机会。据经合组织（OECD）的统计，目前世界绿色消费总量规模至少在3000亿美元以上。全球性的绿色浪潮将推动我国绿色消费的兴起，形成一个庞大的绿色市场。这对以环境保护为基础的旅游业是一个机遇，也是一个挑战。旅游商品项目的开发必须要走绿色开发之路，深化利用，深化开发，延长时间，实现从追求规模到追求效益的转变。

当今人类回归自然的欲望，使生态旅游成为一种新潮流。在市场化时代，有需求就会有供给，生态旅游商品的市场需求前景，使之成为各国着力发展的旅游商品项目，成为自我滚动的最佳选择之一。德国提出了"森林向全民开放"口号，全国森林公园的旅游收入高达80亿美元，占国内旅游总收入的67%；英国11个国家公园每年接待1亿人次以上的游客；美国有4000万人参加各种形式的生态旅游。

绿色饭店体现了绿色设计的三大要求：节约、回收、循环。它是一种全新的开发和经营理念，形成了一个新的市场形象，同时还可大幅度地降低成本，节约资源，增强自我滚动发展的能力，成为当今一种潮流和趋势。据国内推动绿色饭店的浙江省饭店行业的反馈信息，自实施此策略以来，每年各饭店总体成本可下降上百万元之多，环境效益、社会效益和经济效益都十分显著。

总之，旅游商品项目的选择应与当地社会经济发展水平相适应，要适度超前，抓住时机，具有前瞻性；抓好创新，突出特色；确立合理的发展速度，内容多样，结构合理，结构优化；注重参与性、消费性，重点推出拳头商品，注意商品的升级换代，实现从数量扩张向质量提高的更高层次的优化。

3.旅游商品项目营销滚动

通过市场营销，旅游商品项目的自我滚动成为可能，使旅游资源潜在价值转化为现实价值，从而取得最佳的经济效益。

随着旅游市场由卖方市场到买方市场的转变，旅游商品项目的开发、设计直至销售，都应围绕旅游者的需求变化进行。只有使旅游者的需求获得最大的满足，才能使旅游商品的使用价值得以尽快实现，从而实现经济的滚动发展。

二、旅游商品项目的自我运转——旅游商品可持续发展的资金来源

旅游商品项目的自我运转，应通过项目的经营管理、质量管理、财务管理进行。

（一）旅游商品项目的经营管理

旅游商品项目经营管理，就是指旅游经营者对商品项目的物质资源进行最佳配置，对旅游者提供满意的服务，并取得满意的回报率，使之高效地自我运转。

经营管理包括许多因素，可控制因素有：员工数量、旅游承载力、一定时间内景区游客数量与类型等；不可控制因素有：天气、旅游者文化素质、态度与对项目的期望等。经营管理就是要尽可能地控制和影响可控制因素，而对不可控制因素则要作出快速有效的反应。

良好有效的旅游商品项目经营管理包括：高效处理游客投诉；保持环境优美整洁，增加游客的愉悦感；解决或杜绝游客排队、等候；尽快解决有损于游客旅游经历的质量问题；让游客感到安全有保障等。

随着旅游商品项目市场竞争日益激烈，经营管理越来越被视为潜在的营销工具。例如，美国著名的迪斯尼公司，一直把经营管理的方式当作独特卖点来创造竞争优势。迪斯尼乐园管理有序、清洁、安全，员工受过良好训练，友好、热情。这种感觉被成功地“出售”给了旅游者，人们对其管理方式的积极态度与看法，是迪斯尼自我运转成功的主要原因。

总之，有效的经营管理是旅游商品项目自我运转的基础。

（二）旅游商品项目的质量管理

1. 质量的含义

质量，按国际标准化组织(ISO)的定义，是“能够满足阐明的或隐含的需求的产品或服务的特性和特点的总和”。据此，可将质量理解为符合顾客需要的目标。在消费者眼中，质量就是指能够以最低的价格获

得最优质的商品，即质优价廉物美的商品。而供给方则认为质量是指易于生产和销售的商品。从投资方来看，质量则是指能够带来最大的利润和投资回报率的商品。

2.质量管理与旅游商品

旅游商品是以无形的活劳动即服务为主体的特殊商品，受到许多可变因素的影响，因而每一位游客得到的商品都是不同的。旅游商品具有无形性和不可保存性，意味着商品的“瑕疵”不易被察觉，即使有“瑕疵”的商品也很难替换。旅游商品质量还可能会随时间的变化而变化，一个旅游商品目前被认为是高质量的，如果不及时适应商务环境的变化，将来某一天也可能会被认为是低质量的，这就需要通过旅游商品的质量管理加以解决。

旅游商品的高质量意味着优于竞争对手，意味着旅游者“物有所值”的评价，意味着旅游商品滚动运转的高速度、高效益。旅游商品未来成功的关键在于取得并保持高质量的声誉，提供高质量旅游商品是旅游企业未来成功的根基。

（三）旅游商品项目的财务管理

1.财务管理的内涵

财务管理是旅游企业的核心。有效的财务管理能确保资金的合理利用，能保证企业有足够的资金，维持商品项目的日常运营，使企业达到经营的目标。

财务管理包含财务计划、财务控制、管理会计、成本会计、财务报告等。有效、完善的财务管理是保证该项目自我运转的关键。

2.财务管理目标的实现

无论是何种形式何种内容的财务管理，其最终目的都是为帮助企业实现其旅游商品财务目标。

作为一个旅游商品项目，其主要的财务目标就是获取利润，使利润最大化，即取得足够的收入，以支付成本并有盈余对项目进行再投入，同时给利益相关者以回报。即利润最大化＝增加创收＋成本控制（降低成本）。

要增加创收，就应吸引更多的游客，最大程度地发挥人力、物力和财力资源的潜在能量，进行有效的赊销控制和成本控制。

通过财务目标的实现，旅游商品项目的自我运转便有了可靠的资金来源，从而达到经济可持续发展的总体战略目标。

案例分析一　欲哭无泪的黄果树瀑布

位于贵州省安顺市的黄果树瀑布，以其水面宽达 81 米，飞流直下 74 米的磅礴气势，令中外游客叹为观止，趋之若鹜，并已成为贵州省旅游标志。然而，今日之黄果树却是另一番景象：昔日雄奇壮观的大瀑布已不复存在，取而代之的是一股不足 1 米宽的细流，有气无力地从崖顶悄然落下，颇有惨不忍睹之感。

据悉，如今的黄果树瀑布，只有每逢节假日或有重要来宾、领导参观时，才会专门开闸放水。即使如此，因水量太小，仍无法领略大瀑布的壮丽景观。据说黄果树瀑布曾在 1993 年和 1994 年两次断流，自有史以来从未有过。其根本原因，是有关部门对黄果树瀑布的掠夺性经营，导致生态环境恶化及大面积的水土流失，瀑布上游的水资源严重缺乏。

长期以来，黄果树地区的植树造林活动收效甚微，其境内森林覆盖率仅为 15.6%（贵州全省的森林覆盖率为 30.6%）。森林覆盖率低，森林资源不足及林木成分质量不高，致使黄果树地区水土流失严重（有关部门虽在黄果树景区的上游修建水库调控水量，但仍是治标不治本的办法）。

黄果树地处亚热带，气候温暖湿润，雨量充沛，风力较小，适宜多种林木生长；黄果树风景区年旅游综合收入达 8000 万元，经济实力雄厚。为何这里的森林覆盖率仅为全省平均水平的一半呢？在瀑布周围，我们似乎找到了答案：大瀑布的顶部平台上，依旧是大面积的农田，几乎没有成片的林木；自上而下的客运缆车，在还算葱茏的山中划出一条醒目的伤痕——由此可见，黄果树景区更多地受到过多的索取，而植树造林、生态保护未能引起足够的重视。

如今的黄果树瀑布，在枯水季节要靠定期放水才能偶尔看到，久负盛名的自然奇观现在却成了十足的“人造景观”。1992 年，黄果树与张家界、九寨沟等景区共同接受联合国教科文组织对申报世界自然遗产的实地考察时，就是因为森林资源少、生态环境差而未获通过。曾经以水景取胜、号称“世界最著名的瀑布之一”的黄果树瀑布，如今欲哭无泪。

亡羊补牢，犹未为晚。该是有关部门引起重视，不惜代价植树造林，彻底改变黄果树景区生态环境的时候了。

（王兴国：《莫把“黄果树”变成人造景观》，《中国国家地理》2001 年第 7 期）

案例分析二　深圳市华侨城旅游开发

深圳市华侨城，是由 1989 年建成开业的“锦绣中华”、1991 年建成开业的“中国民俗文化村”以及 1994 年建成开业的“世界之窗”等大型人造主题公园组合而成的著名旅游区。据 1999 年 11 月 25 日《中国旅游报》报道，仅“锦绣中华”一处，创建十年来就累计接待海外游客 4000 多万人次，营业总收入 18 亿元人民币，创利 6 亿多元，总资产达 3 亿元，累计资本利税率达 600%。华侨城主题公园的发展，带动了深圳市许多相关行业，使深圳市从 1990 年开始，旅游行业规模以及主要旅游发展指标连续排名在全国四大旅游城市之列。华侨旅游城的成功，得益于其科技的开发定位，独特的旅游项目及其丰富的文化内涵，良好的区位和科学的管理等。

文化旅游的定位，使华侨城走上了宽阔的发展大道。“锦绣中华”开工之前，深圳湾畔还是一片荒芜。这个毫无旅游资源可言的地方一跃成为著名的旅游文化区，源于一个大胆的策划家——香港中旅集团有限公司总经理马志民先生。1985 年马志民先生赴欧洲考察，他参观了荷兰著名的“小人国”。“小人国”是荷兰风光的缩影，它让人在短时间内对荷兰全国的景点有个整体的感性认识，从而诱发游客实地畅游的兴趣。马先生大受启发，他想：中华民族是一个具有悠久历史的伟大民族，中国文化博大精深，但外国人对我们了解得非常少；融华夏的自然风光、人文景观于一体，集千种风物、万般景象于一处，经过微缩处理，不就成了一处具有中国特色和现代意味的崭新名胜了吗？马志民先生在谈到创办“锦绣中华”的初衷时说，那时并不是从经济效益上考虑，而是考虑如何宣传中民族五千年的文化。可见，华侨城的旅游业，从一开始就立足于文化的根基之上。

华侨城怎样在一片荒野上作出如此大胆而又成功的主题定位的呢?华侨城人是经过认真分析，深入研究客源市场及其区位条件后才得到这个答案。华侨城位居全国改革开放前沿的深圳，毗邻香港和澳门，背靠经济发达的珠江三角洲，优越的区位条件为华侨城的发展创造了无与伦比的地利，带来了丰茂的客源。华侨城人瞄准了两个 600 万，一个 600 万是作为香港地区居民的中国人，二是每年来港旅游的 600 万世界各国的旅游者，此外还有深圳 300 余万居民和长住人口以及每年 500 万人次来自全国各地的出差人员和观光客。中国人需要形象地认识自己，外国人希望集中地了解中国；海外人需要了解中国的历史和民族文化，中国人则需要了解世界的历史和文化。主题由此产生，先后形成了“锦绣中华”、“中国民俗文化村”和“世界之窗”的蓝图。“一步跨进历史，一天畅游中国”、“您给我一天时间，我给您一个世界”，“锦绣中华”和“世界之窗”的这两句宣传口号，正是策划者的总体构思和概括。

华侨城把文化的民族性、延续性和区域性与旅游需要的观赏性、娱乐性有机地结合起来，紧紧抓住文化这一主题不放，并在各个景区形成了明确的宗旨、鲜明的主题和内容。例如，在兴建“中国民俗文化村”时，华侨城人提出“要淋漓尽致地表现我们民族从远古走来的足迹，了解我们民族对未来，对生活的憧憬、追求和愿望”，要“弘扬民族文化，振奋民族精神”，并提出了“屋(村、寨)、景(自然景观)、林(树木)、情(民俗风情)并茂”的要求，其中的情就是动感的体现。在旅游活动项目上安排了富有民族特色的歌舞表演或模拟各族人民日常生活的场景、节目庆典、婚庆喜宴等活动，演员边讲边演示，让游客参与，而动感的最集中体现，是“民俗村”和“世界之窗”夜晚的欢乐大巡行及歌舞艺术表演，民族歌舞团和亚洲艺术团的演出，将人们的游兴推向高潮。其特别之处，或以广场演出，或以剧场表演，多方位多层面地展现华夏文明和世界文化丰富多彩的图卷。“中华民族大庙会”、“中华百艺盛会”等乡土气息浓烈，恰似陈年佳酿，令人陶醉；“四季回旋曲”、“蓝太阳”、“梦之旅”等节奏旋律优美，仿佛高山飞瀑与空谷流泉交错回响萦绕，让人回味良久；“绿宝石”、“创世纪”则以浓厚的意蕴、绚丽的色彩，蕴含着“浓得化不开”的诗情画意。大节目，大制作，大投入，大效应，华侨城主题公园的大型文艺表演的艺术水准和常演常新的内容，为国内外主题公园所罕见，它是华侨城旅游文化的精彩之笔。“民族之林，友谊之林”及“世界与您共欢乐”的主题由此表现得真可谓淋漓尽致。

在表现形式上，华侨城人坚持表现积极、健康、向上的题材，反对丑陋、荒诞、愚昧、恐怖的内容，深刻发掘和准确把握了中国民族文化的底蕴，以朴实、原始和天然的美吸引着中外游客。在建设质量上，华侨城人树立精品意识，决心走精品之路。针对游客的心理需求，从总体布局到每一座建筑、雕塑、庭园、小径，以至指路牌、路灯柱、小商亭、休息椅、电话亭、垃圾箱、洗手间和花草树木，无不精心设计，精雕细琢。从竹、木、草、石自然材料的选用到色彩造型，都力求同景区的主题相融合，同主体建筑互相衬托，浑然一体。每个小区的背景也随景而异，在一片郁郁葱葱的荔枝林里，传来悦耳的“鸟鸣”，这精心配置的音响效果几乎可以骗过你的耳朵。

在经营管理上，华侨城更是以世界一流为目标，积极探索中国旅游景区管理的新路子。除借鉴国外先进管理经验之外，华侨城积极进取，不断创新。锦绣中华公司（“锦绣中华”和“中国民俗文化村”合称）从1997年8月就率先实施ISO9000国际质量认证工作，成为我国第一家在旅游景区推出ISO9000的企业，制定了职业道德标准和服务要求，总结出了治事（管理景区）先治人（管理好员工）、治人先治规（各项规章制度）的经验，不断推进经营管理的科学化、规范化。华侨城坚持每年开展优质服务活动，确定不同的主题，通过有针对性的一系列措施，树立了企业的良好形象，旅游活动项目不断推陈出新，使自身的特色更加鲜明，使景区保持旺盛的活力和长盛不衰的魅力。“锦绣中华”于1994年新增了圆明园大型微缩景观。1995年开辟了“名人植树园”，并不断更新园林绿化的内容和方式。“中国民俗村”兴建了中心剧场，改造了民俗文化广场，先后推出“中华百艺盛会”、“迎回归”、“四季回旋曲”、“蓝太阳”等多种大型广场节目。村寨的节目更是每月更新。深圳“世界之窗”在开业之后，增加了“火山爆发”表演，增设了“侏罗纪公园”，改造了世界广场，推出“梦之旅”等数种大型广场节目。

华侨城以其浓厚的文化内涵、优美的环境、先进的管理和优质服务，赢得了中外宾客的赞赏，得到了社会各界的公认。

案例思考

试根据本章所论述的关于旅游商品可持续发展的有关阐述，结合《欲哭无泪的黄果树瀑布》和《深圳市华侨城旅游开发》两个案例内容分析思考：

1.名满天下的黄果树瀑布为何会成为十足的“人造景观”？如何在开发利用旅游资源的同时，确保把自然生态环境的保护放在首位因素？

2.深圳市华侨城旅游商品项目是如何在经济上得以自我滚动可持续发展的？

思考题

1.旅游商品可持续发展的内涵是什么？包括哪些基本要求？

2.旅游自然生态环境与一般自然生态环境相比具有什么特点？

3.为什么说旅游不是“无烟工业”？

4.如何使自然生态环境得以发展和完善？

5.试述旅游商品自我滚动的方式。

6.旅游商品自我运转如何实现？

第十二章　旅游市场商品供求

学习目的

要求了解旅游市场商品需求和供给的概念，掌握现代旅游市场商品需求的十大发展趋势、旅游市场商品供给的类型和特征，正确认识旅游市场商品需求与供给的关系，明确旅游市场商品的需求规律、供给规律，学会利用旅游市场商品供求弹性来调节旅游经济活动。

主要内容

- 旅游市场商品需求的概念和特点
- 现代旅游市场商品需求的发展趋势

  新　奇　异　美　特　乐　康　食　文化　知识
- 旅游市场商品供给的类型和特征
- 旅游市场商品需求与供给的关系
- 旅游市场商品的需求规律与需求弹性
- 旅游市场商品的供给规律与供给弹性

第一节　旅游市场商品需求

一、旅游市场商品需求的概念和意义

(一)旅游市场商品需求的概念

需求,是指人们对物质生活和文化精神生活的欲求。这种欲求,有现实需要实现的欲求和暂不需要实现的潜在的欲求,还有急切需要实现的欲求。

人们为了实现现实的欲求,而自身又难以满足时,就需要通过自身创造的价值,寻求市场交换或购买而得以满足,这就是市场商品需求。这种市场商品需求,只要需求者具有支付能力,便可以实现。

旅游市场商品需求,是指不但要具有支付能力,而且要具有余暇时间的旅游者的欲求。支付能力和闲暇时间,是实现欲求的最基本的条件。所以,旅游市场商品需求,是指具有支付能力和闲暇时间的人们,购买一定时间内旅游商品的欲求。

(二)研究旅游市场商品需求的意义

1. 研究市场需求是促进市场繁荣的基础

市场是商品供给和需求交换的场所,需求决定供给,供给必须适应需求。需求是市场形成的基础,旅游商品需求是旅游商品市场形成的基础。研究旅游商品需求,就是为了满足旅游市场的需求,促进旅游市场的繁荣和发展。

2. 研究市场需求,开发旅游商品

研究旅游市场需求,就能以市场需求为导向,去开发满足旅游市场需求的旅游商品。当代的旅游市场,是以买方需求为中心的买方市场,旅游供给大于旅游需求,市场竞争十分激烈,旅游商品供应者的经营管理必须以市场需求为导向,才能立于不败之地。

3. 研究市场需求,满足市场需求,追求效益企业的生存和发展必须建立在不断实现经济效益的基础上，而实现经济效益，必须不断推出满足市场需求的商品，从而需要不断研究市场商品需求的变化。

二、旅游市场商品需求的特点

（一）旅游市场商品需求的整体性

旅游者每次旅游活动所需的旅游商品，是由各单项旅游商品所构成的。旅游者每次旅游活动的完成，既需要交通运输部门提供交通工具和服务，以帮助其实现空间转移，也需要饭店、餐饮行业为其提供休息与补充和调节体能的设施和服务。此外，景点、娱乐场所所提供的自然和人文吸引物更是必不可少的。游客对旅游商品的需求，涉及食、宿、行、游、娱、购各个方面，任何一方面的欠缺，都可能导致旅游活动的失败。因此，较之普通商品市场需求，旅游商品需求带有明显的整体性特征，这就要求各旅游行业、部门必须围绕旅游商品市场整体需求按比例平衡地提供，才能发挥旅游商品市场的整体效用，使旅游者的需求得到最大满足。

（二）旅游市场商品需求的季节性

由于旅游目的地国家和地区气候对环境的影响，以及旅游客源国的带薪假期分布、气候条件及传统习惯等原因，旅游商品需求具有明显的季节性特点。例如，当夏季到来时，我国北方的海滨旅游度假区会吸引很多旅游者前来休闲、度假，而在寒冷的冬季，却萧条得无人问津。再如，近年来随着国务院对“五一”、“十一”假期的调整，假日旅游经济变得火爆起来，假日外出旅游人数大大增加，旅游商品需求呈现出一种爆发式、井喷式的增长，这些都表明旅游商品市场需求带有明显的季节性特点。

（三）旅游市场商品需求的文化性

旅游商品市场需求，除具有整体性、季节性特点之外，还具有浓厚的文化性。旅游本身就是一种社会文化活动，它是人类物质文化生活和精神文化生活最基本的组成部分。它是以在更宽广的自然和社会空间中去获取新的知识和感受为目的的审美过程和自娱过程。中国人自古就以“读万卷书，行万里路”作为追求真理的途径。可以说，在广览博闻中追求享受美和愉悦感受，是每个旅游者的起码要求。尽管每个旅游者出于不同的旅游动机，然而不论是欣赏山水风光、观光名胜古迹、体验异域民族风情，还是探亲访友、消遣度假，这些旅游活动无不包含着旅游者开阔视野、陶冶情操、愉悦身心、丰富生活、充沛精力、提高自身文化修养的一种强烈的文化欲望和精神需求。随着社会不断进步，人们受教育水平的提高，人们越来越关注生活内容与生命质量，越来越多的人把提高生活质量与提升文化素质结合起来。总之，在已进入知识经济的今天，旅游活动将会被赋予更浓厚的文化内涵，旅游商品从最初较低层次的观光游览，发展到参与性较强的各种特色的专项旅游，如民族风情旅游、探险旅游、生态旅游、修学旅游、宗教旅游等，这些都蕴含了极其丰富的社会文化内容，这恰恰是旅游者对旅游商品文化精神需求的反映。

三、旅游市场商品需求的发展趋势

随着社会发展和时代进步，旅游市场商品需求从内容到形式都发生了变化，总结日趋多样化的旅游市场商品需求，有以下十种发展趋势：①

（一）求新

求新，是指旅游者对新的或从未有过的旅游商品的追求。任何旅游商品都有其生命周期，从文人墨客游山玩水，一直到现代社会的各种专项旅游，无一不在市场上体现出一种周期。投放到市场上的旅游新产品，会由于环境的变化、旅游者兴趣爱好的转移等原因，经历投放期、成长期、成熟期，直至被市场淘汰。面对旅游者的需求变化，旅游企业必须不断开发旅游新产品投放市场，才能满足旅游者特别是青少年旅游者对旅游商品求新的需要。改革开放以来，我国各级旅游部门对旅游商品开发是很重视的。1986 年我国就开发了专项旅游、特殊旅游商品；1991

① 参见刘敦荣《旅游市场需求和北京现代旅游产品开发》，《’98 北京国际发展战略研讨会论文集》。

年我国开展了"中国旅游胜地40佳"的评选,推出了一批高品位的旅游商品;1992年8月国务院批准建立11个国家旅游度假区,开始使我国旅游景观商品由观光型向观光度假型转变,这是我国旅游商品向深度开发的突出表现;同年,我国举办"'92中国友好观光年",共推出了14条旅游专线、100多个旅游节庆活动。之后,我国又陆续举办了"'93中国山水风光游"、"'94中国文物古迹游"、"'95中国民俗风情游"、"'96中国休闲度假游"、"'97中国旅游年"、"'98中国华夏城乡游"、"'99中国生态环境游"、"'2000神州世纪游",2001年是"'2001体育健身游",推出了一系列如探险、攀岩、漂流、登山、滑雪、自行车赛、穿越戈壁滩等体育健身旅游商品。这些活动既是系列主题促销活动,也是推进我国旅游新商品开发和建设的体现。2002年推出"'2002中国民间艺术游",2003年推出"'2003中国烹饪王国游",2004年推出"'2004中国百姓生活游",2005年将是我国第3个"中国旅游年",这些常变常新的旅游商品,必将使旅游者追求新商品的欲望得到更高层次的满足。

(二)求奇

求奇,是指旅游者对新奇旅游商品的追求。所谓世界之大,无奇不有,有的旅游者为寻求刺激,追求个性的满足,喜爱参加一些冒险、惊奇的旅游活动,他们把参加这些旅游活动看作是实现个性自我设计的一种手段,希望通过这些意外的经历,来满足自己对新奇经历的特殊需求。故他们喜欢去新开辟的甚至尚未开辟的旅游目的地,且避开常人必经之道,选择严酷恶劣的自然环境,"向生命之极限挑战"成为他们追求的口号。旅游经营者针对这部分旅游商品需求,组织了全球性的奇特旅游商品的开发,取得了良好的效果。在富有创新精神的美国,许多大旅游公司开展了一些奇特旅游项目的经营活动,据不完全统计,这类公司已不下5000家。他们为旅游者提供旅行设备和用品,为其安排冒险活动,如去北极孤身探险,到阿拉斯加大峡谷垂直滑雪,在雪洞中做饭吃,去卢旺达跟大猩猩一起午睡,顺尼亚加拉大瀑布飞流直下,无保险只身探险,在扎伊尔莽林中过夜等。此外,像住一天监牢,与毒蛇共同生活等活动层出不穷,这些都是满足旅游者求奇需求的精心安排。奇特旅游项目在欧美其他国家也很有市场,英国伦敦"假日迷"旅行社,为满足一部分人想亲眼目睹海湾战争的心理，推出了惊险旅游商品。他们为旅游者提供了中东战争旅行，其中包括穿越埃及、以色列、约旦、叙利亚、伊拉克等战争前沿，冒着战火观看导弹进攻、部队反攻等场面，虽然这项旅游商品收费高达2000美元，仍有不少人参加。近年来，我国也很注重新奇型旅游商品的开发。1997年9月，中国邮电国际旅行社推出了“西藏北无人区探险旅游”，通过藏北这片人烟稀少又神奇莫测的土地，让人们充分领略了那里的原始风貌和藏北风情。此外，还有的旅行社推出了穿越“死亡之海”、“向生命极限挑战”等冒险型旅游商品，在一定程度上满足了旅游者求奇的需求。

（三）求异

求异，是指旅游者对具有差异性、不雷同、不重复的旅游商品的追求。经济学中有一个物质使用价值递减论的学说，即雷同的物资占有的越多，其使用价值便相应的递减。比如，当一个人口渴时，想喝水的欲望最强，这时第一杯水对他的使用价值最大，接着喝第二杯、第三杯……一直到解渴时，每杯水的使用价值会逐步降低。达到饱和状态时，再继续喝水，就会产生副效用。同样，旅游企业在提供旅游商品时，也应考虑在内容、花色品种上的差异性。例如，当游客来到以“洞奇、石美”而著称的桂林时，美丽的溶洞风景会让他们叹为观止，但是如果旅游线路中安排了好几个溶洞，也会让游客觉得乏味厌烦。考虑到游客对旅游商品求异的需求，我们可以在安排游客观赏溶洞的同时，穿插游漓江、看民族风情表演、去五排河漂流等内容，让游客时时有新鲜的感觉，更好地满足他们求异的需求。

（四）求美

求美，是指旅游者对富有美感享受的旅游商品的追求。俗话说“爱美之心，人皆有之”，爱美，追求美好的生活与事物是人类的一种本能。作为旅游者，在旅游过程中追求身心愉悦，获取最大的审美享受，更是每个旅游者的愿望。早在两千多年前，老子就说“夫得是至美至乐也，得至美而游乎至乐，谓之至人”。他把“至美”、“至乐”即一种超脱至上的美感，归结为游的最高境界，这可以说是迄今发现的关于旅游活动审美主题的最早命题，当大旅行家徐霞客登上莲花峰，看到黄山迷人的景色时，激动地写下“狂叫欲舞”，这就是徐霞客登上莲花峰时产生的强烈的美感。旅游活动中的自然美、文化美、艺术美、服务美、生活美等应融为一体。泰山之雄伟、华山之险峻、匡庐之飞瀑、衡山之烟云、雁荡之巧石、黄山之秀丽、西湖之浩渺、桂林之明秀、三峡之激流、钱塘江潮之奔腾咆哮，无不让人怦然心动；传统文化中的戏曲、绘画、书法、雕刻、诗词歌赋、音乐、舞蹈、民俗风情更让游客流连忘返；制作精美的各类旅游商品，如寿山石雕、景德镇陶瓷、苏州刺绣、芜湖铁画、山东草编、天津杨柳青年画等让人眼花缭乱；旅游工作者语言优美、举止文雅、仪表从容、态度大方、风度翩翩，也会让人感到如“春风拂面般”的美感。在旅游活动中，游客的审美需求、审美情趣、审美感受贯穿于旅游活动的全过程，旅游经营者应充分发掘自然风光、文化艺术、社会生活之美，让旅游者在游览过程中充分感觉大自然造化之神奇、文化历史之光辉灿烂，从而物我融合、景我融合，达到审美的最高境界。

（五）求特

求特，是指旅游者对具有独占性、不可替代性、排他性的特色旅游商品的追求。特色商品是吸引旅游者的关键商品。随着旅游活动的普及与深入，传统意义上的旅游商品已不能满足有特殊兴趣的旅游者的需求。旅游者强烈希望结合个人兴趣与爱好，去购买富有特色的旅游商品。例如，很多旅游者不远万里来到中国，主要是对中国的历史、文化、宗教、民俗风情、生活方式等产生了浓厚的兴趣，我们就要投其所好，在旅游商品的设计上突出自己的特点，如兴建酒店时，要设计并建造既具有民族风格和地方特色，又能满足旅游者需求的设施设备。过去，我国曾一度普遍地建造了火柴盒式的宾馆，“十个大楼，一个面孔”，显得单调雷同，与周围环境不协调，甚至大煞风景，这就很难满足旅游者求特的心理需求。在旅游商品上，我们应提供具有独立风格的名特土产，如我国传统的文物古董、书画金石、陶瓷玉器、丝绸刺绣和各种工艺品，都具有鲜明的地方特色，以陶瓷为例，就可分为景德镇、唐山、淄博、宜兴等流派。除此以外，各地还有自己的绝活，北京的景泰蓝、天津的杨柳青年画、福州的漆器、无锡的“大阿福”、东北的“三宝”，以及名贵的中草药和稀有的土特产品，特色鲜明，质量很高，具有很大吸引力。此外，在旅游线路的设计上，我国有丰富独特的自然人文资源和悠久灿烂的文化历史，是发展特色旅游商品的物质基础。利用这些天然优势，再加上精心的设计，我国已相继推出了一系列特殊旅游线路商品，如江南水乡游、佛教文化游、烹调技艺学习游、武术太极拳游、丝绸茶叶之乡游、戏曲之乡游等。实践表明，只要我们深入挖掘资源内涵，及时掌握市场需求动向，勇于开拓创新，做到"你无我有，你有我新，你新我特"，就一定可以创造出许多具有民族特色、代表中国历史文化精华和旅游整体风貌的特色旅游商品。

(六)求乐

求乐，是指旅游者对富有娱乐趣味的旅游商品的追求。从旅游的兴起和发展来看，休闲娱乐是主要目的。近代旅游更是在观光的基础上，增加了娱乐和休闲的内容。由于生活节奏的加快和人们对商品文化内涵的追求，作为旅游者，对旅游商品的需求已不再是简单的观光和游览，而是更希望在旅游过程中能购买到富有娱乐趣味的旅游商品，因而参与性、刺激性强的娱乐型旅游商品更被旅游者看好。如何适应旅游者的需求变化，使旅游商品从传统的观光型向现代的参与型转变，是每个旅游商品经营者必须考虑的问题。过去，我们个别地方曾有过"白天看庙，晚上睡觉"过于单调的旅游商品。如今，经过有目的的开发，这方面已大有改变。在已开发的娱乐型旅游商品中，既有体育型的，如狩猎、滑雪、登山、潜水、游泳、划船、骑马、舞剑、打太极拳；也有科技文化型的，如参加游园会、联欢会、音乐节、电影节、艺术节、戏曲节、食品节、花卉节等；还有传统节庆型的，如参加春节、灯会、庙会、祭祀、那达慕大会、泼水节、茶道、斗牛等活动；此外，划龙舟、踩高跷、骑跑驴、玩旱船、耍龙灯、舞狮子、扭秧歌、放风筝、抖空竹、踢毽子、放焰火等古老的娱乐活动，以其独特的魅力，被巧妙地穿插于旅游活动中，吸引了越来越多的旅游者，使他们既增长了知识，又愉悦了身心。

(七)求健康

求健康，是指旅游者对有益于身体健康又不劳累的旅游商品的追求。随着人类社会生活条件的改善、修养时间的增加，人们的保健意识不断提高，各种有益于身体健康的旅游商品越来越多地出现在旅游商品市场上。有的旅游者比较喜欢像滑雪旅游、高尔夫球旅游这些体育类旅游商品，因为它们可以使旅游者锻炼身体、解除疲劳、增进健康。也有的旅游者比较青睐医疗旅游、疗养旅游，因为这些保健型旅游商品同样可以治疗疾病、恢复或促进身体健康。目前开发的这类保健型旅游商品主要有：

1. 矿泉、温泉浴医疗保健旅游商品

即利用矿泉、温泉的医疗、防病作用而开展的沐浴疗养旅游活动。目前罗马尼亚这类旅游商品开发得最好，现已建立了近 200 个温泉疗养站，可以治疗心血管、风湿、哮喘等疾病。

2. 海浴医疗保健旅游商品

即凭借具有优良自然条件的海滨浴场，开展海水浴、日光浴等健身活动，并通过海水治疗中心等专门设施，进行有针对性的海水浴治疗疾病。目前，到海滨疗养旅游已成为美国、法国、奥地利、英国、丹麦、瑞士、比利时等国的时尚。

3. 泥浆浴医疗保健旅游商品

即借助当地具有医疗作用价值的湖沼泥浆、海泥进行浴疗治病。它可以起到镇定、止痛、消炎的作用，以罗马尼亚、以色列、瑞典、乌克兰等国最为著名。

4. 高山、林地、湖区休养旅游商品

即利用高山、林地和湖区洁净的自然环境和空气中含氧气和负离子多的特点，开展的一项医疗保健旅游。世界著名湖泊休养地有瑞士的莱蒙湖、匈牙利的巴拉顿湖、美国的五大湖等。我国山区、林地、湖泊众多，已建成 160 多个森林旅游区，开展该类旅游业务。

5. 老年保健康复医疗旅游商品

即适应人口老龄化而专为老年人举办的一种特殊医疗保健旅游，它往往集游览、娱乐、健身、医疗于一体，深受老年人的欢迎。

6. 特殊保健旅游商品

即凭借各民族、国家、地区传统或现代先进医疗技术而开展的寓医疗、保健于旅游活动之中的旅游项目。中国的气功、武术、针灸、推拿、中草药，印度的瑜伽术等特殊旅游商品，受到了全世界很多旅游者的欢迎。

此外，德国的镶牙旅游、我国和日本的药膳旅游等健康型旅游商品也很受旅游者的青睐。

（八）求美食

求美食，是指旅游者对美味佳肴的饮食商品的追求。“民以食为天”，可见饮食在人们生活中占有举足轻重的位置。在旅游过程中，旅游者对饮食商品的需求，决不只是填饱肚子，而是希望能够品尝到旅游目的地国家和地区富有民族特色的美味佳肴，因此美味佳肴并不是专指山珍海味。根据游客心理与嗜好，可以品新尝鲜为主，也可以传统名点小吃为主，或以特产、特色菜为主，还可以宫廷御宴、药膳素斋为主。法国巴黎充分利用了法国菜在世界上的声誉和影响，常常翻新花样开发各种名目的法国菜美食旅游商品，吸引各国美食家旅游团前往。新加坡为了促进旅游饮食商品的发展，着力搞好“美食中心”，备有全国著名的美食点心，专供顾客品尝，以此招徕游客。香港是亚洲旅游业最发达的地区之一，饮食旅游商品占有非常重要的地位，这里从佳肴盛宴到家常小菜，从广东、北京名菜到地中海式食品样样具备，中国各省名特小吃也在此云集。因此，香港又被称作“亚洲美食之都”，许多人把到香港品尝异国他乡美味佳肴作为旅游的主要目的之一。烹饪也是中华民族优秀文化的组成部分，当今世界，中、意、法三国烹饪艺术鼎足而立，而中国烹饪更以悠久的历史和众多流派以及精湛的技艺享有“食在中国”和“烹饪王国”的美誉。我国很多旅游企业充分利用这一优势，着手开发了北京烤鸭美食旅游、宫廷御宴旅游、素食素斋旅游等旅游商品，受到了国内外旅游者的欢迎。

（九）求文化

求文化，是指旅游者对富有文化内涵的旅游商品的追求。随着人类社会的不断进步，人类文化素质的不断提高，人们在旅游活动中对于文化知识的了解要求也越来越高。旅游目的地国家和地区与旅游客源地国家和地区之间的文化差异是促使旅游者前往旅游的动机之一。这些文化差异，无时无刻不在旅游资源、旅游设施、旅游从业人员的服饰和行为举止、旅游者所参与的旅游活动、旅游购物中体现出来。如何巧妙组合旅游商品、体现地方文化特色，更好满足旅游者的文化需求，是每个旅游商品经营者必须重视的问题。文化型旅游商品的开发方法有很多，既可以从历史、建筑、园林、工艺美术着手，也可以结合书法、绘画、电影、电视、戏曲、舞蹈、音乐、摄影，立足于本国本地区的民族文化特色来进行编排和组合。在这方面，希腊就曾组织过文化观览旅游商品，主要组织观赏雅典古城堡、奥林匹亚神庙、露天剧场、竞技场等著名的古文明遗迹，并配合各种专题介绍及艺术活动来展示希腊的文化历史。我国发展文化旅游商品的前景也十分广阔，中国的“文房四宝”文化旅游、茶文化旅游、酒文化旅游、丝绸文化旅游、佛教文化旅游、戏曲艺术文化旅游等都大有文章可做，均会产生很大的吸引力，满足旅游者的文化需求。总之，一切旅游商品都应具有一定的文化品位和文化特色，这就是旅游者对旅游商品的追求。

（十）求知识

求知识，是指旅游者对能增进旅游者知识的旅游商品的追求。《世界旅游》杂志在分析全球旅游发展前景时，把“满足求知欲，索取求知物，参加与自己专业对口的游览项目”作为重要的发展动向。随着教育的普及与提高和教育形式的多样化，很多旅游者对于结合旅游进行文化、技术、教育方面的学习和考察越来越感兴趣。传统的观光旅游商品和文化旅游商品，虽然也可以使旅游者开阔视野、增进知识。但为更好满足旅游者对旅游商品求知的需求，旅游商品经营者应精心设计、提高知识文化的品位，并把知识性寓于一切旅游商品活动之中。同时积极开展富有知识性的专项旅游商品。如现在出现的修学旅游、科技考察旅游等新型旅游商品，已吸引了更多旅游者。修学旅游，尤其是海外修学旅游，学习目的性强，内容丰富多彩，方式灵活机动，有助于培养青少年的国际知识水平，增进社会经验。修学旅游始于日本，至今已有一百多年的历史，目的地主要是中国、韩国及东南亚等国家和地区。韩国也把修学旅游作为提高国民素质的一种方式。我国北京开展了组织汉语讲座、参观中国历史博物馆、与中学生一起听课和交流、开展文化体育联欢等活动，吸引了大批国外青少年旅游团。科学考察旅游主要包括了解和考察地质地貌、海洋、气象、动植物资源、生态环境保护、历史考古、科学技术等。我国科学国际旅行社就开发了科学探秘、科学考察、科学观测等特种旅游商品,并特许可以开放一般旅游者难以参观到的野外生态站、实验室及自然保护区,这种旅游商品能够将各种专业或业余学术调查研究和交流与旅游观光结合起来,更好地满足旅游者增长知识的需要。

以上十大需求,可概括为"新、奇、异、美、特、乐、康、食、文化、知识"。这说明旅游商品市场的需求是多变的,其变化的趋势主要是朝着多功能、富有文化内涵、舒适、休闲、绿色的方向发展。

第二节 旅游市场商品供给

一、旅游市场商品供给的概念

商品供给,是指市场经营者为了实现其经营目标,针对市场需求进行交换出卖而提供适销对路具有价值和使用价值的劳动物品。而旅游市场商品供给,则是指旅游企业为了实现其经营目标,针对旅游市场需求,交换出卖具有价值和使用价值的有形商品供应的观赏权、使用权和无形商品供应的享受权而又以无形服务商品供应为主体,在一定时期内提供旅游商品的行为和过程。

二、旅游市场商品供给的类型

旅游市场商品供给按其形态和性质可划分为不同的类型。

(一)按旅游市场商品供给的形态划分

1.旅游有形商品供给

旅游有形商品供给,是指旅游企业为了实现其经营目标,向旅游者提供并出卖的那种具有有形物质形态的旅游商品。这种商品有:

(1)只供旅游者观赏、感受、体验的物质实体商品,如景区、景点、园林、动物园、博物馆等。

(2)只供旅游者定时享用的物质实体商品,如饭店客房的住宿设施、交通车辆的使用等。

2.旅游无形商品供给

这种商品供给是指那种不具有物质形态，但又成为旅游供应主体部分的可见和不可见的体力和脑力的劳务活动。如旅游者旅游活动的组织、安排、线路设计、管理协调、导游服务及吃、住、行、游、购、娱的生活服务等。

3.旅游核心商品供给

这是指通过有形和无形商品的供给，能借以满足旅游者文化精神需求，具有功能性、感受性的商品供给。这种功能不是独立存在的，而是附属于有形的物质商品供应和无形劳务商品供应之中并能得以展现的部分。这是旅游者追求的目的所在。

（二）按旅游市场商品供给的性质划分

1.基本的旅游市场商品供应

基本的旅游市场商品供应，是指旅游企业针对旅游者最基本的旅游需求而开发的商品供应。包括旅游资源景观、旅游设施、旅游服务等。

（1）旅游资源景观

旅游资源景观，是能吸引旅游者前往旅行游览的吸引物。包括自然景观、景区、景点和社会人文资源。一个国家或地区旅游资源的知名度、美誉度、开发程度、吸引力大小，直接表现了该国家或地区旅游商品供给的质量和品位。

（2）旅游设施

旅游设施，是旅游者开展旅游活动的物质保证和先决条件。包括旅游交通、住宿，旅游吃、住、行、游、购、娱的设施设备和环境条件的供应等。一个国家或地区旅游设施的完善程度及规模的大小，体现了其供应的接待能力与接待质量。

（3）旅游服务

旅游服务，是指旅游企业人员借助旅游资源、景观、旅游设施和旅游者所开展的各项旅游活动，而提供的使其获得方便、舒适，为其创造更好的条件和效果的可见和不可见的体力与脑力劳务供应。

周密完善的设计、活动组织，热情、礼貌、快捷、高效的服务供应品位，是对游客友善、真诚的体现。

2.辅助性旅游商品供给

辅助性旅游商品供给，是指旅游资源的国家或地区的公用事业的基本设施，同时又是能够满足旅游者旅游需要的基本设施。包括供水、供电、供气、供热、生态环境保护、污水处理、电信通讯、医疗卫生、地上和地下建筑、道路交通等配套工程。这些既是对当地居民的基础设施供应，也是对旅游者旅游不可缺少的基础设施供应。

除此之外，针对旅游者的需求，还应有专门的设施，如旅行社、旅游饭店、旅游交通、景区、景点等各类设施供应。

三、旅游市场商品供给发展的趋势

（一）旅游市场商品供给向拓展与细化方向发展

传统旅游有形商品不断向其深度和广度的方向发展。就其深度而言，表现在向更高的文化品位和更高质量的方向发展，如开发出工业旅游、农业旅游、森林旅游、生态旅游等。

工业旅游是以工业生产过程、厂风厂貌、工业产品展示为主要吸引物的旅游活动，如首钢、鞍钢、宝钢等著名钢铁工业基地，开展了“钢铁是怎样炼成的”一日游，成为旅游商品供给的热点话题。苏南地区开展的农业旅游带动了农业经济的大发展，如南京的江心洲，发展农业旅游，使年产 800 万斤的葡萄大部分就地销售给旅游者，不但减少了运输成本和损耗，且价格也卖得更好。

（二）旅游市场商品供给向郊区化与短期化方向发展

旅游市场商品供给逐步从长线向郊区短线延伸，开发双休日一日游、两日游越来越多。人们在双休日、节假日期间，到郊区吃农家饭、欣赏山水风光、回归自然、追求土朴，这种农家乐式的旅游供给，在四川各地发展得尤为显著。

（三）商务旅游商品供给向规模化方向发展

据统计，我国各类商务游客有 4000 多万人，以每年平均每人出行 3 次计，全国每年商务旅游达 1.2 亿人次左右。随着经济贸易的发展，国内及国际性商务考察旅游日益频繁，尤其是大型的商务活动，从而使得商务旅游商品供应呈现规模化的发展趋势。

(四)旅游市场商品供给向创新与品牌化方向发展

随着旅游的普及化、大众化、全球化,旅游者对服务需求的差异化也日益加大,这就促使旅游市场服务商品供给向着更高的文化品位发展,即向个性化和“金钥匙”服务的方向发展,以满足旅游者的差异化需求和更高文化品位、更高质量的需求。

四、旅游市场商品供给的特征

(一)旅游企业不出卖旅游商品的所有权

旅游企业商品供给不出卖旅游商品的所有权,是旅游商品供给与一般物质商品供给最大的区别。因为旅游商品供给主要只提供有形景区、景观、景点的观赏、感受的游览和经历的过程,以及在旅游过程中相关的无形服务,其所有权仍然是属于供应商自有的。游客购买的是暂时对景观的观赏权、感受权、体验权和对服务的享受权,对住宿的使用权。而一般物质商品供给则是出卖商品所有权,商品归购买者所有,是可以带走的。

(二)旅游供给市场的商品具有高品位的文化含金量

旅游的本质是旅游者文化精神需求的满足,没有高品位文化含金量的旅游商品是不受旅游者欢迎的。因此,无论景区、景点的设计、布局,道路建设,饭店设施,服务行为、规范,都必须具有高品位的文化含金量。文化品位是旅游商品最显著的特征,没有文化含量的商品供给不是现代的旅游商品供给,而且这种文化的含金量,必将会不断地丰富充实和提高。如景区、景点的不断更新完善,饭店设施的常新,服务的个性化,服务行为的热情、礼貌、微笑、文明、高雅,高品位的“金钥匙”服务等,都是文化品位的表现。

第三节 旅游市场商品需求与供给的关系

一、旅游市场商品需求与供给的关系

旅游市场商品需求与旅游市场商品供给是旅游经济活动不可缺少的两个侧面。两者的关系是需求决定供给,供给适应需求,需求与供给又是相互影响的。

(一)旅游市场商品需求决定旅游市场商品供给

旅游市场的形成,首先是要有旅游者吃、住、行、游、购、娱的需求,才会产生与之相适应的旅游市场商品供给。有什么样的市场需求,就应该有什么样的市场供给。如果供给的商品不适应市场的需求,供给的数量超过需求的数量,则供给商品的价值就难以实现。因为需求决定供给,制约供给,影响供给,在需求与供给的这一矛盾中,需求是矛盾的主导方面,供给则是次要方面。

只有旅游者有了游山玩水的需求,才会有景区、景点商品的供应;只有旅游者有了旅游的各种需求,才会有吃、住、行、游、购、娱等相应商品的供给。市场商品需求的质量、数量,决定市场商品供给的质量、数量。没有旅游市场商品需求,旅游市场商品供给就失去了意义,旅游需求是影响旅游供给的决定性因素。

(二)旅游市场商品供给适应旅游市场商品需求

旅游供给是为了满足旅游需求,旅游供给的质量、数量和机构要以需求预测为前提,否则供给便是盲目的供给,供给也就失去了意义,所以供给必须适应需求。

(三)旅游市场商品需求与供给的相互依存关系

旅游需求决定旅游供给,是旅游供给的前提。没有需求,供给无从谈起。

旅游供给又应适应旅游需求,而供给又是使需求得以实现的保证。如果没有供给,需求将无法实现。

需求虽然决定供给，供给要适应需求，但反过来供给能激发需求，甚至创造新的需求，促使需求的扩大。如“世界之窗”、“锦绣中华”便是创造了新的需求的体现。

所以，需求和供给的关系，二者既是相互对立、相互制约的，又是相互联系、相互依存的。

二、旅游市场商品供求的平衡与调节

（一）旅游市场商品供求的平衡

旅游市场商品的供给和需求，是旅游市场同一经济活动中的两个侧面。图 12-1 介绍的旅游商品需求曲线和旅游商品供给曲线，实际上反映了旅游商品的需求价格和供给价格的变化情况。旅游商品的需求价格是指消费者对一定数量的旅游商品的购买意愿，并能够支付的最高价格；而旅游商品的供给价格是指旅游商品供给者为提供一定数量的旅游商品，接受旅游者愿意支付的最低价格。当我们把某种旅游商品的需求曲线和供给曲线在同一个坐标图上表现出来的时候，这两条曲线必定有一个交点，如图 12-1 所示，供给曲线和需求曲线相交于 E 点。E 点所对应的旅游商品的需求价格和旅游商品的供给价格相等，所对应的旅游商品的需求量和供给量也相等。我们称 E 点为均衡点，E 点所对应的价格为均衡价格，所对应的旅游商品数量为均衡供给量或需求量，在 E 点上，旅游商品的需求和供给达到平衡。

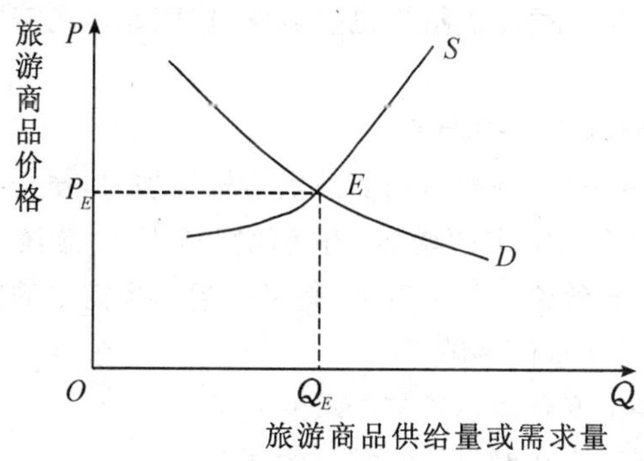

图 12-1　旅游商品供求平衡图

(二)旅游市场商品供求平衡的调节

旅游商品的供求平衡因受各种因素的影响,往往是相对的、暂时的,旅游商品的供给和需求,时刻处于平衡与不平衡的变化之中。为了使旅游经济活动能够顺利进行,就必须保证旅游商品的供给与需求相协调相一致。旅游商品的供给与需求由不平衡到平衡的过程,称为旅游市场商品供求平衡的调节。旅游市场商品供求平衡的调节主要有以下几种方式:

1.价值规律的调节

价值规律是调节商品生产和交换的规律。它的主要内容和客观要求是:社会必要劳动量,决定商品的价值量和商品按照等价交换原则进行交换。在交换过程中,旅游商品应按照其价值大小进行等价交换。当旅游商品的价格高于其价值时,人们的需求量就会降低,同时旅游商品的供给量也会加大,从而造成供大于求,此时旅游商品的价格又会下降;反之,当旅游商品的价格在交换过程中低于其价值时,人们的需求量就会增加,同时旅游商品的供给量也会减少,造成供小于求,旅游商品的价格又会上升。这就是价值规律通过价格在交换过程中围绕价值上下波动不断调节供求作用的表现。

2.需求变化对供给的调节

当其他因素不变,旅游市场需求量增加时,旅游商品的价格便会升高,旅游商品供给量也会增多;当旅游市场需求减少时,旅游商品价格便会下降,从而旅游商品供给量也会减少,这就是市场需求对商品供给的调节。

3.供给变化对需求的调节

当其他因素不变,旅游市场商品供给量增加时,便会导致价格的下降,于是又引起市场需求的增加;当其他因素不变,旅游市场商品供给量减少时,便会导致价格的上升,于是又引起市场需求的减少。这就是市场供给对商品需求的调节。

4.政治、经济变化对供给与需求的调节

(1)政治因素变化对供给与需求的调节

政治环境的变化,会对旅游商品的需求产生调节的作用。旅游需求需要在和平安定的环境中进行，为此旅游者在旅游商品消费过程中，首先要求能保障其生命财产的安全。一个政治环境不稳定的国家或地区，不仅无法满足旅游者的基本需求，而且会对其人身和财产安全存在巨大的威胁，因此无法吸引旅游者前往旅游。所以，只有在和平的政治环境中旅游，才能保障旅游者的安全，才能吸引更多的旅游者。随着旅游者的增减，旅游商品的供给也会随之增减。

政策因素的变化，会对旅游商品的供给产生调节作用。当一个国家对旅游业采取扶持倾斜的政策时，对前往旅游的游客给予种种方便照顾和优惠，对旅游商品供应者给予种种支持和鼓励，如减轻税赋、银行低息贷款以及许多政策上的关照支持，这样便会促进旅游商品供给的发展，更好地满足旅游者的需求。

可见，政治因素的变化，不但会调节旅游的需求，也会调节旅游的供给。

(2)经济因素变化对供给与需求的调节

纵观世界，国际旅游中心在欧洲，约占世界旅游者的70%，其次是美洲，主要是美国，约占全球旅游者的20%，其原因主要是欧洲、美国是世界经济最发达的地区。由于经济的繁荣发达，交通也随之发达，旅游基础设施也很完善，这就为旅游的繁荣，创造了最重要的基础条件。可见，旅游经济环境的变化，直接调节着旅游的供给与需求。

第四节　旅游市场商品需求规律与需求弹性

一、影响旅游市场商品需求的主要因素

影响人们对旅游商品的需求的因素是多种多样的，如商品价格、旅游者的支付能力、旅游者的闲暇时间、环境交通、景观特色、人们的偏爱等，但最主要的是价格、收入和时间。

(一)旅游商品价格对旅游需求的影响

价格是价值的货币表现,旅游商品价格是旅游商品价值的货币表现。因此,商品价格的变动,总是受供求变化的影响而又围绕价值上下波动。当旅游商品价格偏高时,人们对旅游商品的需求就下降,旅游者的数量就减少;当旅游商品价格偏低时,人们对旅游商品的需求就增加,旅游者的数量就增加。可见,价格是影响旅游商品需求的直接的主要因素。

(二)旅游者可自由支配的收入对旅游需求的影响

可自由支配的收入,是指从个人收入中扣除交纳的税款和支付日常基本生活消费开支与必要的社会消费开支后剩余的部分。随着科学技术生产力的发展、社会经济水平的提高,人们的收入便不断的增加,于是人们用于满足基本生活需求的开支在收入中的比例便相应下降,而可自由支配收入则相应提高,以至用于满足享受和发展需求的开支比例也会加大,自然人们对旅游商品的需求会越来越大。因此,可自由支配收入是影响旅游市场商品需求的首要因素。

(三)旅游者可自由支配的余暇时间对旅游需求的影响

可自由支配的余暇时间,是指旅游者拥有较多的并可集中用于旅游的闲暇时间。当今,许多国家实行了"周五工作制",再加上公休和带薪假期,余暇时间约占全年天数的三分之一,这就为人们的旅游提供了时间保证。

二、旅游市场商品需求规律

(一)旅游市场商品需求规律的概念

旅游市场商品需求规律,是指在影响旅游市场商品需求的其他因素不变的情况下,旅游市场商品需求与旅游商品价格呈负相关变化,与人们可自由支配收入和余暇时间则呈正相关变化。

(二)旅游市场商品需求与价格呈负相关变化

价格是影响需求的基本因素,在影响旅游商品需求其他因素不变的情况下,当价格上升时,需求量就会减少;当价格下降时,需求量就会增加。这就是旅游商品需求与旅游价格呈负相关关系。如图 12-2 所示。其中曲线为旅游商品需求曲线，由左上方向右下方倾斜，曲线的斜率为负值。

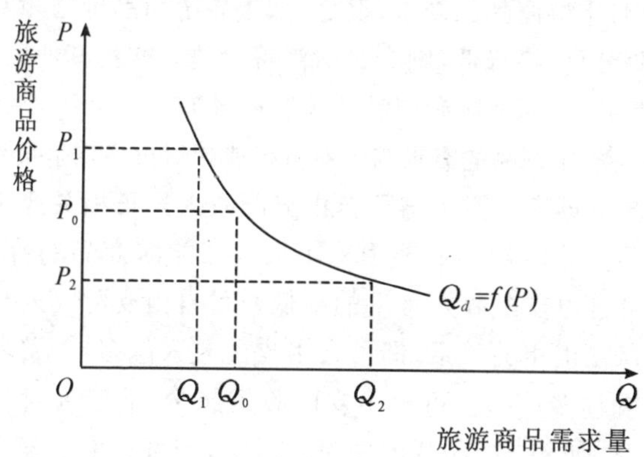

图 12-2　旅游商品需求与旅游商品价格的负相关关系

从图中可以推出，当旅游商品的价格为 P_0 时，旅游商品的需求量为 Q_0；若旅游商品的价格上升到 P_1 时，旅游商品需求量就降至 Q_1；若旅游商品的价格下降到 P_2 时，旅游商品需求量就增至 Q_2。旅游商品需求量与旅游商品价格之间的负相关关系可用下列函数式表示：

$$Q_d=f(P)$$

式中：Q_d——一定时期内的旅游商品需求量

P——一定时期内的旅游商品价格

f——旅游商品需求量与旅游商品价格的函数关系旅游商品价格，不仅指旅游商品的绝对价格，而且也指旅游商品的相对价格。绝对价格是指一种商品用货币表示的价格，就绝对价格而言，在不考虑其他因素影响的时候，若旅游商品的价格下降时，便会有大量的消费者购买，旅游商品的消费量就会增加，若旅游商品的价格升高时，消费者的数量就会减少，从而导致旅游商品消费量的减少。相对价格指的是在一定时期内旅游商品与其他商品，特别是与旅游商品成替代关系的有关商品相对比例的价格。如高档消费品、耐用消费品以及其他可以满足人们享受和发展需求的实物型商品和服务型商品之间，都具有可以替代或不完全替代的关系。相对价格是影响消费者选择商品的重要因素，在各种商品价格同时发生变化时，如果旅游商品价格相对其他商品价格上升，即相对价格升高，消费者就会考虑购买其他对旅游商品有替代作用的消费品，从而减少对旅游商品的需求；反之，如果旅游商品价格相对其他商品价格下降，即相对价格降低，则会吸引消费者放弃购买其他商品，转而选择购买旅游商品，从而使旅游商品的消费量增加。

综上所述，旅游商品的需求与绝对价格或相对价格均呈负相关变化。

（三）旅游市场商品需求与可自由支配收入呈正相关变化

消费者购买旅游商品的能力除了取决于旅游商品的价格外，还取决于消费者可自由支配收入水平的高低。可自由支配收入与旅游商品需求量之间存在正相关关系。即可自由支配收入越多，消费者对旅游商品需求量也就越多；反之，可自由支配收入越少，消费者对旅游商品需求量也就越少。如图 12-3。从图中可以看出，当可自由支配收入水平为

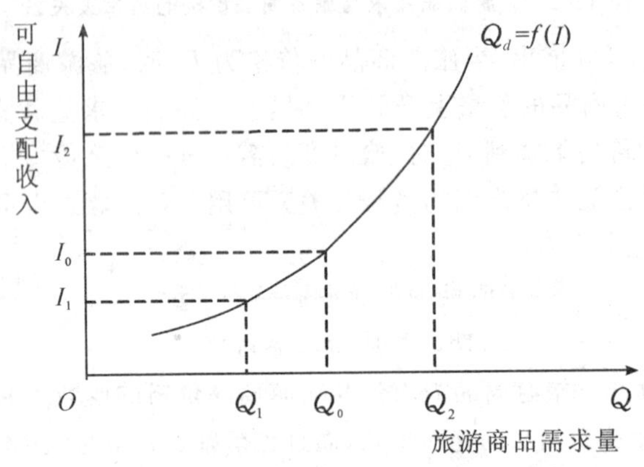

图 12-3 旅游商品需求与可自由支配收入之间的正相关关系

I_0 时，旅游商品需求量为 Q_0；如果可自由支配收入降至 I_1 水平时，旅游商品需求量也会随之下降为 Q_1；如果可自由支配收入增至 I_2 水平时，旅游商品需求量也会随之上升为 Q_2。由此形成一条由左下方向右上方倾斜的曲线，其斜率为正，反映了旅游商品需求与可自由支配收入之间的正相关关系，可用函数式表示如下：

$$Q_d=f(I)$$

式中：Q_d——一定时期内的旅游商品需求量

I——一定时期内消费者的可自由支配收入

f——旅游商品需求量与可自由支配收入的函数关系

(四)旅游市场商品需求与余暇时间呈正相关变化

旅游商品需求与余暇时间之间关系密切。当影响旅游商品需求的其他条件不变时，旅游商品需求与余暇时间存在正相关关系。即消费者的余暇时间越多，购买旅游商品也就越多；反之，消费者的余暇时间越少，购买旅游商品也就越少。其函数式同需求与可自由支配收入正相关关系相似，其图示可仿图12-3绘出。

以上说明在影响旅游商品需求的客观环境不变的前提下，旅游商品需求与各影响因素之间的关系。

三、旅游市场商品需求弹性及弹性系数

(一)弹性的含义

弹性，是指某一事物因受某种因素变化的影响而产生变化敏感的伸缩性，即可大可小、可多可少的特征。如人们对食盐的需求量受价格变化影响小，而化妆品的价格变化对人们需求量影响就大。

弹性系数，则是指一个函数的因变量的变化率与自变量的变化率之比，它反映了因变量变化对自变量变化的反应的敏感程度。弹性系数可用如下公式表示：

$$E=\frac{\Delta Y/Y(\text{因变量变化的百分比})}{\Delta X/X(\text{自变量变化的百分比})}$$

式中的E为弹性数值，称为弹性系数。弹性系数一般有大于1、等于1和小于1三种情况，可分别用以衡量因变量变化对自变量变化反应的敏感程度。

旅游市场商品需求弹性，是指影响旅游市场商品需求的各个因素的变化所引起的旅游市场商品需求量变化的现象。衡量旅游市场商品需求弹性大小的尺度称为旅游市场商品需求弹性系数。

(二)各种不同的旅游弹性的含义及弹性系数计算方法

1. 旅游市场商品需求价格弹性与旅游市场商品需求价格弹性系数

旅游市场商品需求价格弹性，是指旅游市场商品需求量随旅游市场商品价格变化而产生变化敏感的伸缩性，简称旅游市场商品需求弹性。旅游市场商品需求价格弹性系数是衡量旅游市场商品需求量随旅游市场商品价格变化而变化的敏感程度，简称旅游市场商品需求弹性系数，用 E_p 表示。用公式表示为：

$$\text{旅游市场商品需求弹性系数}=\frac{\text{旅游市场商品需求量变化百分比}}{\text{旅游市场商品价格变化百分比}}$$

根据旅游市场商品需求规律，旅游市场商品需求量与旅游市场商品价格呈反方向变动，因此旅游市场商品需求弹性系数为负值。为便于分析，对其取绝对值进行比较。

旅游市场商品需求弹性系数采取如下计算方法：

$$①E_p=\frac{\Delta Q}{Q}\div\frac{\Delta P}{P}$$

$$②E_p=\frac{Q_1-Q_0}{(Q_1+Q_0)/2}\div\frac{P_1-P_0}{(P_1+P_0)/2}=\frac{(Q_1-Q_0)(P_1+P_0)}{(Q_1+Q_0)(P_1-P_0)}$$

在以上两式中，E_p 均代表旅游市场商品需求弹性系数。

①式反映的是在旅游市场商品价格变化很小时(在某一个点附近时)，旅游市场商品需求量的变化情况。其中 P 为旅游市场商品价格，ΔP 为旅游市场商品价格的变动量，Q 为旅游市场商品需求量，ΔQ 为旅游市场商品需求量的变动量。

②式反映旅游市场商品价格变化很大时(在需求曲线上从一点移动到另外一点)，旅游市场商品需求量的变化情况。其中 Q_0 表示前期旅游市场商品需求量，Q_1 表示本期旅游市场商品需求量，P_0 表示前期旅游市场商品价格，P_1 表示本期旅游市场商品价格，$(Q_1+Q_0)/2$ 表示旅游市场商品本期需求量，$(P_1+P_0)/2$ 表示旅游市场商品价格本期水平与前期水平的平均值，二者均作为测量百分比变化的基础。

根据其弹性系数的绝对值大小，旅游市场商品需求价格弹性基本上可分为以下三种：

$E_p>1$。说明旅游市场商品需求是有价格弹性的，或者说需求的弹性很大，即使价格的微小变化也会引起旅游市场商品需求较大的变动，即旅游市场商品需求量的变动幅度大于价格的变动幅度。或者说当$E_p>1$时，由1%的价格变动所引起的需求量的变动会大于1%，如图12-4曲线D_1所示。

$E_p>1$时的旅游市场商品需求曲线倾斜度不大，其斜率也不大。在这种情况下，旅游市场商品价格稍有变动，就会引起旅游需求量很大幅度的变动。像这种富有价格弹性商品的营销管理，最好采取小量降价，以换取需求量更大的上升。

$E_p<1$。说明旅游市场商品需求是缺乏价格弹性的，或者说需求的价格弹性不足。此时旅游市场商品需求量的变动幅度小于旅游市场商品价格的变动幅度，即旅游市场商品价格的变化为1%时，所引起的旅游市场商品需求量的变动幅度则小于1%，如图12-4中曲线D_2所示。

$E_p<1$时的旅游市场商品需求曲线倾斜度较大，其斜率也较大。在这种情况下，旅游市场商品价格即使发生较大幅度变动，也只会引起旅游需求量较小幅度的变动。像这种缺乏价格弹性的商品，其营销管理，可适当提价，也不致引起需求量有大的变化。

$E_p=1$。说明旅游需求具有单位弹性，即旅游市场商品需求的变动幅度与旅游市场商品价格的变动幅度相等，旅游市场商品的价格变化1%

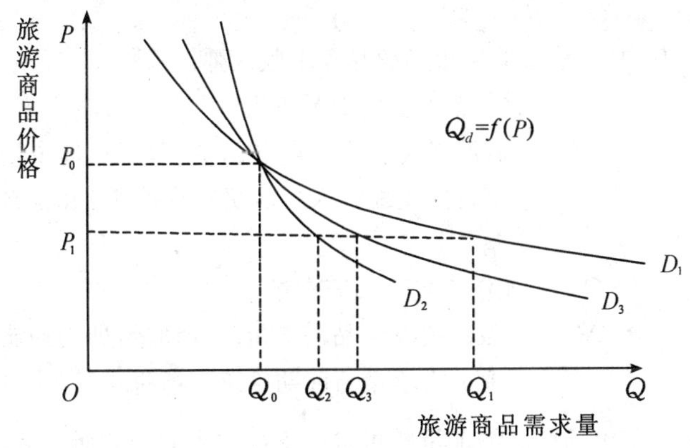

图12-4　旅游商品需求曲线图

导致需求量的变化同样为1%，如图12-4中曲线D_3所示。像这种单位弹性的商品，其营销管理，只能保持商品价格不变，以维持原有的需求量。而要想求得更好的经济效益，则需从其他方面改进。

一般情况下，基本生活资料消费品的需求价格弹性比较小，奢侈品和高档消费品的需求价格弹性较大。因为基本生活资料消费品是人们维持基本生存必需的，其消费量也是一定的，即使价格变化，人们的消费量也不会有很大的增加，即需求价格弹性较小。而奢侈品和高档消费品是用于满足人们心理需要的享受型消费，其价格的细微变化都会大大刺激人们的购买欲望，从而使需求量产生较大的变化。旅游商品消费作为一种满足较高层次需要的消费，属于非基本生活需求的享受型消费，其价格的变化会引起需求量更大幅度的变化。因此，旅游市场商品需求价格弹性系数大于1。

2. 旅游市场商品需求收入弹性与旅游市场商品需求收入弹性系数

旅游市场商品需求收入弹性，指旅游者可自由支配收入变化对旅游市场商品需求量变化的影响。旅游市场商品需求收入弹性系数，是测定旅游市场商品需求受可自由支配收入变化的影响程度，即旅游市场商品需求量的相对变化与旅游者可自由支配收入的相对变化之比，用公式表示如下：

$$E_i=\frac{\Delta Q}{Q}\div\frac{\Delta I}{I}$$

其中：E_i——旅游市场商品需求收入弹性系数

I——旅游者可自由支配收入

ΔI——旅游者可自由支配收入的变动量，即本期旅游者可自由支配收入与前期旅游者可自由支配收入之差

Q——旅游市场商品需求量

ΔQ——旅游市场商品需求量的变动量，即本期旅游市场商品需求量与前期旅游市场商品需求量之差

由于旅游市场商品需求量随可自由支配收入的增减而增减，即二者呈正相关关系，所以旅游市场商品需求收入弹性系数始终为正值。

当 $E_i>1$ 时，该旅游市场商品需求量受收入影响程度较大，此时可自由支配收入发生一定程度的变化，会引起旅游市场商品需求量更大程度的变化，如图 12-5 曲线 L_1 所示。

由于 $E_i>1$，即 1%的可自由支配收入的变化所引起的旅游市场商品需求量的变化要大于 1%，因此曲线较为平缓，斜率也较小。

当 $E_i<1$ 时，旅游市场商品需求量受可自由支配收入的影响程度较小，可自由支配收入发生一定程度的变化，会引起旅游市场商品需求量较小程度的变化，如图 12-5 曲线 L_2 所示。

由于 $E_i<1$，即 1%的可自由支配收入的变化，引起的旅游市场商品需求量的变化要小于 1%，因此曲线较为陡峭，斜率也较大。

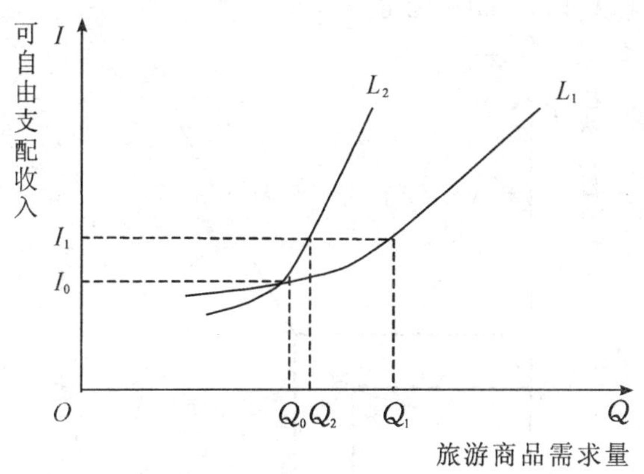

图 12-5　旅游商品需求收入曲线图

一般情况下，非基本生活消费品、高档消费品和奢侈品的需求收入弹性比较大。旅游商品作为一种能够满足人们高层次心理需求的享受型商品，其需求收入弹性也比较大。但随着社会经济的发展，旅游商品逐步成为人们日常生活中不可缺少的组成部分，其需求收入弹性会逐渐减小，但始终为正值。

3. 旅游市场商品需求交叉弹性及其弹性系数

旅游市场商品需求交叉弹性，是指在可以互相替代或互补型的商品中，某一种旅游市场商品需求量变化对其他商品价格反应的敏感程度。也就是说，在能够相互替代或互补的商品中，一种商品的价格变化，会引起另一种商品需求量变化的敏感伸缩的特性。也就是旅游商品 A 的需求量 Q_A 的变化百分比与商品 B 的价格 P_B 的变化百分比的比值，叫做旅游商品 A 对商品 B 的需求交叉弹性，其弹性系数计算方法如下：

$$E_{ab}=\frac{\Delta Q_A/Q_A}{\Delta P_B/P_B}=\frac{\Delta Q_A}{\Delta P_B}\times\frac{P_B}{Q_A}$$

如果两种商品可以互相替代，比如桂林五日游和张家界五日游，当桂林五日游的价格上涨时，会促使人们增加对张家界五日游的需求量，即这种替代商品之间价格与需求量的变动方向是相同的，故它们的需求交叉弹性系数大于零，如图 12-6。

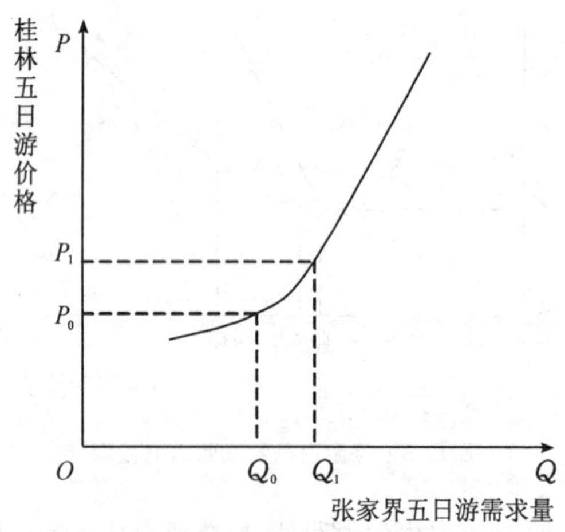

图 12-6 替代型旅游商品需求交叉弹性图

如果两种商品是要配合起来使用的，即互补的，比如桂林五日游中的住宿商品和交通商品，住宿的价格上升会导致对交通的需求量的下降，二者之间价格与需求量之间的变动方向是相反的，故它们的需求交叉弹性系数小于零，如图 12-7。

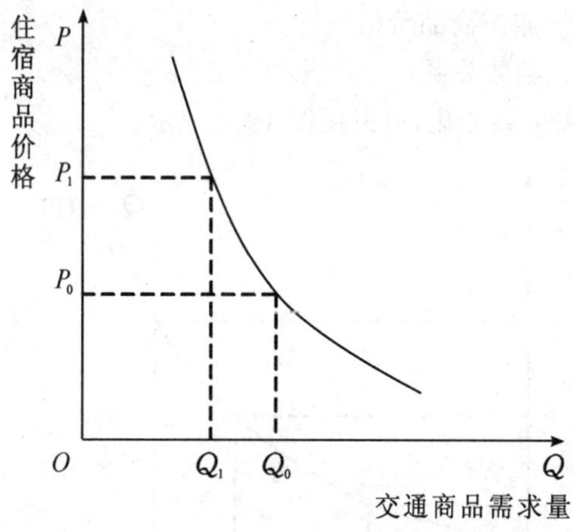

图 12-7　互补型旅游商品需求交叉弹性图

第五节　旅游市场商品供给规律与供给弹性

一、旅游市场商品供给规律

旅游供给，是指在某个时期内，旅游商品经营者将某些旅游商品以一定的价格提供给旅游者购买的行为和过程。而任何旅游企业都是以获得利润为目的的，因此旅游商品的经营者是根据市场上旅游商品的价格变化和其自身的能力来从事供给的。如果市场上旅游商品的价格越高，旅游商品的供给量就越多，反之则越少，即旅游商品供给量随旅游商品价格的升高而递增，随旅游商品价格的下降而递减。那么由此得出旅游市场商品的供给规律：在影响旅游市场商品供给的其他因素不变的情况下，旅游市场商品的供给量与旅游市场商品的价格呈正相关关系变化，用公式表示如下：

$$Q_S = f(\mathrm{P})$$

其中：Q_S——一定时期的旅游商品供应量

P——旅游商品价格

f——函数关系

这种正相关关系变化，可以用图 12-8 表示。

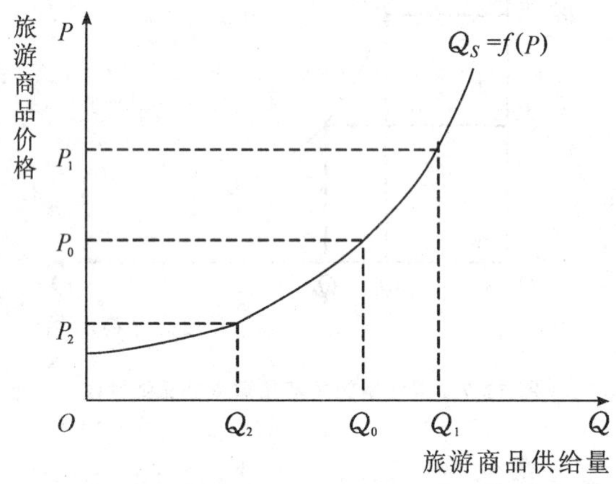

图 12-8 旅游商品供应量与旅游商品价格的关系

由图 12-8 可以看出，旅游商品供给曲线由左下方向右上方倾斜。当旅游市场商品价格为 P_0 时，旅游市场商品供应量为 Q_0；若旅游市场商品价格上升到 P_1，旅游市场商品供应量也会相应的上升到 Q_1；若旅游市场商品价格下降到 P_2，旅游市场商品供应量也会相应的下降到 Q_2。即旅游市场商品供应量在其他影响因素不变的条件下和旅游市场商品价格呈同方向变化。

如上所述，是在影响旅游市场商品供应的其他因素不变的条件下，旅游市场商品供应量随旅游市场商品价格的变动而变动；如果其他影响旅游市场商品供应量的因素也发生变化，如政府增加对旅游业的支持、商业贷款的利率下降等，这时旅游市场商品供应曲线如图 12-9 所示，发生左右平移，这表示旅游市场商品价格在保持原有水平的情况下，由于其他因素对旅游市场商品供应量起促进或抑制作用，旅游供给整体水平所发生的增加或减少的变化。图中曲线 S_0 表示在一定条件下旅游市场商品价格与旅游市场商品供应量之间的关系曲线。曲线 S_1 表示在其他促进因素作用下发生的变化，即旅游市场商品供给整体水平上升情况的变化。比如：政府对旅游业采取低息贷款政策，在旅游市场商品价格不发生变化的情况下，整体旅游市场商品供给水平便上升，原供给曲线便向右方平移，形成一条新的供给曲线 S_1。而曲线 S_2 则表示在其他抑制作用的因素发生变化，使旅游市场商品供给整体水平下降的情况。比如：政府对旅游业采取高税收政策，在旅游市场商品价格不发生变化的情况下，整体旅游市场商品供给水平下降，原供给曲线便向左方平移，形成新的供给曲线 S_2。

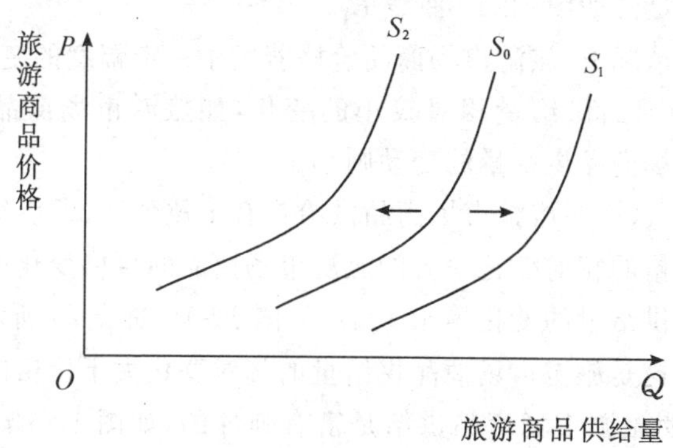

图 12-9 旅游商品供应曲线图

二、旅游市场商品供给弹性及弹性系数

不同类型旅游市场商品供给量的变化，表现了对不同价格变化的敏感程度，这种反映旅游市场商品供给量因旅游市场商品价格变化而变化的现象，称为旅游市场商品供给弹性。测量旅游市场商品供给随旅游市场商品价格变化而变化程度的尺度，称为旅游市场商品供给弹性系数。其计算公式如下：

$$E_s=\frac{\Delta Q}{Q}\div\frac{\Delta P}{P}$$

其中：E_s——旅游市场商品供给价格弹性系数

Q——旅游市场商品供给量

ΔQ——旅游市场商品供给量的变化量

P——旅游市场商品价格

ΔP——旅游市场商品价格的变化量

根据旅游市场商品供给规律，旅游市场商品供给量与旅游市场商品价格之间呈正相关关系，因此旅游商品供给价格弹性系数始终是正数。根据旅游市场商品供给价格弹性系数的大小，可分为三种情况：

$E_s<1$。这是旅游市场商品供给量的相对变化小于价格的相对变化的结果，说明旅游市场商品供给是缺乏弹性的，或者说旅游市场商品供给的弹性不足。如图 12-10 曲线 L_1。

在这种情况下，旅游市场商品价格若发生一定幅度的变化，只会引起旅游市场商品供给量相对较小的变化，如旅游市场商品价格变动1%，旅游市场商品供给量的变动则小于 1%。

$E_s=1$。这说明旅游市场商品供给具有单位弹性，即供给量的相对变化等于价格的相对变化，1%的旅游市场商品的价格变化所引起的旅游市场商品供给量的变化等于 1%。如图 12-10 曲线 L_2 所示。

$E_s>1$。这是旅游市场商品供给量的相对变化大于价格的相对变化的结果，说明旅游市场商品供给是富有弹性的，如图 12-10 曲线 L_3 的旅游市场商品的价格变化若为 1%，所引起的旅游市场商品供给量的变化则大于 1%。

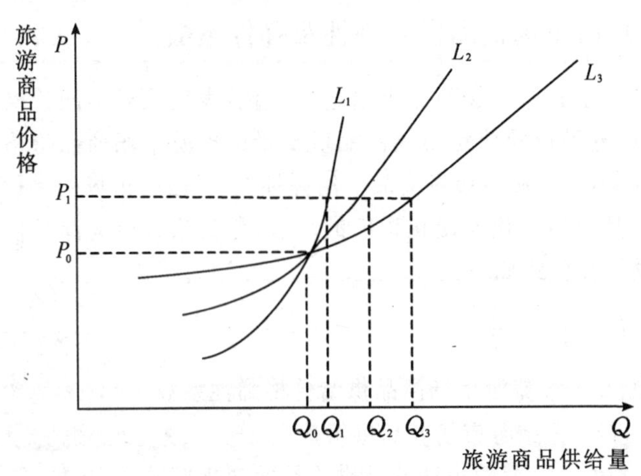

图 12-10 旅游商品供给曲线图

需要指出的是，旅游市场商品供给弹性与时间之间存在着密切的联系。一般情况下，当旅游市场商品的价格上升时，在短期内，由于旅游市场商品供给者无法大量增加供给，因此旅游市场商品供给弹性比较小；而在较长时间内，旅游市场商品供给者则有充分的时间扩大投资，从而扩大生产规模，提高供给能力，旅游市场商品供给弹性则比较大。

案例分析　　**旅游饮食文化**

北京有一家向阳屯食村，虽然很“土”，但经营者十分注意文化氛围和特色，在环境、服务和饮食品种上下功夫，结果成了十分高雅、十分有特色的餐馆。

一进食府，只见院子中间有一个漂亮的喷水池。北面和南面的走廊上挂满红灯笼，给人一种喜气洋洋的感觉，北面和南面有八间餐室，每间餐室都有不同的名字，室内的布置风格也不同。餐室的门上还挂着妙趣横生的对联。“北京泥湾”、“扫盲夜校”、“灶王爷府”、“高粱穗子”、“模范夫妻”、“田间小路”、“和泥的岁月”、“天桥的把式”、“灿烂的日子”等为各室的名字，而室内有山东、天津和“文革”时期的年画。大红、大绿、黑白分明的色彩，使各间餐室充满了民间文化的气氛。为了突出特色，在“模范夫妻”的房间里，面墙的一侧有红色的婚床，上有红幔帐、红枕头、红缎子被，还有一副对联：四化途中结为革命伴侣，长征路上建立幸福家庭。加上进门就可以看到的供在北面墙上的充满笑容的弥勒佛，不能不为这间新房叹为观止。有的房间用的是大红漆木八仙桌和红木条凳。有的房间内是土炕式，炕上放餐桌，配有沙发垫、靠垫。320平方米的特大卡拉OK厅，也是土炕式的，配沙发垫、坐垫，真可谓绞尽了脑汁。甚至各餐室用的餐具也是民间陶碗，与环境和菜肴配套。

服务设施是现代化的，特别是厕所十分干净。各餐室全部有空调，都采用现代照明设备。

至于餐饮，看一下食谱菜单就一目了然了：炸蚂蚱、炸蝉蛹、炸香椿鱼、炸鲜椒芽、煮毛豆、拌马齿菜、拌桂花菜、拌杨树叶、拌苏子叶、拌苦苦菜、酸辣笋条、香椿拌豆腐、黄瓜小葱蘸大酱、猪肉炖粉条、肉丝苦瓜、炸茄盒、炖带鱼、炸小泥鳅、手擀面、豆沙饼、小米粥、包米等，全是乡土菜肴。由于注重了民间文化，使这家向阳屯食村很有特色，许多人慕名而来。

案例思考

试根据案例分析所论述的关于旅游市场商品供求的有关原理，分析北京向阳屯食村经营成功的原因。

思考题

1. 试阐述旅游市场商品需求和供给的概念。

2. 试阐述现代旅游市场商品需求的十大发展趋势。

3. 试分析旅游市场商品供给的类型和特征。

4. 根据旅游市场商品供给与需求平衡的原理，阐述如何运用以指导实践。

第十三章　旅游商品市场开发

学习目的

掌握旅游商品市场的概念，掌握旅游商品市场开发的概念、意义和原则，掌握旅游商品市场开发的策略和十大类型，掌握旅游商品市场组合与创新的概念、意义和原则。

主要内容

- 旅游商品市场的概念
- 旅游商品市场开发的概念、意义、发展趋势和原则
- 旅游商品市场开发的十大类型
- 旅游商品市场开发的策略
- 旅游商品市场组合的概念、意义和原则
- 旅游商品市场组合创新的概念和原则
- 旅游商品组合过程

第一节　旅游商品市场开发的意义、发展趋势和原则

旅游商品，是指供给者为满足旅游者的旅游需求，暂时出卖观赏权、感受权、使用权、享受权而提供的具有使用价值和价值的有形旅游物品和无形服务的总和。研究、开发旅游商品，对搞好旅游商品的生产和经营，提高旅游业的经济效益，扩大就业机会，增加外汇收入，促进地区经济繁荣，有着深远的意义。

一、旅游商品市场

（一）市场的概念

市场是商品交换的场所，是以商品交换、买卖为内容的经济联系形式。它是社会分工和商品生产的产物。我国古代有“赶集”或“集市”，“赶场”或“赶墟”，这是简单的物资商品市场。后来发展为庙会、店铺、物资交流会、贸易货栈。现在有交易所、百货商场以及超级市场和连锁商店等。物资商品市场是物资商品的供求关系的总和。市场因商品供求内容的不同，而有不同类型的市场，如物质商品市场、农贸市场、外贸市场、国际市场、旅游市场、娱乐市场、水产品市场、木材市场等。

（二）旅游商品市场的概念

旅游商品市场，从狭义上理解，是指旅游有形和无形商品交换的场所。如旅游交易会、旅游博览会，就是旅游搭台、商品唱戏的一种旅游商品交换的场所。从广义上理解，旅游商品市场是指旅游商品交换中所反映的各种经济现象和经济关系的总和。它不仅包括旅游商品交换的相关群体，而且涉及一定范围内旅游商品交换中供求之间的各种经济活动和经济关系，即实现旅游商品转让的交换关系的总和。

特别值得注意的是，旅游商品市场与物质商品市场的不同，旅游商品市场是出卖商品的观赏权、体验权、使用权和享受权的有形和无

形的旅游商品，而物质商品市场出卖的是商品所有权的物质商品。

旅游者是购买力和购买欲望的主体，购买欲望是旅游者形成购买行为的主观因素，购买力则是其产生购买行为的客观条件。旅游者规模和购买力的大小，决定了旅游商品市场的规模；而旅游者的购买欲望，则决定了其购买旅游商品的类型。

（三）旅游商品市场的划分

旅游商品市场划分对旅游企业针对不同市场的需求，提供不同的商品，开发市场，进行营销策划，实现营销目标，有着积极的意义。

1. 按地理区域划分

旅游者来自不同的地理区域和行政区域，因此旅游商品市场可按客源来自的地理区域划分。国际旅游市场可以按世界大区、国别或地区划分，如世界旅游组织（WTO）将世界旅游市场划分为七大市场：欧洲市场、北美市场、拉美市场、东亚及太平洋市场、非洲市场、中东市场和南亚市场。国内旅游市场可以按地区或省、市等行政区划分。

2. 按旅游商品的特性划分

按旅游商品的特性划分市场，有观光旅游商品市场、度假旅游商品市场、会议商务旅游商品市场、奖励旅游商品市场、娱乐旅游商品市场、体育旅游商品市场、探险旅游商品市场、宗教旅游商品市场、修学旅游商品市场、生态旅游商品市场、民俗旅游商品市场等。

3. 按旅游者的社会经济状况划分

社会经济状况决定了旅游者的经济收入和支付能力，家庭收入越高，旅游的可能性越大。

根据旅游者不同的社会经济状况来划分旅游商品市场，有利于选择目标市场。如美国，根据旅游者的社会经济地位，分为六个阶层：即（1）上层社会，占总人口的1%弱；（2）次上层社会，占总人口的2%左右；（3）中上层社会，占总人口的12%左右；（4）中层社会，占总人口的12%左右；（5）中下层社会，占总人口的35%左右；（6）下层社会，占总人口的38%左右。这样，便可划分为六个旅游商品市场。

二、旅游商品市场开发的概念、意义和发展趋势

（一）旅游商品市场开发的概念

1.旅游商品市场开发的概念

旅游商品市场开发，是指旅游商品经营者为了使旅游资源或旅游企业的潜在价值转化为现实的价值，而进行设计、组合和创新，或重新设计、组合、创新、策划运作的过程。

2.旅游商品市场开发是旅游需求变化和企业发展的必然

随着社会的发展，商品更新速度很快，如国际旅游之初，旅游者热衷于包价旅游商品，随着旅游者旅游知识面的扩大、旅游阅历的丰富及经济水平的提高，便逐渐趋向于部分包价旅游，甚至自助旅游。所以，旅游企业只有不断进行市场商品开发，才能适应旅游的发展。

（二）旅游商品市场开发的意义

1.旅游商品市场开发是旅游业发展的根本问题

（1）旅游问题是市场问题

旅游问题是旅游者旅行游览需求的问题，这就涉及旅游者的需求和如何满足其需求，即供给和需求的问题，而供给和需求问题正是市场问题的主体内容，所以旅游问题就是市场问题。

（2）市场问题是客源问题

市场问题的主体内容是供给和需求，供给是为了满足需求，需求决定着供给，所以需求是市场的中心。市场需求越多，则要求供给越多。而市场的需求是客源的需求，所以旅游的市场问题就是旅游客源问题。

（3）客源问题是市场开发问题

有了旅游客源，才有旅游需求，才有旅游供给，才有旅游市场，才有旅游开发问题。即旅游业经营者应研究如何开发适销对路的旅游商品，去满足旅游者不断变化的需求，才能吸引更多的客源。没有客源就没有市场需求和供给，市场便无法形成，所以客源问题就是市场开发问题。

由此可见，旅游问题是市场问题，而市场问题是客源问题，客源问题是市场开发问题，因此旅游商品市场开发是旅游业发展的根本问题。所以只要抓好市场开发，就能抓好旅游业的发展。

2.旅游商品市场开发促进旅游资源的潜在价值转化为现实价值

旅游资源有现实旅游资源和潜在旅游资源。现实旅游资源，是指已经开发并正在接待游客前往观光游览，已转化为现实价值的旅游资源。潜在旅游资源，是指具有某种诱人的魅力，但目前尚未开发的旅游资源。潜在旅游资源有待开发转变为现实旅游资源。通过旅游商品市场开发，就能使旅游的潜在价值转化为现实价值，便可以创造最佳的社会效益和经济效益。如一座民宅，年代久远，规模较大，建筑风格独特，艺术价值和观赏价值很高，经过开发，使民宅由潜在旅游资源转化为现实旅游资源，成为旅游商品，成为一个新的旅游点，从而便带来了社会效益和经济效益。

3.旅游商品市场开发促进社会经济繁荣，带动其他行业发展

旅游业是一项综合性的产业，旅游者的需求与生产性和非生产性的众多行业息息相关，几乎涉及国民经济的各个部门和行业。进行旅游商品市场的开发，有利于促进国民经济众多行业的发展，从而带动其他行业的发展，促进社会经济的繁荣。如世界著名的西班牙“太阳海岸”，在开辟为旅游区之前，是仅有十多户人家居住的海边小村落。开辟为旅游区后，旅馆林立，商业兴旺，成为车水马龙的现代化旅游城。美国夏威夷瓦胡岛旅游区，开发前是一片荒凉的海滩，20 世纪 50 年代辟为旅游区后，建立了旅馆群、商业街，人口达 90 万，每年接待来自世界的旅游者近 400 万人次，成为世界著名的旅游区。

4.旅游商品市场开发促进旅游资源所在地区经济的繁荣和发展

旅游业的开发，具有产业联带功能，通过旅游商品市场的开发，便能促进和推动该地经济的发展。如我国张家界地区，旅游业对加速该地区经济的发展起了重要的作用，现在旅游业已成为该地区的主要支柱产业，有力地促进了该地区经济的繁荣和发展。

（三）旅游商品市场开发的发展趋势

1.旅游商品市场开发呈多样化的发展趋势

现代旅游业因旅游需求日益多样化，旅游商品也日益多样化。新的观光度假地和商品不断涌现，为特定的客源层和特种需求设计的专项旅游商品，如探险、体育、文化、商务、会议、保健、奖励旅游等层出不穷，

欧洲大陆上具有百年历史的“东方快车”仍在行驶，而打网球、打高尔夫球或潜水正在成为新的旅游度假吸引物。近年来度假与商务旅游的增长领先于其他类型的旅游，非观光旅游商品比重高于观光旅游商品比重，这说明了旅游商品市场开发呈多样化发展的趋势。

由于旅游业经营者对旅游需求市场的细分，产生了不同系列的旅游商品。既有针对不同目的和兴趣而设计的旅游商品，又有针对不同客源国而设计的旅游商品，还有根据不同职业、不同年龄、不同家庭而设计的各种旅游商品。如新婚蜜月游、携带儿童的夫妇或老年人旅游、无子女的夫妇或老年人旅游等，从而形成了不同系列的旅游商品体系。

2.旅游商品市场开发呈大型化、集中化的发展趋势

旅游商品竞争以国际竞争为主，越来越趋向于国与国之间的竞争。为适应这一竞争态势，各国纷纷根据旅游资源的特点，选择本国的旅游主导商品或拳头商品，突出特点，扬长避短，树立鲜明的整体形象。为适应国与国之间的竞争，近年来几乎所有重要的旅游接待国、地区都举办了旅游年。旅游年反映了旅游商品市场开发大型化、集中化的发展趋势。旅游年除了一系列大型宣传促销活动外，还举办了一系列大型活动，民族文化节庆、琳琅满目的旅游节目，使旅游者获得特殊的新鲜感受。

3.旅游商品市场开发促进结构优化的发展趋势

现在我国观光旅游、度假旅游和特种旅游这三大商品结构，还不尽合理。中国旅游业现在还是以文化性的观光旅游为主，一个旅游发达国家只靠这一条腿是站不住脚的。现在度假旅游刚刚开始，特种旅游已经开发了一段时间，积累了一些经验，但是规模还不够大。下一步应使观光、度假、特种旅游之间平衡协调发展，度假旅游和特种旅游逐步上升。但中国最大的旅游资源优势，是文化性的观光资源，所以观光旅游作为主体的局面，从长远看来不会动摇，但是在结构上应逐步优化。

从质量的角度来说，应该形成四类旅游商品。第一类是普品，即大众化的旅游商品；第二类是精品，这种精品的市场适应面是比较大的，但不应完全体现在硬件建设上，而应体现在文化的含量上；第三类是特品，特品是各地都需要追求的，即惟我独有，只有这样的特品，才能形成

地方的旅游特色，才能真正形成拳头性的旅游商品；第四类是绝品，绝品不可能太多，绝品实际上是国家的标志，是中国旅游业在世界上的拳头商品。现在是普品比较多，精品不多，特品、绝品有一些，应在特品和绝品的基础上多出精品，使旅游商品市场的结构更加优化，这将成为旅游商品市场开发的发展趋势。

三、旅游商品市场开发的原则

（一）市场导向原则

市场导向，是指以旅游者的需求变化为依据，满足旅游者的需求开发旅游商品的原则。因此，旅游业经营者在市场分析和市场定位时，应遵循市场经济规律，随着市场的变化，考虑商品的升级换代，以新的商品去迎合和满足旅游者的需求变化。

目前很多国家进入老龄化社会，在美国，1995 年 65 岁以上人口约 3300 万，预计在 2010～2030 年将会增至 7000 万，美国 65 岁以上人口的增长率，将超过 65 岁以下人口的增长率。人口老龄化将提出新的需求，旅游业则应设计、开发、组合适应这种变化的旅游商品。

（二）特色原则

特色，是指独占性、不可替代性、权威性。即做到“你无我有，你有我优，你优我新，你新我特”。鲜明的特色和个性能使旅游者产生深刻的印象，特色和个性已成为现代旅游竞争获胜的“法宝”，无论资源开发、设施建设、商品组合、服务提供，都要有鲜明的特色与特有的风格和形象。例如，香港以“魅力香港，万象之都”为主题开发都市旅游，突出现代东西文化、中外文化交汇的大都市的个性特色，以国际大都市的风貌展现在游客面前。

（三）可持续发展原则

可持续发展，是指商品开发能够长期延续的发展，保护、改善环境，使商品项目得以持续进行。1987 年世界环境与发展委员会提出可持续发展的总原则是：“今天的人类不应以牺牲今后几代人的幸福而满足其需要。”这个原则为经济、社会、环境协调发展确立了总体原则。中国可持续发展战略，首先是保证人民生产、生活的基本需要；其次是在这个基础上建立资源节约型的国民经济体系，从掠夺性开发向集约性经营转变，合理开发、利用资源，合理保护资源，提高资源的利用率，维持生态平衡和持续发展能力；再次是实现社会、政治、经济、技术、管理等方面的全方位转变，建立有效、协调、创新的持续发展机制。

可持续发展应体现在生态和经济方面的持续发展。

1. 自然生态可持续发展

自然生态可持续发展，是指旅游市场开发保护自然生态、延续发展、永续利用的理念和行为。目前我国已采取的措施有：把保护生态环境放在第一位，普及生态环境知识，提高旅游者和旅游管理者的生态环境意识；坚持保护与开发并重的方针，制止“建设性”破坏；掌握合理的旅游区承载量。绿化是保护环境的积极措施，据专家研究，城市人均绿地应达 9 平方米以上，绿地面积应占城市面积 30%～50%，才能形成良好的生态环境；风景区绿地面积应在 70%以上，才能形成高质量的旅游环境。而生态环境的重点又应加强对生态环境敏感地带的保护。

生态环境是经济、社会发展的基础。实现自然生态可持续发展，讲究生态效益，才能带来经济效益和社会效益。旅游的主要卖点之一就是环境，没有一个好的环境，旅游业就是无源之水，无本之木。比如泰山，如果泰山上没有那么多树，没有那么多绿色，只是光秃秃的几块碑是没有卖点的。

2. 经济运转可持续发展

经济运转可持续发展，是指在旅游市场开发中，在坚持自然生态可持续发展的同时，使所开发的商品项目在经济上能持续运转、自我滚动发展的理念和行为。这是旅游商品能否自我发展的经济基础。生态是持续发展的根基，经济是保证生态得以持续发展的条件。没有生态的持续发展不可能产生长远的效益，没有经济的支撑，不可能保证生态的持续发展。生态可持续发展和经济可持续发展是相辅相成、互相促进的，生态和经济是构成可持续发展的不可分割的两个组成部分。

（四）效益原则

效益原则，是指旅游商品的开发要以效益为导向，要考虑生态效益、社会效益和经济效益。没有效益的开发，是不能保证可持续发展的。

（五）竞争原则

竞争原则，是指旅游商品开发要树立竞争的观念，采取竞争的措施，使企业在市场经济的竞争中立于不败之地的原则。坚持竞争的原则，应树立商品形象，保证商品质量，在旅游的各个环节注入新的科技含量。

第二节　旅游商品市场开发的类型和策略

一、旅游商品市场开发的十大类型

（一）区域旅游商品市场的开发

区域旅游商品，是指在国内一定地区、一定范围内对各种旅游资源加工设计、规划安排，组织旅游者前往参观游览观赏的综合性的旅游商品。这种区域旅游商品主要包括两种模式。

一是邻近区域的结合。比如粤、港、澳大三角旅游到现在已经开发将近十年，客观上已经形成了一个发达的旅游地区，而且在世界上也是一个旅游发达地区。又如江、浙、沪，也形成了一个发达的旅游区域。再如环渤海地区，现在从发达程度来说，还比不上粤、港、澳和江、浙、沪，但这个态势正在形成，北京、天津、大连、北戴河地区，基本上构成了环渤海旅游发展的框架。

二是以旅游商品的组合、线路的组合形成的旅游区域。较典型的如长江三峡游，形成了贯穿江苏、湖北、湖南、重庆和四川五省市的旅游路线；还有如丝绸之路地跨西北五省的旅游路线。

区域旅游商品的以上两种模式是区域旅游商品市场发展的必然。

（二）新兴旅游商品市场的开发

旅游发展初期，多以单一观光旅游作为主导商品，随着人们生活水平的不断提高和对旅游新的需求变化，各种新兴旅游商品、专项旅游商品应运而生。这些新兴旅游商品由于创意新、需求大，能有效地满足旅游者的需求，因而影响极大。

1. 工业旅游商品的开发

工业旅游商品，是指工业企业以厂区、生产线、生产工具、劳动对象和产品等为旅游资源吸引游客的专项旅游商品。其活动范围一般限于工业企业之内。工业旅游商品以其新创意、新内涵、新视角逐步在旅游商品市场上崭露头角，很快便得到推广。工业旅游商品涉及广阔的工业领域，种类多，覆盖面广，填补了我国旅游商品领域的一项空白，是我国旅游商品从开发初期的文化观光单体支撑，发展为完整配套体系的必然结果。工业旅游商品的开发也为旅游商品的丰富和发展拓宽了思路。

2. 农业旅游商品开发

农业旅游商品，是指以农业资源为依托，开发具有农业含量的农业旅游商品。主要形式包括农业观光、瓜果采摘、乡间度假等。如珠海市农科中心的梅溪基地，早在 1989 年便着手开展无土栽培实验并获得成功，作为一个农业科技示范点，先后接待过七十多批国家首脑和专家访问，接待过数百万人次的参观考察。1993 年，珠海市旅游局为开发新的旅游资源，将农科中心建成一个无土栽培旅游基地，单纯的高科技农业被赋予了全新的旅游功能。又如位于浙江宁波的溪口，以保存完好的蒋氏遗迹和优美的山水风光著称，由于已有原来的植物景观和各种农业项目作为基础，所以在投入少量资金的情况下，就建成占地 300 亩的杜鹃谷等景点，并在其中安排了滑草、踩水车、采摘鲜果等农业旅游项目，这些“农家乐”旅游项目为溪口风景区注入了巨大的活力。又如北京的锦绣大地观光园，将动植物资源、科技资源和土地资源有效地结合在一起，游客除了可以观赏花卉、无土栽培的蔬菜、立体养殖、国际良种家畜之外，还可以在餐厅享用纯绿色、无污染的蔬菜和其他食品。游览结束，商品部备有园中栽培的新鲜蔬菜供游客购买，系列服务充分满足了旅游者的需要，又为经营者增加了收入。由此可见，农业旅游商品市场的开发，促进了农业资源的综合利用，满足了城市居民回归自然、追求绿色的需求，丰富了旅游商品的组合，为充分发挥旅游业的关联带动作用，形成了一个新的突破口，也通过商品形式的创新实现了第一产业与旅游业的结合。

3. 红色旅游商品的开发

2001 年是中国共产党成立 80 周年、红军长征胜利 65 周年，以重游革命胜地为主题的旅游活动，在"七一"前就热遍神州大地。如"北京——井冈山——南昌"的革命摇篮行，"北京——西安——延安"的革命圣地行，均以"寓教于游"的方式，既可以让人在青山绿水间放松身心，又可以缅怀先烈、追寻遗迹，比起一般的旅游活动更多了一层意义。

（三）现代旅游饭店商品市场的开发

1. 开发高技术含量的旅游饭店商品

以电子信息、生物工程、新材料、新能源和宇航太空技术为核心的新技术革命对人类社会的影响，已渗透到现代饭店商品之中。如许多饭店正在大力开发设备自动化、消防自动化、保安自动化、办公自动化、通信自动化即"五 A"功能和良好服务的"智能酒店"，具有极高的科技含量。又如希尔顿集团计划在月球建造第一个月球宾馆——"月球希尔顿"，将拥有 5000 个房间，2 个巨型太阳能电池板为它提供能源，还拥有人造海洋和海滩，1 个蔬菜种植场，更是集中了当今世界的最新技术。

2. 开发高附加值、多功能的旅游饭店商品

当今的住店客人除了在饭店住宿和就餐外，还有工作、商务、健身、保健、娱乐、美容等多元化需要。因此，饭店在开发新的商品时，应力图使之具有更多的附加功能，给消费者提供更多的方便，满足现代消费者对饭店多元化的需要。

3. 开发体现民族特色的旅游饭店商品

饭店需要接待来自各国的旅游者，饭店应尊重客人的宗教信仰、文化传统、风俗习惯。但另一方面，我们也应看到越是民族性的东西就越有国际性。旅游是一种体验，客人不仅要求在旅游过程中得到娱乐享受，也希望在其他方面同样得到精神上的满足。在开发新的旅游饭店商品时，应尽可能地体现民族特色和地方风格，发挥我国在文化传统方面的优势，使客人进店后能明显地感到灿烂的东方文明，饭店不仅要让客人休息好，而且饭店本身也应成为客人欣赏的对象。如桂林的云雾山庄，创建了具有朝鲜、日本等异国风情的客房，很受顾客的欢迎，大大提

高了客房的出租率。

（四）旅游交通商品市场的开发

交通，就是甲地至乙地的空间移动；旅游交通，就是旅游者进行游览观光的空间移动。旅游交通商品，是旅游企业为旅游者进行的旅行、游览、观光的空间转移，而设计的线路、组织、活动、安排、车辆及提供相关服务的总和。例如三峡游，旅游者在湖北宜昌市登船，逆水而上，先过西陵峡，长约 76 公里，是三峡中最长的峡，旅游者从中可以欣赏滩险水急的景观，接着进入巫峡，全长 44 公里，旅游者从中可以欣赏幽深秀丽的美景，最后进入瞿塘峡，旅游者从中饱览雄奇险峻的胜景。长江三峡游，不仅使旅游者形成较长距离的空间位移，同时也是旅游者游览观赏的过程，在这里，旅游交通中的旅与游紧紧结合在一起，所以旅游交通也成了游的一部分。

旅游交通商品市场开发，可以丰富旅游者的旅游内容，提高旅游者的游兴。在旅行中游览，在游览中旅行，使游览变成动态性的活动，随着行程中的景观变化，旅游者可以欣赏到多种多样的景色。同时，景观的变动，使旅游者在较长时间处在兴奋之中，从而增加游兴。如近年来铁路推出了集吃、住、行、游、玩于一身的旅游专列，以安全舒适、运行里程长、游览景点多、服务档次高和“一线多景，车沿景走，车随客行”得到了广大旅客的青睐。2000 年 4 月，在北京召开的全国旅游专列工作会议上，铁道部在设定的 8 个方向 26 条旅游专列运行线路中，广西列为重点方向，桂林、北海列为重点旅游城市。同年 7 月，柳铁与广西壮族自治区政府合作，以巡游宣传的方式，形成了广西旅游铁路“大篷车”，这是广西乃至全国第一列以促销旅游品牌为目的的旅游交通商品，给广西旅游业带来前所未有的效应。

旅游交通体系分为陆路交通、水上交通、空中交通、城市观光交通、索道交通五大类。旅游交通体系的特点是多功能的，包含了运输、观光、娱乐功能。旅游交通商品市场的开发在可持续发展过程中会起到更重要的作用。

（五）旅游餐饮商品市场的开发

餐饮就是膳食与饮料，包括食物、菜肴、酒类、饮料等，食是旅游的六大要素之一。进入20世纪90年代以来，人们对餐饮内容、菜品质量，有了更高的追求和个性要求。为适应餐饮消费的变化，餐饮商品的经营者必须积极开发旅游餐饮商品。

旅游餐饮商品开发，应突出中华饮食文化。中国烹饪有几千年的文明史，博大精深、菜点宏富，有“烹饪王国”的美称。中国烹饪举世闻名，多种风味争奇斗艳，有各具特色的地方风味，也有色彩斑斓的宴席。地方风味是构成中国菜的主要部分，如中国的四大菜系：鲁菜、川菜、粤菜和苏菜，还有名闻遐迩的浙菜、闽菜、湘菜、徽菜、京菜、沪菜等。传统的中国菜以中华民族的饮食文化为根基，具有东方的中国的独有特性，这正是它的真正价值和魅力。目前，我们应注重在民族的饮食文化上开发旅游餐饮商品市场，特别是透着浓郁乡土气息和民族传统的风味饮食，如北京的涮羊肉、南京的盐水鸭、四川的豆花、新疆的羊肉串、兰州的牛肉拉面、西安的羊肉泡馍、云南的傣家饭等，不仅能激起人们的食欲和兴趣，而且能给旅游者留下美好的回忆，同时还能从中领悟和感受到泱泱大国饮食文化底蕴的魅力。

菜品创新也是一条很好的开发途径。我国饮食有几千年的文明史，各种经史、地方志、笔记、农书、医籍、诗词、歌赋、食经和小说名著中，有许多关于饮食、烹饪的记述，可将其挖掘出来成为“新品”，如“仿古菜”、“仿唐菜”、“孔府菜”、“随园菜”、“仿红楼菜”等都颇受欢迎。一些历史名宴，如“苏州船宴”是起源于唐宋时期的船菜，配合环境布置，周围以水乡和船的主题相契合，使食客有食在船上、游在水乡之感。

（六）旅游娱乐商品市场的开发

旅游娱乐商品是配合和调节丰富旅游者旅游活动而伴随产生的娱乐活动商品。如地方戏曲、杂耍、魔术、龙灯、狮舞、民歌、曲艺、龙船、彩灯，既可组织旅游者观赏，又可组织旅游者参与。总之，我国传统的、民族的、地方的娱乐资源极为丰富，要尽快地挖掘开发，使其转化为经济效益。

纯粹的旅游娱乐商品有游乐园，游乐园最早在17世纪的欧洲出现,当时是以绿地、广场、花园和设施组合,配以音乐表演和展览活动的娱乐花园。19 世纪末,机械被引入乐园,便抛弃了表演和自娱的形式,变成完全依赖机械设施满足人们对刺激的需求。20 世纪 50 年代后,游乐园逐渐为规模更大、内容更加丰富多彩的主题公园所代替。随着我国旅游业和娱乐业的发展,类似国外这种类型的娱乐商品也有了迅速的发展,有综合性的游乐园,也有专题性的游乐园和主题公园,只是游乐项目模仿国外的较多。

(七)旅游购物商品市场的开发

旅游购物,是指游者在异地购买并携回使用、送礼、收藏或在旅途中使用、消费的物品,属于一般物质商品的购买行为。所购商品除具有使用价值和价值的属性外,还具有艺术性、纪念性的特殊属性。旅游购物大多属于非基本需求,加强旅游购物商品市场的开发,能发掘巨大的经济效益潜力。

旅游购物商品市场的开发,要注意:(1)实用性。即有用性。(2)艺术性。即新颖、精致、美观,给人以美的感受,具有特殊的欣赏价值和收藏价值。(3)纪念性。是指旅游购物商品能显示出旅游目的地的时间、活动与地方特征,使旅游者带回去后能引起美好的回忆。

(八)商务、会议旅游商品市场的开发

商务、会议旅游商品,是指旅游供应商为商务、会议的参加者在经商、参会的前后或过程中,把商务、会议与旅游结合起来,而组织安排的旅游活动和过程的总和。商务、会议旅游使旅游业向着更深更广的非观光旅游的领域方向发展。21 世纪世界旅游业新的特点和发展趋势之一,是商务、会议将成为团体旅游的最大客源。以上海为例,1999 年上海接待的入境旅游者中,商务、会议游客的比例高达 53%,国内旅游者中商务、会议游客的比例也达到 31%。

商务旅游者大多数是高层白领,文化水平高,收入水平高,消费能力强,旅行经验丰富,出游频率高,平均每人每年出差 6 次,平均每次在外停留 4 天。据美国 Runzheimer 国际公司调查显示,美国的公司近两年每年要消耗 140 万美元用于商务旅游,比 1996 年的 88 万美元增加了 75%,美国的公司用于商务旅游平均每人每年的费用是 9300 美元。

调查还显示，美国国内商务旅游3日的平均花费是1037美元，国际旅游的费用是3452美元。商务活动离不开谈判、签约、宴请、展示，这也给旅游目的地带来市场机遇。

会议旅游也是一个大市场。专家估计，会议旅游者的消费水平为一般观光休闲旅游者的2～3倍。全世界国际会议收入每年将以8%～10%左右的速度增长。据国际大会和会议协会的统计，全世界每年举办的参加国超过4个、与会外宾人数超过50人的各种国际会议有40万个以上，其市场价值超过2800亿美元。

加强商务、会议旅游商品市场的开发，是旅游业大发展的一个重要商机，如新加坡已成为亚洲乃至世界一流的商务、会议城市。

（九）旅游节庆、会展商品市场的开发

节庆与会展最能体现旅游目的地的形象和风貌，能吸引大批旅游者，从而扩大旅游市场接待规模，增加当地收入。如辽宁举办金秋国际旅游节，包括辽宁国际旅行商大会、辽宁旅游商品设计大赛、大连国际服装节、抚顺满族风情节等多项活动。又如，1999年生态环境游推出的北京香山红叶节、上海南汇桃花节，2000年神州世纪游推出的青岛啤酒节、大连国际服装节、上海国际电影节等，在海内外产生了巨大的影响，具有轰动效应。因此，应进一步加强旅游节庆、会展商品市场的开发，使节庆、会展旅游产业化。

（十）旅游休闲商品市场的开发

旅游休闲商品，包括度假型旅游商品、疗养保健型旅游商品和体育健身型旅游商品。

度假型旅游商品，是指为满足旅游者假期休闲、消遣需求而设计的旅游商品。表现形式有度假区、度假村和度假俱乐部。度假型旅游商品市场的开发，要有特殊的环境要求，如在气候适宜、空气新鲜、环境宁静、风景优美、远离喧嚣，具有自然野趣的海滨、湖畔、温泉和山林等自然环境良好的地方，形成海滨度假、湖滨度假、温泉度假和山林度假商品；旅游功能设施要齐全，游览、娱乐、住宿、餐饮等内容要应有尽有；还必须具备一定的体育、娱乐、健身、疗养设施，以满足人们的参与需求。

疗养保健型旅游商品，是指为旅游者的身体素质和健康得到不同程度的改善而开展、设计的旅游活动。如温泉、矿泉、森林、海水、泥沙、洞穴等,都可以开发为保健型旅游商品,关键在于挖掘具有保健价值的资源。例如,树木在生长过程中,会产生具有杀菌作用的有机物质,对人体恢复呼吸系统和神经系统功能非常有利,森林公园及其提供的森林浴商品,可成为一种疗养保健型的旅游商品。又如海水、海藻和泥沙对于治疗关节炎等疾病具有较好的疗效,据此,可建设海水疗养中心,提供保健旅游服务。洞穴内空气比较干净,细菌少,空气电离子很弱,匈牙利、捷克等一些国家利用洞穴环境建立洞穴医院,治疗呼吸道疾病。又如,新疆伊宁的火龙洞中散发含硫磺等微量元素的热气,有助于治疗皮肤病和高血压。深入研究自然界中这些有利于身体健康方面的资源,对于开发保健型旅游商品是具有指导意义的。

体育健身型旅游商品,是指旅游企业为旅游者以参加某项体育运动为主要目的而设计、开展的旅游活动,或是在旅游度假区内参加的某项体育旅游活动。如打高尔夫球、打网球、骑马等;也可以是以某项体育活动为主题的专项旅游,如滑雪旅游、骑自行车旅游、长跑活动等;还可以是学习某种体育技巧的旅游活动,如学习中国的太极拳及其他一些地方拳种。中国功夫享誉世界,对旅游者具有一定的诱惑力,可以组织专门的体育研修活动。例如,河北沧州孟村向旅游者推出传统武术和太极拳专修旅游,吸引我国港澳地区及日本、东南亚的武术爱好者参加这一专项旅游活动。

二、旅游商品市场开发的策略

(一)旅游商品定价策略

旅游商品价格是否适当,关系到商品在市场中的竞争地位。

旅游商品价格是由旅游商品所包含的社会必要量,即价值量的大小所决定的,此外还受成本、需求、供应、市场条件及环境等因素的影响和制约。

旅游商品价格多由资源所在国或地区确定,从而在价格上体现出一定的垄断性,旅游价格还受市场竞争,国家的币值、汇率,政府政策等因素的影响。

旅游商品定价是企业制定价格的指导思想，一般有以下几种定价策略。

1.新产品定价策略

这是指为新产品制定基本价格的策略。新产品定价，一般没有政府的限价措施，因此可以灵活地进行，企业可以考虑弥补开发成本或限制竞争等因素。如果新产品具有独占性、不可替代性、权威性，则可采取高价格的定价策略；否则，可采取市场渗透定价策略。

2.心理定价策略

这是只考虑购买者的心理、情绪反应而制定的策略。这种定价策略有：

(1)尾数定价策略。如客房定价为106.5元/天，表示价格是经过严格认真计算而确定的，客人便认为这个定价是认真的严肃的负责的。

(2)声望定价策略。是针对购买者"便宜不是货，是货不便宜"的心态，以及通过购买商品的品位以显示自己的身份、品位的心理价格策略。这种策略的定价一般都是偏高的。如北京王府井饭店的客房，最低为350美元/间天，该店的客人总是爆满的，住房率大都在100%以上。有时一个客房的客人刚一离店，便有新的客人住进，一天内就出租了两次。

(3)价格线定价策略。如房价定为98.8元/间天，客人便感到没有上一百，还算是便宜的。

3.促销定价策略

这是指企业考虑促销活动的需要，使价格与促销相互协调的策略。这种定价应视促销的需要灵活掌握，有时可采取领先的领袖价格策略，有时可根据专门事件灵活定价。

(二)旅游商品销售渠道策略

著名的市场学家科特勒认为，任何商品的销售渠道都不外乎以下四种范围：即零层次渠道(Zero level channel)、单层次渠道(One level channel)、双层次渠道(Two level channel)、多层次渠道(More level channel)。如果将上述销售渠道根据是否涉及中间环节来划分，则可以归纳为两大类：直接销售渠道和间接销售渠道。

1. 直接销售渠道

直接销售渠道，是指旅游商品生产者或供给者直接向旅游者出售商品的渠道，即零层次渠道。

其渠道模式和销售方式可表示如下：

表 13-1 旅游商品直接销售渠道

直接销售渠道模式	销售方式
(1)旅游商品生产者→旅游消费者(在生产现场)	旅游消费者上门购买。旅游商品生产者扮演零售商角色。
(2)旅游商品生产者→旅游消费者(在客源地或在消费者家中)	旅游消费者通过各种直接预订方式购买。
(3)旅游商品生产者→自设销售网点→旅游消费者(在销售点现场)	旅游商品生产者在市场区域拥有自设的零售系统。

2. 间接销售渠道

间接销售渠道，是指旅游商品生产者或供给者借助中间商将其商品转移到消费者手中的销售渠道。

其渠道模式和销售方式可表示如下：

表 13-2 旅游商品间接销售渠道

间接销售渠道模式	销售方式
(1)旅游商品生产者→旅游零售商→旅游消费者(在旅游零售商经营现场)	亦称单层次或一层次销售渠道。旅游商品生产者向旅游零售商支付佣金。
(2)旅游商品生产者→旅游批发商→旅游零售商→旅游消费者(在旅游零售商经营现场)	亦称双层次或两层次销售渠道。旅游商品生产者只同旅游批发商有直接业务关系。
(3)旅游商品生产者→本国旅游批发商→外国旅游批发商→旅游零售商→旅游消费者(在旅游零售商经营现场)	亦称三层次或多层次销售渠道。旅游商品生产者只同本国旅游批发商有直接业务联系，也有同时与外国旅游批发商有直接业务联系。

3.影响选择销售渠道模式的因素

影响企业选择销售渠道模式的因素很多,可归纳如下三种:

(1)旅游商品因素。指旅游商品的性质、种类和旅游商品的档次,是影响销售渠道选择的重要因素。实践表明,旅游景点、娱乐企业、餐馆、铁路公司、汽车客运公司、出租汽车公司和汽车租赁行等旅游企业,几乎无一例外地都以直接销售作为销售渠道。而旅游批发商、海上游船旅游公司、包机旅游公司和国际航空公司,则以间接销售为其销售渠道。高档次商品价格昂贵,市场较小,消费者多为回头客,因此多使用直接预定销售渠道,而在采用间接销售时,则尽可能选择短的销售渠道。

(2)市场因素。影响旅游商品销售渠道的市场因素包括消费者市场的规模、消费者市场与旅游商品生产者之间的空间距离,以及消费者市场的集中程度。市场规模越大,销售网点越多,就越有必要开辟间接销售渠道,借助中间商去组织客源和扩大销售。只要有经济效益,渠道再长也是可取的;反之,如果目标市场规模较小,如高档市场,则比较适合采用直接销售。客源地距旅游商品生产地较远,如国际客源市场,则有必要采用间接销售渠道。

(3)企业自身因素。主要指企业的经营规模和接待能力对渠道选择的影响。如规模大可间接销售,如销售能力强可直接销售,多设直接销售网点。

(三)旅游商品促销宣传策略

促销，是指旅游目的地或旅游企业在促销信息源、信息发送方式和发送渠道、信息接受者的类型、财务预算、促销组合、衡量促销效果以及管理和协调整个促销过程等方面决策的总和。通过促销可以促进旅游商品的销售，扩大业务。

促销宣传是与消费者进行信息沟通的行为与过程，也就是通过各种媒介向顾客提供信息，激发他们的兴趣和购买欲望。

促销宣传组合，是指商品购买者在产生购买行为之前所开展的促销活动。即产生购买行为之前，开展发布广告、营业推广、传递信息，通过公共关系手段树立形象，派遣推销员说服购买者等项活动。广告、人员推销、营业推广和公共关系等各种因素的综合运用，就构成了旅游商品促销宣传组合。

拉的策略，是指企业利用广告、公共关系、营业推广等方法，激发旅游者欲望，树立企业声誉以销售商品的策略。通常采用广告、宣传品销售法，宣传介绍旅游景点、旅游项目、旅游价格等；还可邀请部分有影响力或有号召力的旅游消费者前来观赏旅游，留下良好印象，以此来扩大声誉；新开辟的旅游点可通过销售代理和试销扩大宣传力度，加深旅游者对旅游商品的了解，以促进销售。

推的策略，是指企业派出推销人员到目标市场，向旅游消费者进行直接宣传、诱导旅游消费的促销方式。推销人员主动上门热情宣传，解答疑问，提供购票、订票、送票、退票等服务，广泛征求游客意见、建议，提高服务水平与质量，赢得旅游者的信任和好感，以此来建立稳定的顾客网络。此外，还可在不同区域建立企业销售网点。

（四）旅游商品生命周期策略

商品生命周期，是指商品从正式投放市场开始，直到最后被市场淘汰、退出市场为止的全部过程。一般包括四个阶段，即投入期、成长期、成熟期和衰退期。处于不同生命周期阶段的旅游商品有着不同的特征，企业必须进行正确的判断和预测，采取有针对性的策略，并随时间的推移和市场形势的发展不断调整。

商品投入期的策略，应尽量缩短投入期，以求迅速进入和占领市场。旅游企业应根据试销的情况，改进商品，尽快使商品定型。同时，要注重质量，保证全面发展的需要。由于旅游商品刚进入市场，还未被广大旅游者了解和熟悉，需要大量的广告宣传促销手段，宣传商品的特点，打开销路，占领市场。

商品成长期的策略，要及时抓住市场机会，扩大接待能力，提高商品质量，增加商品品种，提供系列服务，明确目标市场，扩大市场占有率，挖掘潜在市场，探索重点目标市场。

商品成熟期的策略，应保护原有市场，并开拓新市场，还要以商品和价格的差异化吸引顾客，以延长旅游商品的成熟期。

商品衰退期的策略，适当保留仍有利润的项目，一旦销售量和利润下降到最低限度，则应进行商品的更新换代。

第三节 旅游商品市场组合与创新

一、旅游商品市场组合的概念、意义和原则

(一)旅游商品市场组合的概念

旅游商品市场组合,是指旅游市场商品供应者为了进行旅游商品的有效开发,将各种相关的旅游商品,通过精心的组合和设计,使之成为一个整体的旅游商品的活动和过程。旅游商品市场组合要根据市场的不同需求,将行、住、食、游、购、娱等要素,组合成不同形式、不同档次的旅游商品整体,包括交通旅游商品、景观旅游商品、饭店旅游商品、旅行社旅游商品、设施旅游商品、服务旅游商品、民俗旅游商品等在内的各项旅游商品的整体组合。组合后任何一项旅游商品一般都不能离开整体的功能而单独销售,因为旅游者购买的是集各种旅游商品功能于一体的整体,不会只购买饭店旅游商品而不购买景观游览旅游商品,也不会只购买景观游览旅游商品而不购买旅行社旅游商品,也不会只购买服务旅游商品而不购买其他商品。

旅游商品市场组合,应最有效地利用资源,最大限度地满足市场的需求,最有利于市场竞争,组合成各种各样的综合性的旅游商品整体,使旅游者潜在的需求变成现实的消费。如北京推出的香山“红叶节”、“大观园红楼庙会”、“大观园中秋之夜”和石景山的“九九重阳登山节”等,都是具有地方特色的旅游商品组合;辽宁省推出的“冬季冰雪”,“国际雪雕比赛”是集经贸、旅游、文化、体育、艺术于一体的综合性节庆旅游商品组合;福建的“国际东山运动表演活动”、山东的“啤酒节”等都是根据各自条件、资源、气候、人文特点进行的旅游商品组合。各种旅游商品组合,都是精心设计,集旅游六大要素需求于一体的旅游组合商品。

(二)旅游商品市场组合的意义

旅游商品市场组合是旅游商品市场有效开发的先导。成功的组合,

可以突出旅游主体项目商品的特色，提升主体项目商品的品位，对游客产生强大的吸引力。旅游商品市场组合具有重大的意义。

1. 延长旅游停留时间

旅游商品组合是旅游资源的一种展示。内容越多，组合得越好，展示得越全面，旅游者停留的时间就越长。美国尼亚加拉大瀑布的开发，设计了许多有吸引力的旅游项目，使旅游者从不同的角度、以不同的方式欣赏尼亚加拉大瀑布的魅力。如瀑布观景，登上瞭望塔鸟瞰瀑布全景，在塔的旋转餐厅用餐；乘坐横跨深谷的空中缆车，从远处眺望瀑布全景；乘坐直升飞机盘旋于瀑布上空；通过地下道下到瀑布两侧的观景平台；乘坐游艇驶入瀑布内部游览等，于是旅游者停留时间得到了有效的延长。

2. 有助于旅游资源的深度开发

旅游资源的深度开发，是指旅游企业在旅游商品组合过程中，对同种旅游资源加工成多种形式的旅游活动项目，给旅游者以更多的选择，使旅游资源吸引不同层次、不同类型的旅游者，从而提高旅游资源的使用效果和效益的组合设计。

3. 丰富旅游商品数量

旅游者购买的是组合旅游商品。例如，数百个旅游吸引物可以和几十家饭店和旅行社组合，构成无数个旅游商品供旅游者选择。而已有的组合商品又可“拆零”、“组装”，将游览内容巧妙搭配，生成新的旅游商品。

4. 创造旅游需求

旅游商品组合可以创造出合乎旅游者需要的新的旅游商品，不仅满足了旅游者需求，而且创造了新的需求。

5. 提高竞争能力

精心组合、策划的旅游商品，展现了新、奇、特的优势，为争夺更多的客源和市场份额有力地提高了竞争能力。

6. 改善旅游商品结构

旅游商品组合有力地改善了旅游商品的开发和建设，使旅游商品的结构迈向新的深度和广度。

(三)旅游商品市场组合的原则

1. 独创性原则

独创性，是旅游商品具有吸引力和竞争力的关键。尤其是在旅游资源差别不大，没有垄断性旅游资源的情况下，旅游商品的设计和组合更要求巧妙构思，大胆创意。我国宗教旅游景点在开发建设中，多注重恢复或重建庙宇，流于一般化，而无锡灵山重建唐宋名刹祥符禅寺时，兴建了 88 米高露天青铜释迦牟尼立像，既是我国最大的立佛，又为五方五佛中的东方大佛。此外，大佛脚下还设计了四个第一：神州第一鼎、江南第一钟、天下第一掌、华夏第一壁。在同类景点中树立了独特的形象。

2. 市场导向原则

旅游商品开发必须依据市场需求变化，开发适销对路的旅游商品。世界旅游组织预测 21 世纪支配市场的旅游商品包括自然与生态旅游、游轮、水上运动、地球极点旅游、沙漠和热带雨林旅游等项目。

3. 个性化原则

旅游者千差万别，应针对游客不同的生活地域、年龄、性别、职业、社会阶层、需求心理、爱好、民族等设计和组合不同的旅游项目，才能满足游客个性化的需求。

4. 参与性原则

当代旅游者在游览观光中，追求参与性、娱乐性和享受性。因此，旅游经营者应开发参与性的旅游活动项目，才能满足旅游者的需求。如新西兰的昆士敦，以早年淘金遗迹为旅游者安排了淘金的参与性项目，昔日的遗迹成为旅游者的游览对象。又如近年流行的彩弹射击项目，以模拟实战为特点，使游客身临其境，提高了兴致。

5. 延伸性原则

这是指所策划的旅游商品能在时空方面得以延伸的原则。例如，1998 年上海旅游节期间，上海卢湾区推出的“玫瑰婚典”，第一次就有几百人参加，随后参加这一富有文化内涵和浪漫情调婚礼的人数不断增加，如今上海、南京、无锡、苏州、宁波、杭州、绍兴七个城市连手开发了这一喜庆旅游项目。

6. 季节性原则

旅游商品组合要充分把握人们出游的季节规律，在不同的季节及时推出相应的旅游商品。

二、旅游商品市场组合创新

（一）旅游商品市场组合创新的概念

旅游商品市场组合创新，是指创造一种有特色、有新意、有内涵的旅游商品，使旅游者获得轻松愉快的新鲜感觉和经历，从而拓展旅游企业的生存和发展的空间。

（二）旅游商品市场组合创新的原则

1.敢于创新

就是要有“没有市场，就创造一个市场”，要有领导潮流、倡导时尚的勇气和精神，要概念创新、理念创新、时尚创新、趋势创新、风格创新、感觉创新、形象创新和效益创新。美国迪斯尼乐园的成功，首先就在于沃尔特将制作卡通片的一些手法和想像力，创造性地移植到一个真实的世界中，开了主题公园现代旅游娱乐场所的先河。

2.旅游商品本身的创新

要改变人们对旅游组织和旅游商品的态度，最容易的办法往往是改变旅游组织和旅游商品本身。有时，即使是旅游组织和旅游商品十分微小的改变，也往往比所有其他广告和宣传的努力有效十倍。如美国布兰尼夫国际航空公司机群的五颜六色，改变了公司黯淡的、保守的、与其他航空公司雷同的形象，从而改善了人们对布兰尼夫公司的态度。美国迪斯尼乐园如果没有冒险乐园、开拓乐园、童话乐园和未来乐园的创新，主题公园也许就不可能风靡全球。

3.技巧和手段的创新

如果商品本身没有真正的改变，手段和技巧的创新就起着决定性的作用。美国的阿维斯公司提供了这种策略的典型案例，“我们是第二流的，但我们正在加倍努力”，这是阿维斯公司策划的中心纲领。通过承认和大肆渲染该公司的二流地位，消费者开始感到阿维斯公司不同了。通过“我们正在加倍努力”的信息向人们承诺：将更加尽力为消费者提供良好的服务。这样，尽管阿维斯公司所提供的服务在内容上并无显著改变，但是人们对该公司的态度却大大改变了。

三、旅游商品市场组合过程

（一）市场潜在需求调查

1. 旅游者调查

即调查地区经济发展水平与人口特征，调查收入、闲暇、时间、旅游者数量、消费构成、潜在的旅游者数量（旅游者国籍、年龄、性别、职业、入境方式以及地区分布、民族特征等），调查旅游者消费水平及构成（吃、住、行、游、购、娱等），调查旅游者对旅游商品质量、价格、服务等方面的要求和意见等。

2. 旅游动机调查

旅游动机，是激励旅游者产生旅游行为的内在原因。根据美国学者罗伯特·麦金托什的研究表明：身体健康动机，包括休息、运动、游戏、治疗等消除紧张与不安的欲求；文化动机，包括了解和欣赏异地文化、艺术、风俗、语言、宗教等求知欲望；交际动机，包括探亲访友，结识朋友，摆脱日常工作、家庭事务等厌倦熟悉的东西，逃避现实和免除压力的欲望；地位与声望的动机，包括考察、交流、会议、兴趣、自尊、成就贡献的需要。

3. 旅游行为调查

旅游行为，是旅游者旅游动机转化为实施行为的表现。旅游行为调查，就是调查客源地旅游者何时旅游、何处旅游、由谁决策旅游以及怎么旅游，旅游形式是观光旅游还是度假休闲旅游，是专项旅游还是会议旅游等。

（二）市场环境调查

1. 政治环境调查

了解国内外政治形势以及有关国家对旅游市场管理的方针政策。

2. 法律环境调查

了解我国及客源国或地区的有关法律和法规条例。包括环境保护法、旅游法、保险法、与外国合资经营条例、办理出入境手续方面的规定及地区旅游管理条例等。

3.经济环境调查

了解客源国或地区的经济特征、经济发展水平、世界旅游经济发展趋势等。

4.科技环境调查

了解我国和世界范围内新科技的发展水平与发展趋势等。

5.社会文化环境调查

调查旅游目的地和客源地的价值观念、受教育程度与文化水平、职业构成民族分布、宗教信仰与风俗、社会审美观念与文化禁忌等。

6.地理环境调查

调查商品开发地的地理区位、地质历史、自然景观、气候、季节、物产等。

(三)旅游商品市场组合程序

1.构思的收集

旅游商品市场组合需要有多种创造性的构思。构思可来自旅游者、中间商、企业营销人员及其他人员、市场竞争对手、科技工作者、行业顾问、管理顾问、广告公司等。

前四类是最主要的构思来源。旅游者需求和欲望是构思的起点,旅游者对本企业和商品的意见及建议,应成为旅游经营者高度重视的商品组合构思来源;本企业员工最了解顾客的需要;中间商掌握着顾客需求,信息灵通;竞争对手往往能给企业很好的提示。这些都成为旅游商品组合构思的来源。

旅游企业能否搜集到丰富的新构思,关键在于旅游企业是否有鼓励以上人员及组织提出各种构思的奖励办法,以及企业内外部沟通的有效程度。没有大量新颖的旅游商品市场组合新构思,要想开发一种具有吸引力的旅游商品是不可能的。

2.构思的筛选

(1)判断。判断旅游商品市场组合的多种构思是否符合企业的发展规划、利润目标和商品组合目标。

(2)分析。分析按构思开发的新产品能否满足市场需要,分析企业能否有足够的资金按某种构思开发某项新产品。

(3)筛选。就是剔除不当的构思,保留少量构思。一般由企业营销人员、高层管理人员及专家筛选。通常利用组合构思评价表,就销售前景、竞争能力、开发能力、资源保证、生产能力等方面进行加权计算,评出等级,然后进行评价,选出最佳构思。

3. 商品概念的确定

构思筛选后,还只是经营者本身希望提供给市场的一种商品设想,尚需转化形成为具体的商品概念。如某地筛选构思为开发水上旅游,这个构思则需转化为水上泛舟、滑水、赛船、垂钓等几种商品概念,然后通过合适的消费者,了解对各个商品概念的购买意图,最后确定吸引力最大的商品概念。

4. 商业分析

商业分析,就是预测一种商品概念的销售量、成本、利润额及收益率,预测开发和投入的资金风险和机会成本,预测环境及竞争形势的变化对商品未来收入、成本、利润的影响,确定目标市场,预测市场规模,分析消费者购买行为。这项工作要比构思筛选工作更为复杂,要求的精确度更高。例如,建一座旅游饭店,确定商品概念后,则应分析各种等级饭店的市场需求、投资回收期、经营风险等。同样,开发旅游景点也必须进行商业分析。

5. 试销

试销,是把商品小批量地投放到小型市场范围内试验营销,以检验旅游者的反应。试销目的是使商品风险最小。例如,无锡近年开发的横渡太湖旅游新产品,第一次从无锡到杭州实地试航,要花 8 个小时,时间太长。后改经太湖,在浙江湖州上岸,乘汽车 2 个小时到达杭州。这样,湖上只需 5 个多小时。然后再邀请一批日本游客试航,在船上又增加了风味餐、饮酒赋诗等活动,这个旅游商品很受欢迎。试销可在几个细分市场上让新组合的商品与旅游者见面,以此判定重点目标市场。

案例分析一　　今夏教育概念游火爆申城

今夏的上海,骄阳似火,但酷热挡不住上海人出游的热情。国内旅游市场——包机、包船，热热闹闹；长线短线，琳琅满目；主题纷呈，令人心动。出境旅游市场——老线新开，新景面世；商品价格，大幅下降；高中低档，各取所需。从已亮相的“菜单”来看，今夏火爆的上海旅游市场呈现一个新的特点，教育概念游形成气候。

以往，清贫的教师和无消费能力的学生不被旅游界重视，被认为是“小打小闹”，许多大旅行社甚至不愿意做学生的春游、秋游。但近年这种情况在悄然变化，随着上海国民经济水平的持续上升，家庭可支配收入的大幅度提高，教育行业待遇的持续改善，上海人的消费取向更多地向教育倾斜，在消费领域甚至出现了相当成熟的“教育经济”。今年精明的上海旅行商终于大张旗鼓地向这个新的市场进军，适时开发出了教育概念游，这表明沪上旅行社更注重细分旅游市场。目前，深受欢迎的教育概念旅游商品主要有以下几类：

出国修学游。不少有实力的旅行社，联合大型跨国教育机构，推出境外英语夏令营，有为期半个月的，也有整个暑期的。学生到澳大利亚等以英语为通用语言的国家，到当地居民家中生活，对英语语境和英语文化全方位地“亲密接触”，当然也利用一些时间领略异国风情。在上海这个特别注重英语教育的国际大都市中，这种利学生、利教育、利商家的好产品，理所当然地引人注目。如上海国旅倾力推出的“上海优秀学生澳洲夏令营”就引起轰动，短期内销售一空，许多家长对不菲的价格欣然接受.表示值得投资。

教师休养游。随着上海对教育投入的增加，教师的待遇进一步改善，于是除传统的高校教师出外休养、游学外，近年来普教系统组织教师暑假休养也成为许多校长的案头大事，特别是小学五年级、初三、高三等担任当年毕业班重任的教师，采用学校拿一点、教师自己出一点的方式，外出休养已成时尚。以往，教师体质状况不佳一直是上海市委、市政府非常关注的大事，学校利用假期创造机会让教师休养，无疑是有益身心的良好途径。上海各旅行社紧紧抓住机会，针对教师知识型消费群的特点，精心设计不少人文含量高、风景质量佳的线路，如“名士之乡——鲁迅故里游”，就以亲历荟萃深邃的会稽文化而深受教师欢迎。

考生专线游。今年上海有中考考生17万多，高考考生9万多，经过严酷的竞争选拔，学子们的精力和体力都严重“透支”，许多上海人对孩子的身心健康比以往更为关心，希望孩子得到放松，而旅游无疑是最佳选择之一。针对这一细分市场，上海旅行社推出价廉物美，注重休闲，注重实在内容的线路，以真诚的服务抓住旅游者的心。如上海国旅推出的“海陆空港澳游”，以火车、飞机、游船相结合的方式，使原来4680元的通常价格降到3450元，上海青旅推出的青岛、威海、蓬莱“考生专机”，国旅观光旅行社推出的嵊泗海岛风情游，春秋国旅推出的普陀山轮船夏令游等，均以质优价廉，利于考生精神放松而热卖。

户外写作游。在以往应试教育的影响下，学生作文缺乏生活基础，“假、大、空”成为流弊，许多有识之士大声疾呼要让学生写真情实感，近年来上海教育界关于语文教学改革的大型研讨会就有多次，教育行政部门还推出语文教学改革行动纲领。在这样的背景下，上海旅行社注重开发旅游的多元化功能，为教育改革服务。今年，不少旅行社推出了颇有新意的户外写作游，如衡山国旅的“名师带你去旅游”，邀请上海著名语文特级教师黄玉峰、贾志敏与学生一起出游，采用边游边写的方式，写一段，评一段。途中还有多种与语言文学有关的联谊活动，许多有兴趣的家长纷纷与学生一同出行。

家庭亲子游。上海人生活节奏快，平时与子女沟通机会少，方式单一。对此情况，上海旅行社纷纷推出合适的家庭亲子游。如上海中旅组织赴港澳观《少林足球》，与周星驰、赵薇见面，让众多的孩子好不高兴，家长亦慷慨解囊。此外，大量的旅游商品以观赏上海周边真山真水为主，精心设计行程和活动，让一家人住得温馨，玩得尽兴，而费用不多，因此颇受好评。如上海旅游集散中心和各旅行社纷纷推出的上海三甲港度假区、苏州、周庄、朱家角江南风精短线游，注重旧线新开，增加有利于家庭交流的活动，报名者非常踊跃。

特别值得一提的是上海国旅观光旅行社，他们运用其分布相当广泛的“异地联网散客销售系统”，推出华东教育概念旅游地接待服务，组织为数不少的各地师生来沪参观复旦等名牌大学和专业博物馆，参观校景、标本室、实验室，还免费过“戴学士帽”的照相瘾。

此外，各地景点也纷纷抢滩上海，推出如“登东岳泰山，做世纪少年"学生夏令营、"上山下乡品文化"和千岛湖"夏之梦"等商品,更是给大热的申城教育概念游再添一把火!

(《中国旅游报》2001 年 7 月 9 日)

(注:原稿中的"产品",本书改为"商品",并稍作修改。)

案例思考

你对本案例有何体会和评价?你对自己所熟悉的地方是否有新商品开发的设想?

案例分析二　　旅游线路需要何种粘合剂

距杭州市区 30 余公里的余杭区有个新辟不久的旅游景区"双溪漂流"。这里是个玩水的好去处,游客可乘坐竹筏在溪水中漂流 3200 多米,且水流湍急,极为惬意。距双溪漂流 5 公里处有径山寺,这里是佛教临济宗的发祥地。出径山寺向西有一山间小路,步行不足千米,即可抵达另一迷人景区白水涧,白水涧以山中峡谷之景取悦于人,有"江南小九寨"之称。

这三处景点,本来是"一日游"的黄金组合,游客可游山,可玩水,还可到古刹观佛,领略中国宗教文化。三个景点方圆不出 10 公里,旅短游长,动静结合,尽显旅游优势,适合游客求异求变心态。

然而,极少有游客享受这"一日三景"的乐趣,行政区域的分隔和旅游线路的求同组合,使这三个景区分成了三块,虽然近在咫尺,却无缘共享。

先说径山寺与白水涧,两景区直线距离不过 1 公里,然而,前者属余杭区,后者属临安市,虽然两区、市均隶属于杭州市,却是独立的行政区域,其间以径山为"县界",有一山间小路相连。前两年白水涧景区开发商想将那条山间小路拓宽为景区间公路,因涉及两个行政区域,筑路又是交通部门的事,至今毫无下文。游客在白水涧可以听到径山寺的晨钟暮鼓,如果有公路,两分钟即可驱车到达,如此便捷的"下一站"一定会去看一看。然而，如今的态势，却须弃车步行或驱车绕 30 多公里才能到达，如此车行劳顿，非特殊爱好是不会前往的。

再说双溪竹筏漂流与径山寺宗教文化游，两景区虽均隶属余杭区，相距也不过 5 公里，车行 10 多分钟即可到达，甚至双溪中的天目溪的上游便是径山湖。然而，旅游部门的旅游线路组合往往以“主题”为内涵，如“宗教文化游”、“休闲度假游”、“海岛观光游”等，径山寺归入了“宗教文化游”，双溪漂流则归入了“休闲度假游”。境内外游客在选择旅游线路时，往往受这些线路的限制，只能跟着旅游团队走，尽管径山寺和双溪只有 10 分钟车路，但旅游团队如果没有将双溪列入下一站计划，对旅游景区相对陌生的游客是不可能到双溪漂流的，即使知道附近的双溪可以竹筏漂流，也不可能离团去“自由活动”。

类似的情况在浙江其他地方也普遍存在。比如浙东“唐诗之路游”，李白、杜甫、白居易、孟浩然、刘禹锡、贾岛、杜牧等 400 余位唐代诗人，在这里留下了数千首山水诗。旅游界专家多年来一直呼吁开辟“唐诗之路游”，认为这一主题旅游线路的开辟，是文化和旅游、抒今和怀古的黄金组合，可以增加旅游的文化内涵。然而，由于“唐诗之路游”景观涉及新昌、上虞、绍兴、诸暨、天台、临海、萧山等 10 多个县市，到目前为止，只有新昌县打出了“唐诗之路游”的牌子，其他各县市均不愿做配角。

旅游线路的“行政区域化”或“单一主题化”与旅游规律是相悖的，也限制了游客对旅游景区的自主选择，带来的直接后果是制约了旅游经济的发展。有关专家在接受记者采访时表示，旅游线路的组合应合乎就近、求异、便捷的规律，在“旅游无国界”的今天，旅游线路的组合不应再受行政区域的限制，而应以游客的心理需求为组合原则。专家们认为，在优化旅游线路，寻求合理组合方面，除了旅游主管部门的科学引导外，旅行社根据游客需求随时开辟组合性线路已成当务之急。

（《中国旅游报》2001 年 7 月 6 日）

案例思考

你认为本案例中的三处景点需要何种粘合剂?

案例分析三 世界之窗的创新机制

6月18日，是世界之窗景区开业7周年纪念日。公司大手笔、大策划、大投入，以继续推出一批旅游新项目、新景观这一特殊方式，也是最有意义的方式，纪念景区开业7周年。公司在7月将陆续推出建筑面积3000平方米，可供1500人观看演出或同时就餐，兼具餐厅、室内剧场、啤酒大厅多种功能的凯撒宫，引进世界最先进的高科技环绕数码特种电影技术的富士山环绕数码电影。今年国庆节，斥资8000余万元，国内首屈一指，以科技含量高、功能齐全、设施先进著称，可开式全景舞台——环球舞台，将投入使用。同时，大型音乐舞蹈史诗《创世纪》将在全新舞台上与观众登台亮相。2002年春节，世界之窗大洋洲潜水艇水下探险项目将迎接四方游客。

世界之窗公司企业的生命力在于创新，使景区常看常新，这样，才能招徕大批回头客和新客源，扩大市场份额。自1994开业以来，景区就不断进行创新。近年来，更以创建世界一流景区为目标，形成了全方位创新机制。在参与项目方面，有惊险刺激和科技含量高的亚马逊丛林穿梭、阿尔卑斯山滑雪场、科罗拉多峡谷漂流探险、金字塔幻想馆等；在表演艺术方面，有大型音乐舞蹈史诗《创世纪》、《拥抱未来》等；在景区功能改造方面，有环球舞台、凯撒宫、富士山环绕数码影院等；在文化活动方面，有国际啤酒节、世界风情歌舞表演、艺术大巡游、日本文化周、埃及文化周、东南亚风情节等；在竞技活动方面，与有关部门联合主办了全球散打比赛、国际轮滑邀请赛等，并成功承办了中央电视台’98春节歌舞晚会、凤凰电视台“中国人今天说不”晚会等。到2001年底，景区的景点将由开业时的118个增加到130个，实现由静态观赏型向观赏娱乐综合型的转变。公司远景目标是在

2005 年香港迪斯尼开业之际，将世界之窗建成集观赏、娱乐、文化于一体的多功能、综合性旅游景区。

（《中国旅游报》2001 年 7 月 6 日）

案例分析

旅游新商品项目世界之窗的开发，成功之处何在？

思考题

1. 旅游商品市场开发的意义和发展趋势是什么？
2. 旅游商品市场开发的原则是什么？
3. 试阐述旅游商品市场开发的市场导向原则。
4. 试阐述旅游商品市场开发的类型。
5. 简述旅游商品市场开发的策略。
6. 简述旅游商品市场组合的和意义和原则。
7. 简述旅游商品组合的过程。
8. 从你所处的市、县或周边需要开发的旅游景点、饭店等商品项目，作出简略的开发策划或组合。

第十四章　旅游商品市场营销

学习目的

要求了解旅游商品市场营销的概念，掌握了解旅游商品市场营销观念及其演变和在旅游商品市场营销中的运用，掌握旅游商品市场营销战略。

主要内容

- 旅游商品市场营销的概念
- 旅游商品市场营销观念及其演变
- 市场营销观念在旅游商品市场营销中的运用
- 旅游商品市场营销战略

  旅游商品开发战略　旅游市场发展战略

  旅游市场营销组合战略

第一节　旅游商品市场营销观念

一、旅游商品市场营销的概念

著名市场学家菲利浦·科特勒认为“市场营销是个人和集体通过创造并同别人交换商品和价值以获得其所需所欲之物的一种社会过程”，市场学家路易斯·布恩认为“市场营销是发展和有效分配商品或劳务给目标市场的活动”。概括起来，市场营销就是指商品经营者把商品和劳务引导到消费者或用户，并由买卖双方围绕市场营运和交换而开展的各种相关活动的总和。

市场营销主要是买卖双方围绕市场运营和交换的过程。在这个过程中，若消费者需要并愿意支付货币购买商品和劳务，同时商品经营者又愿意提供商品和劳务与之交换，则市场营销得以实现。而在营销实现以前，消费者关心经营者所提供的商品和劳务是否能使他们获得价值和满足，然后才根据他们的需要和支付能力作出购买决策。而经营者关心的是他们的商品和劳务是否能销售出去，关心他们所处的环境变化，关心他们长期目标的实现，因此供需双方的关系一直是对立的。为此，商品经营者必须作出判断并采取措施，平衡供求矛盾。

二、旅游商品市场营销观念及其演变

旅游商品市场营销观念，是指旅游商品经营者在组织和谋划企业营销实践活动中的指导思想、思维方式，是企业营销活动的管理理念。市场营销观念的形成要经过一个复杂的演变过程，旅游商品市场营销观念及其演变，基本上类似物资商品市场营销观念及其演变。

（一）生产导向

生产导向，是指企业以生产为中心的经营指导思想，这种观念只从企业本身出发，不考虑消费者的需求，不太重视商品质量，更不注重商品品种和推销，是一种典型的“以产定销”的观念。

“以产定销”是一种指导资本主义企业活动的最古老的思想，它始于产业革命完成之时。当时市场上商品供不应求，不是商品找销路，而是顾客上门求商品，企业自然就采用生产导向的营销观念。从1870年至1920年，美国企业普遍奉行这一观念。后来，随着生产力的发展，商品供给逐渐增多，企业再坚持这种观念就无法生存。

（二）商品导向

商品导向，是指企业把绝大部分精力用于抓商品的质量、性能与特征，并只注意选择实力较强、信誉较高的零售商去解决商品销售问题，而不太重视商品品种、式样与功能等的创新，更不注重多渠道分销或销售促进工作的思想观念。

这也是一种古老的资本主义企业经营观念，几乎与生产导向同时出现、同时流行、同时消失。在20世纪30年代以前，不少资本主义企业奉行这一观念，其原因依然是当时商品供不应求。无数实践表明，在动态市场中，如果企业坚持商品导向，必然会迷恋着自己的高质量商品，商业企业迷恋着自己的“崇高商誉”，而看不见消费者的需求及其变化。与生产导向观念相似，商品导向观念同样是以生产为中心，以商品求利润。因此，随着商品供给逐渐增多，消费者需求日渐多样化，奉行商品导向观念的企业必然会走向失败，最终迫使企业放弃这种观念。

过去，我国一些企业只抓“拳头商品”的生产，一些商业企业只抓“拳头商品”的购进，而忽视消费者的需求变化，就属于这种观念。尽管企业得到了一时的盈利，但都未逃脱被市场浪潮所吞噬的厄运。

（三）推销导向

推销导向，是指企业以推销为中心的经营指导思想，即将主要精力用于抓推销工作，抓推销员管理、商品广告与销售渠道方面的工作。目的是引诱或促进顾客购买，使企业已有的商品得以销售。

这种观念流行于20世纪20年代至第二次世界大战结束，资本主义世界爆发了第一次经济大危机，商品供给量远远大于市场实际购买力，卖方之间激烈地争夺销路，公司不得已采取诱劝客户购买、强行（搭配等）推销、滥用广告等手段，以销售保生产、保利润、保生存。

这实质上还是生产导向观念，仍然属于“以产定销”的范畴。商品生产出来后，企业只讲推销艺术或强行推销不符合消费者需要的商品，引起了消费者的极大愤慨，致使许多企业于市场中自毁。

（四）消费者导向

消费者导向，西方学者称为市场营销观念，是以消费者需求为中心的经营指导思想。这一观念认为企业行为的决定权不在企业也不在政府，而在消费者手中，生产什么、销售什么首先要分析消费者需要什么。但是，企业并未考虑影响营销的社会、环境等因素，也未顾及消费者的长远利益。

第二次世界大战结束后，随着经济的发展，人们收入增加，需求不断更新，购买的选择性增强。同时由于科学技术的发展，商品不断推陈出新，市场生命周期日渐缩短，竞争空前激烈。市场上出现了对买方有利的局势，主导权转移到买方手中，逐渐由卖方市场转为买方市场。在这样的情况下，企业不能只注意商品的数量和质量，不能一味用降价吸引顾客，而是先要弄清楚顾客需要什么，在满足顾客需要的前提下去追求企业利益，企业才能保持真正的优势。菲利浦·科特勒在《营销管理》一书中指出：“实现企业或组织目标的关键在于正确确定目标市场的需要和愿望，并且比竞争对手更有效、更有利地提供目标市场所期望的东西。”为此，很多企业把管理重心转到经营上来，提出“顾客需要什么就生产什么，就销售什么”，“生产你能够销售出去的东西而不是出售你能生产的东西”等，从而在20世纪60年代以后消费者导向观念在西方各经济发达国家就被普遍采用了。

（五）生态学市场导向

生态学是研究生物与环境之间相互作用规律的学科。生态学市场导向把生物界的生态平衡关系引入企业的经营机制中，认为企业生存和发展的前提必须使自身的经营活动与其周围环境保持协调和平衡的市场经营指导思想。即企业把市场的需求与企业自身的资源、技术等条件结合起来，扬长避短，有选择地生产那些既能满足市场需要，又符合企业生产条件的商品和劳务，才能有利于企业的发展和竞争。

（六）社会市场营销导向

社会市场营销导向，是指企业强调消费者需求、企业利润和社会利益三者之间平衡的经营指导思想。社会市场营销导向观念是企业对生态学市场导向观念的补充和完善。

以上六种市场营销观念实际上可归纳为两类：一类是生产者导向观念，包括生产导向、商品导向和推销导向；另一类是消费者导向观念，包括消费者导向、生态学市场导向和社会市场营销导向。

（七）大市场营销导向

大市场营销导向，是指企业经营不仅要适应外部环境的需求，也要能改变或部分改变市场外部环境，使其有利于企业自身发展的经营指导思想。企业虽受到资源、市场、竞争等外部条件的制约，但企业又可以通过向外界传递信息、提供商品和劳务、进行公关等活动影响市场，改变外部环境。因此，是企业与外部环境的双向影响。

这种大市场营销导向的观念就是企业可以打破不可控的外部环境因素的限制，充分发挥政治力量和公共关系的作用，影响市场环境，如参加世贸组织，有效地处理企业与市场中的多方关系，树立企业的良好形象。大市场营销观念从理论上突破了“外部环境不可控制和改变”的理论。

三、市场营销观念是旅游企业商品营销活动的思想依据

现代市场营销观念不仅适用于工商企业，而且对旅游业也具有重要意义。旅游企业面临的是一个竞争十分激烈的市场环境，企业为了生存发展，获得一定的市场份额，就必须有正确的营销观念的指导，特别是规模愈大，营销功能愈为重要。因此，市场营销观念是旅游企业商品营销活动的思想依据。

第二节　旅游商品市场营销战略

战略原是军事术语，是指导战争全局或某一阶段的总方针和总任务。现引申于其他领域，如旅游市场营销战略，是指旅游企业在一定时期内，就旅游商品市场营销问题制定的带有全局性、指导性的规划和任务。其中主要有旅游商品开发战略、旅游市场发展战略和旅游市场营销组合战略。

一、旅游商品开发战略

旅游商品开发战略，是指旅游企业在一定时期内，就旅游商品发展问题制定的带有全局性、指导性的规划和任务。

（一）旅游新商品

旅游新商品，是指旅游商品进行创新或改革，并给旅客带来新的感受和价值的商品项目，否则，即使是新建的景观或新组成的旅游线路也不一定被视为旅游新商品。有的商品是不会经常出现的，如北京的长城、西安的兵马俑等旅游景观不可能随时产生。旅游新商品则是某一企业新开发的商品，如某饭店决定组织意大利食品节，因意大利国家足球队曾在此下榻过，使其带有纪念和宣传的性质。但更多的是指相对的旅游新商品，旅游新商品的相对性，可以是对某一特定的顾客群而言，也可以是对某一旅游企业而言。如中国人游长城、逛故宫已非旅游新商品，而对未曾游历中国的外国人而言，就是引人入胜的旅游新商品；又如对其他已组织过意大利食品节的饭店来说，则不属于旅游新商品。

旅游新商品的开发，不仅包括旅行社开发新的旅游线路，也涉及旅游饭店、景点、旅游交通商品的开发。

（二）旅游新商品开发战略

旅游新商品开发战略，是指旅游企业为适应市场需求的发展变化，开发带有全局性、指导性的旅游新商品的总体规划和任务。旅游企业只有不断开发适销对路的旅游新商品，才能满足市场不断变化的需求，才能在旅游市场竞争中立于不败之地。旅游商品本身也是一个动态的整体概念，随着科学技术的发展和企业实力的增强，旅游商品也应随着市场需求的变化不断发展、扩大，增添新的内容。

（三）旅游商品开发战略的模式

1. 第一代旅游商品

迄今为止，从我国旅游商品模式整体上看，第一代商品只是“初级商品”的模式，它主要靠接待规模的扩张增长其收入。而且基础差，又只能靠“硬开发”来扩张接待规模。严格地讲，这是一种对资源的破坏性利用和廉价出售的商品。第一代商品的主要特点是以自然和人文旅游资源为主，以观光式旅游为主，以热点城市为主。经过十多年的发展，已产生了一批国际知名度较高的热点城市和旅游线路，成为我国旅游创汇的基础，这是通过大量资金投入和自身优势的逐步发挥实现的。从商品市场生命周期看，我国第一代旅游商品已经进入成长期或成熟期。这就需要研究如何使其功能得到更大程度的发挥，如何延长其生命周期，尤其是延长其黄金时期的年限。目前，这是第一位的任务，也是一项长期的战略任务。为改变这一状况，进一步适应市场需求，开发第二代商品已成为必要。

2. 第二代旅游商品

第二代商品仍以自然和人文旅游资源为主，主要特点是改变游览线路。这种线路与第一代商品线路的不同之处，在于它不是机械连接或强行搭配，而是主题独特、主题集中的线路，是文化或历史内涵一致性的商品，经过细致的组合加工，具有较高的附加价值。在方式上则是参观性与参与性的结合，这是对资源的深化利用，“软开发”的特点逐渐显现。第二代商品的开发意味着旅游产业结构向合理化和高级化方向趋进，也是向效益型转化的主要内容之一。

3. 第三代旅游商品

中国旅游商品发展战略还需要设计第三代商品。第三代商品的特点，是以面为主，以对资源的全面利用为主，以参与式为主。也就是说，在前两代商品发展合理化的基础上，在产业结构高级化的过程中，集中考虑区域旅游的发展，考虑人文资源与自然资源结合的深层的一致性，考虑特种旅游与专题旅游的比重的增加，以符合国际旅游需求的大潮流。

我国的旅游业商品结构和商品模式比国际水平要落后若干年，需要尽快缩小差距，尽快培养较强的应变能力，甚至达到领导新潮流的水平。在这里，中国旅游商品发展战略和各个旅游企业微观的商品发展战略起着提纲挈领的重要作用。

二、旅游市场发展战略

（一）旅游市场定位战略

1．旅游市场定位战略的概念

市场定位战略，是指企业在市场细分化的基础上，选择目标市场的决策。旅游企业经过环境分析，发现了适合自身发展的市场机会和不利于自身发展的市场因素以后，就应具体研究进入什么样的市场，即选择目标市场，进行市场定位。

2．旅游市场定位战略的类型

（1）无差异性市场战略

无差异性市场战略，是指旅游企业将整体旅游市场看作一个大的目标市场，以一种商品、一种市场经营组合去满足所有消费者的需求的策略。例如，20世纪70年代末在我国一些旅游城市兴建的第一批合资饭店，饭店所有的房间都是一种没有差异的统一的标准间。该战略的优点在于规模大，一个标准，便于管理，能降低成本，在同类商品竞争中能赢得更大的市场占有率。但是，这种战略是以落后的生产导向作为企业的经营指导思想的。事实上消费者的需求是不可能完全统一的，所以这种战略是一种较为保守且竞争能力较低的战略。企业只以一种商品投入市场，是不可能为市场上所有消费者所接受的。

（2）差异性市场战略

差异性市场战略，是指旅游企业在市场细分的基础上，针对每一个细分市场的需求特点和环境形势，进行不同的市场经营组合，以差异性的商品分别满足差异性市场需求的策略。如饭店向客人提供从单人间、标准间、套房、豪华套房以至总统套房等不同规格、设施、价格的客房体系；旅行社向市场推出同一线路的三日游、五日游、七日游，适应假期长短不一、支付能力不同、兴趣各异的顾客群的需求，销售额必然增大。但实行差异性战略必然要增加商品的品种、型号和规格，必然要求相当规模的人、财、物等资源的投入，许多企业由于资源有限，是无法办到的。

（3）密集性市场战略

密集性市场战略，是指旅游企业把其全部资源力量集中投入在某一个或少数几个细分市场上，实行专业化的生产和经营的策略。无差异性市场战略和差异性市场战略都是以整体市场为目标，而密集性市场战略只是以某一个或少数几个市场为目标市场，在有限范围的目标市场上集中力量，力求拥有尽可能大的市场占有率。实施这一战略，可使旅游企业有限的资源发挥尽可能大的作用，也可避实就虚、扬长避短，充分发挥自己优势。适当时机，还有可能创造出意想不到的超额效益。因此，使许多新企业战胜了老企业，小企业战胜了大企业。例如，北京永安宾馆把目标市场定位于长住客市场，针对长住客的需求，把宾馆建设成公寓式宾馆，很好地满足了长住客的需求。在北京饭店业竞争极其激烈的八九十年代，永安宾馆的预订率高达110％，创造了良好的经济效益。然而，密集性市场战略风险较大，其目标市场单一窄小，一旦市场出现不利于企业的情况，企业有可能会立即陷入困境。

3．影响企业市场定位的因素

市场定位是在对内外环境进行周密、审慎、准确分析和预测，并考虑市场需求、自身实力、商品特点及竞争者诸多因素进行的。这些因素主要包括：

（1）企业的实力：包括企业的财力、生产能力、销售能力和管理能力。

（2）市场同质性：即各细分市场的相似程度。

（3）商品同质性：即消费者对商品特征感觉的相似程度。

（4）商品市场生命周期阶段：即商品市场生命周期所处的阶段。

（5）竞争状况：包括竞争者的数量、竞争者的市场定位策略及竞争的激烈程度。

这些因素对企业市场定位战略选择的影响如表 14-1 所示。

4. 旅游商品定位决策

目标市场确定后，还要给旅游商品作出具体的定位决策。首先要研究消费者对某种旅游商品的需求。包括对实物的需求，旅游者心理方面的需求。然后，确定该旅游商品在同类商品中的地位。最后，找出该旅游商品在顾客心目中的“理想点”位置。这样就可以为该旅游商品在市场上作出定位决策。

表 14-1　企业市场定位影响因素分析与决策表

影响因素 / 因素状况 / 战略决策	企业实力	市场同质性	商品同质性	商品市场生命周期	竞争者策略	竞争者数量
无差异性市场战略	强	高	高	投入期	——	少
差异性市场战略	强	低	低	成长期 成熟期	差异性市场战略	多
密集性市场战略	强	低	低	衰退期	——	多

（二）旅游市场定时战略

旅游市场定时战略，是指旅游企业为取得最佳目标市场，选择最佳时机所作出的决策。如选择什么时间才能让旅游商品顺利进入市场？在什么时候开发新商品才能最好地配合商品按计划时间上市？何时是扩大市场的最佳时机？何时必须退出市场？也就是说，要把握住最为有利的市场时间机会，在市场需求日趋强烈、竞争态势较弱、政策条件最为有利、销售额和利润水平日益增长的最好时机，最适时地把旅游商品送至顾客手中。时间的过早或过迟都会导致旅游供给者失去市场机会，使旅游供给者的经营手段与外界环境失去平衡，从而使旅游营销活动陷入被动失利的局面。

选择旅游商品进入市场的有利时间，取决于市场需求和旅游商品两个方面的因素。

新商品进入一个新市场若能填补市场空白时，宜早宜快，先入为主。

换代的新商品进入市场取代老商品，应在老商品处于销售旺季时（成熟期的早期或中期）导入换代商品。当老商品进入衰退期时，所换代的商品已经成长起来，从而便可延长企业整个商品的市场生命周期。

新商品的投入最好选在基础商品进入成熟期的时候，这时顾客最多，此时发展系列新商品，可以提高满足顾客需求的程度。若投入过早，原商品销售量不大，而商品规格、型号又增多，则使单位生产成本提高；若投入过晚，则不能适时满足顾客的需要，有可能因此失去部分用户而降低市场占有率。

仿制商品应在原商品进入成长期时跟进市场，加入竞争。这样既可利用竞争对手开拓市场的成果，又能使自己的商品有充分的发展余地。如果投入市场的时间太迟，需求已在相当大的程度上被竞争者的商品所满足，竞争者在市场占有方面霸势已成，很难再争一席之地或谋求较大的发展。

制定市场定时战略，除考虑市场需求总量及其变化发展趋势外，还要考虑需求的其他特点，如旅游淡旺季的区分、消费者的主要购买习惯等。旅游商品中有相当大的一部分受市场需求淡旺季的影响，因而更应加倍重视其进入市场的时机问题。

（三）旅游市场进入战略

旅游市场进入战略，就是旅游企业占领目标市场时，在生产和销售方面相应制定出可靠的措施，以保证旅游商品顺利地按时进入市场的决策。

1. 生产能力战略

这是指旅游供给者在有限时间内形成占有目标市场的能力的决策，有两种可供选择的战略：

（1）独立发展战略。独立发展战略，是指旅游企业依靠自己的内部资源（包括向银行贷款或发行债券等方式）扩大生产规模，或调整内部的综合生产能力结构，增强综合生产能力。采用独立发展战略形成的生产能力，容易控制，经济效益能得到保证。但时间通常较长，因而必须提前列入战略发展计划，以免贻误进占市场的大好时机。

（2）综合发展战略。综合发展战略，是指旅游企业主要依赖外部力量，即通过联合、协作、分包等方式形成新的生产能力。我国有相当多的一部分饭店采用了中外合资、合作的形式。其优点在于，有可能在较短的时间内形成新的较大的综合生产能力，抓住尽快占领市场的有利时机。其弱点在于，由于多方参与，在计划、实施、控制、协调等方面都增加了难度。因此，优选合作者，处理好各协作方的权、责、利关系，至关重要。

在进行生产能力形成决策时，应从市场需求的总量、发展趋势和紧迫程度，以及自身实力、财务状况、市场竞争态势、联合的可能性和效果预测、自身的短期与长远目标等因素，进行综合考虑，细致分析优选方案。

2. 销售能力战略

要想进入并占领市场，仅有充足的生产能力是不够的，还必须具备必要的销售能力，这包括组织机构、人员配备、销售渠道及销售方式等。

旅游商品可以由生产企业直接供给消费者，也可以通过中间流通环节。如饭店可以采取与旅行社、航空公司或国内外其他销售代理机构合作的方式，由他们为饭店推销客房，或由饭店直接销售客房。大多数旅游企业均采取独立直接销售与联合间接销售两种方式并举，以形成进入市场最强的销售能力。

（四）旅游市场渗透战略

旅游市场渗透战略，是指企业在现有市场上增加旅游商品销售额的策略。这是发展市场最直接可行的战略。具体做法有：采取刺激老用户增加对本商品的消费或提高回购率；刺激潜在顾客，增加新用户；从竞争者手中争取顾客等方法。

在采取市场渗透战略之前，必须进行可行性分析，确定现有市场的饱和程度和饱和极限，确定采取市场渗透战略所需追加的成本支出，预测实施该战略可能增加的收入及其与追加成本的比较。同时，应考虑因采取市场渗透战略而放弃另一部分市场的开发所丧失的机会成本。只有通过这一系列分析得出的结论都有利于实施市场渗透战略时，方能作出相应决策。也只有这样，才能保证市场渗透战略的实施符合旅游企业市场营销的总体战略目标。

（五）旅游市场开发战略

旅游市场开发战略，即旅游企业把旅游商品向新的市场面销售，以增加销售额。它既可以通过发展和改进现有旅游商品，使其具有某些新的性能和用途或更为廉价，来满足更多市场面的需求，也可以通过发展和改进推销、促销策略和手段，向更多的市场面拓展。

旅游企业的市场开发战略有两个主要目标：一是把顾客从其他高档消费品的消费行列争取到旅游商品的消费行列中来，二是把其他旅游商品的消费顾客尽可能多地吸引到本企业商品的消费群体中来。在激烈的市场竞争中，树立“新”、“好”、“快”、“廉”、“信”的竞争意识，灵活地运用价格和非价格的竞争手段，采取“人无我有、人有我优、人优我新、人新我廉、人廉我转”的商品策略，同时投入相当的人力、物力、财力，进行有效的广告、宣传、推销活动，都是成功地进行市场开发的方法。

（六）旅游市场多元经营战略

1. 旅游市场多元经营战略的概念和作用

旅游市场多元经营战略，即经营者不把成败、希望全部寄托在一种商品或一类商品上，而是采取多品种生产、多部类复合方式的经营战略。尽管这会增加组织生产与管理的复杂性和难度，但是可以分散经营风险，避免外界环境的突变而使某一商品衰退，从而便可使旅游企业在激烈的市场竞争中始终保持旺盛的势头和强大的应变能力。另外，还可以给旅游企业注入新生力量，发展新的技术专业，形成新的竞争优势。实施多元经营战略的成功实例是很多的，以日本为例，如丰田、东芝、松下、三菱等大公司无不是生产着几十大部类、上千种乃至上万种规格型号的多系列商品，它们甚至开办超级市场，经营银行业，实施生产、流通、金融一体化的复合经营方式。国内一些大企业也通过多元经营取得了成效，我国中旅集团，除了经营长、短旅游线路以外，还从事商贸、信贷、民航代理等，在商、贸、旅各个领域积极拓展，实效显著。

实施多元经营战略的核心是提高经营的稳定程度，减少经营风险。

经营稳定程度是由企业每种商品的平均销售额占全部商品销售额的比重来表示的。显然，在销售总额不变的情况下，企业生产的商品的品种越多，每个品种的平均销售额就越少，在销售总额中所占的比重就越小，所承受的经营风险就越小，企业总的经营稳定程度也就越高。

2. 旅游市场多元经营战略的形式

（1）旅游企业与贸易、工业、商业部门组成旅贸、旅工、旅商等联合体。在联合体内，旅游企业在平时可为这些企业提供信息、销售商品并调剂部分外汇供其引进先进技术和设备，促其发展。一旦发生突发性事件，这些企业便为旅游企业吸收一部分剩余员工，并在资金、技术力量等方面予以支持，以共度难关。这种方式可在双方自愿的基础上，通过签订协议的形式逐步实行。

（2）旅游企业直接从事贸易、工业、商业等生产经营活动。如旅游车船企业可以从事车船检测、维修保养、水运陆运等业务；旅行社可以经营商业、贸易等；旅游饭店可以经营食品加工、饮食服务、电器修理等；有条件的大型旅游企业可以开办中小型工厂，直接从事生产等。由于这些旅游业派生的副业形式与原企业营销有一定关联性，因而不需要大量人力、财力、物力的投入和技术，可操作性是很强的。多元经营的生产方式与新、老市场相结合后，可采用市场定位战略、市场进入战略、市场定时战略、市场渗透战略、市场开发战略等，深化和扩展市场。结果将有利于提高旅游企业的服务水平、技术水平和设施的利用率，有利于充分发挥人、财、物等方面资源的潜能，有利于突发事件发生后迅速实现以副补主、以副养主，卓有成效地增强旅游业的坚韧性和抗冲击能力。

实施多元经营战略，要围绕商品、市场、企业三要素综合平衡，量力而行，既要考虑已有的实力条件，又不要错过有希望的机会，选择最佳商品组合。同时多元经营要突出重点，不顾人力、物力一味追求商品项目，搞大而全、小而全，是没有前途的。经营者应对市场、生产和财务、投资进行可行性分析，切不可盲目上马。

三、旅游市场营销组合战略

（一）旅游市场营销组合战略的概念

旅游市场营销组合战略，是指旅游商品经营者针对不同的市场环境和内部条件，将商品、价格、销售渠道及促销进行最佳组合、配合、协同，求得旅游商品市场营销整体效果的最优化。

（二）旅游市场营销组合战略的内容——“4Ps”的组合

旅游市场营销组合战略，是指企业对产品、价格、渠道和促销四个可控制因素的组合方案，简称“4Ps”战略。

1. 产品（Product，按本书提法则指商品）

包括旅游商品设计、旅游商品计划、旅游商品发展等。

2. 价格（Price）

包括定价目标、方法、技巧、原则等。

3. 流通渠道（Place）

指旅游商品由生产者到达消费者所经过的途径、方式和方法。

4. 促销（Promotion）

指企业商品的信息传递给目标市场，促使顾客购买及扩大销售等。

由于上述四个因素的英文单词的第一个字母都是“P”，故被称为“4Ps”。旅游市场营销就是“4Ps”的组合和实施的动态发展过程，企业发展和经营的成败在很大程度上取决于“4Ps”的组合和运用。

（三）旅游市场营销组合战略的作用

1. 旅游市场营销组合是旅游企业市场营销的核心

企业市场战略的主要内容就是确定营销目标和如何实现目标，而营销目标的实现主要依靠市场经营各因素的成功组合及协调，这是企业市场营销的核心。

2. 旅游市场营销组合是旅游企业进行竞争的有力手段

在激烈的市场竞争中，企业只有通过科学的市场营销组合战略，才能做到扬长避短，避实就虚，使企业处于优势地位。传统的经营观念以价格竞争作为竞争的主要形式和内容，实践证明，单纯价格竞争的结果往往会造成两败俱伤的局面。如 20 世纪 80 年代末延续至今的旅行社行业竞相削价招徕顾客，外国旅游中间商利用我国各旅行社之间的削价竞争，以极低的价格购买旅游商品，然后高价出售，我国旅行社因此蒙受了巨大的损失。随着旅游企业行业管理的日趋健全和完善，旅游企业经营管理水平的日益提高和企业之间的竞争日趋激烈，市场营销组合中非价格竞争显得更为重要和更有成效，如商品质量的竞争、服务的竞争、包装的竞争、销售渠道的竞争和各种促销手段的竞争等。

3．旅游市场营销组合是协调企业各部门工作的纽带

企业制定和执行市场营销组合战略，可以使各部门在共同的目标下增强整体观念，按照战略本身的运作程序形成一个有机的工作系统，最终完成整体目标。在这一过程中，市场营销组合就成为联结和协调各个职能部门运作的看不见的纽带。

4．旅游市场营销组合有利于分配企业的销售费用

企业销售费用预算总额分配以后，在各个有关因素之间要进行科学、合理、有效的分配，使各部门的预算费用能充分利用，不致出现短缺，既满足需要，又不浪费。

案例分析一　　“肯氏”鸡飞进北京城

1986 年暑假，我们一行三人旅游来到北京城。一天，骄阳似火，几乎快将整个京城烤焦。在北海公园的树阴下，我们准备休息片刻。不一会，一位衣着典雅脱俗，看上去文静、清秀的小姐微笑着朝我们走来，“今天好热，女士们想喝点、吃点什么？”“谢谢！”我们中有两人同时回话。那小姐紧接着说：“我是北京商学院的学生，暑假里被美国肯德基炸鸡公司聘为临时职员，公司为了征求中国顾客对肯德基炸鸡的意见，在这公园设置了免费品尝点，还准备了一些免费饮料。”那小姐指着公园东南边的小餐厅，“各位能否帮助我的工作。谢谢！”

我们随着这位小姐走进了餐厅。餐厅内，大理石地面，奶白色的墙纸，粉红色的窗帘，两边墙上各有一排古铜色、方形的鸿运扇，正面墙上挂着巨大的迎客松图，二十多张大圆桌上铺着洁白的桌布，宽大明亮的窗户外是翠绿婆娑的修竹……这儿的一切使人感到仿佛身处

春天。

待我们盥洗完毕，一位衣冠楚楚的男士彬彬有礼地请我们就座，并在每个人面前摆放好以塑料袋盛装的白毛巾，随之送上苏打饼干和白开水，以消除口中异味，片刻又送上油亮嫩黄的鸡块。

稍事品尝后，一位女士开始发问："您觉得这鸡快做得老了还是嫩了？""鸡块外表是否酥软？""鸡块水分多了还是少了？""胡椒味重了还是轻了？""是否应加点辣椒？""味精用量如何？""还应加点什么佐料？""鸡块大小是否合适？""这块鸡卖 0．9 元是贵还是便宜？"……其项目十分详细，令人赞叹。"那么，您对餐厅设计有什么建议呢？"她边说边拿出一大本彩色画册，显示了各种风格、色调和座位布置的店堂设计。她一边翻着画册，一边比画着这个餐厅的设计、问我们一些问题，诸如：墙壁、窗户的色调和图案，座椅靠背的高低，座次排列的疏密，室内光线的明暗等。

为了使气氛更轻松愉快，她随便地聊起北京的天气和名胜古迹，尔后，谈话很自然地又引入她的发向："您认为快餐店设在北京哪儿最好？""像您这样经济状况的人每周可能光顾几次？""您是否愿意带家人一齐来？"……最后，她询问了我们的地址、职业、收入、婚姻和家庭状况等。

整个询问过程不到 20 分种，那位女士几乎收集到了我们能够给予的全部信息。临行前，引我们入座的那位男士又给我们每人送上一袋热腾腾的炸鸡，纸袋上"肯德基 Kendagy Co."的字样分外醒目。"带给您的家人品尝，谢谢您的帮助？"他轻声说道。

1987 年，我们听说美国肯德基炸鸡公司在北京前门开业，他们靠着鲜嫩香酥的炸鸡，纤尘不染的餐具，纯朴洁雅的美国乡村风格的店容，加上悦耳动听的钢琴曲，赢得了来往客人的声声赞许。这时我们才意识到当初肯德基公司设置品尝点的良苦用心及其价值。

（宋小敏等编著：《中国企业市场营销案例实例与评析》武汉工业大学出版社 1997 年第 2 版）

案例思考

1. 你对肯德基公司临时职员的调查接近方式、询问方式、询问内容赞成哪些？否定哪些？

2. 对美国肯德基公司巨大代价的市场调查，你认为是否值得？理由何在？

案例分析二　　中国盆景走向国际市场的营销策略

一、商品策略

在品种上要投其所好。目前西欧国家对中国盆景的需求量越来越大，但对盆景购买的品种亦有选择。对大型树桩喜欢具有岭南风格的盆景，崇尚自然，把大自然的古拙嶙峋的大树浓缩在盆钵之中；对中小型的树桩则追求枝繁叶茂、翠绿婆娑。规格、档次要齐全，大、中、小，高、中、低档，样样俱全，任君选择。再者，有的国家如美国、加拿大等还不允许带泥土入境，这需要解决植物盆景在短期内不带泥土的技术处理问题。

二、价格策略

物美价廉，可取悦于外商，进而拓展国际市场。前些年，日本及我国台湾地区的盆景出口几乎垄断了西欧的市场。近年来，由于日本及我国台湾地区的地价昂贵，劳务短缺，造成盆景价格急剧上升。在此情况下，我国大陆盆景资源丰富，价格低，形成了价格上的优势，无疑为盆景打入国际市场创造了有利条件。

三、销售渠道策略

据目前国际市场对盆景需求情况分析，欧美国家经济发达，消费水平高，平时喜欢用盆景馈赠亲朋，因此需求量大，市场广阔。由此，目标市场可以选择西欧国家及美国、加拿大等，销售渠道则以外国的销售商为对象，批量卖给销售商，然后由其分销，亦可通过我国港澳地区商人，由他们转口欧美。

四、促销策略

加强宣传，主要办法是搞好与外商的关系。在境外组织中国盆景展销活动，赠送图文并茂的小册子、图片、资料，用形象的实物介绍，加深外国人对中国传统盆景艺术的了解，促使其产生对中国盆景的浓厚兴趣与强烈的购买欲望。在国内，密切与外商的联系，邀请外商到盆景产地实地参观、考察、洽谈、订货。在商务活动中，尤其要注重信誉，保证质量，按时交货，依期发货，增强信誉，保持和发展双边贸易关系。

（宋小敏等编著：《中国企业市场营销案例实例与评析》，武汉工业大学出版社 1997 年第 2 版）

案例思考

1. 简述盆景进入国际市场的营销组合策略。

2. 简述出口商品按时交货的重要性。

3. 观察本地是否尚有能够进入国际市场的其他旅游工艺品，并设计其进入国际市场的营销策略。

思考题

1. 试阐述旅游商品市场营销观念的演变过程。

2. 试举例说明市场营销观念在旅游商品市场营销中的运用。

3. 试阐述旅游商品开发战略、旅游市场发展战略和旅游市场营销组合战略的内涵。

第十五章　旅游商品管理

学习目的

要求掌握旅游商品管理的意义，掌握旅游商品的质量管理、价格管理、计划管理、设施建设管理和安全管理等内容，掌握旅游商品管理的各项任务，了解旅游商品管理的标准化方法、经济方法、行政方法和法律方法。

主要内容

●旅游商品管理的意义

经济发展和社会分工的客观要求　旅游业发展外部环境的需要　现阶段我国旅游旅游业发展的需要

●旅游商品管理的任务

●旅游商品管理的内容

质量管理　价格管理　计划管理　设施建设管理　安全管理

●旅游商品管理的方法

标准化方法　经济方法　行政方法　法律方法

第一节 旅游商品管理的意义、任务和内容

一、旅游商品管理的意义

（一）旅游商品管理的含义

管理，是指管理主体为达到一定目的，有意识有组织地通过管理职能的实现，对管理对象进行指导、监督、协调而获得整体效益的活动。由于管理对象的不同，可以把经济领域的管理分为国民经济管理、部门经济管理和企业管理。旅游商品管理是一种部门管理，是旅游行政管理部门依据一定的法律、法规和质量标准等对旅游商品进行计划、指挥、组织、协调、监督等一系列活动的总和。旅游商品管理可分为宏观管理和微观管理两部分。宏观旅游商品管理一般是以国家或地区旅游活动全局作为其管理的内容，如旅游商品的价格、质量标准、规模等政策、法规的制定，以及旅游经济发展战略与规划的制定等。微观旅游商品管理是指对旅游企业经营活动进行的管理，如旅行社管理、旅游饭店管理、旅游度假区管理等。本章主要介绍宏观管理。

旅游商品管理的职能是计划、指挥、组织、监督和协调，旅游商品管理的目的是保障旅游商品经济效率的最大化。

（二）旅游商品管理的意义

1. 旅游商品管理是经济发展和社会分工的客观要求

旅游经济活动是一种极为复杂的活动，它涉及国民经济和社会的许多部分。一种旅游商品在经济活动过程中，由于受到社会分工、协作，特别是经济利益分配的影响，常使旅游商品发生“变形”甚至“变质”。为使旅游商品的运行遵循市场规律，就必须对其实行有效的控制。这正如马克思所说：“一切规模较大的直接社会劳动或共同劳动，都或多或少地需要指挥，以协调个人的活动，并执行生产总体的运动——不同于这一总体的独立器官的运动——所产生的各种一般职能。

一个单独的提琴手是自己指挥自己，一个乐队就需要一个乐队指挥。”

20世纪以来，旅游业的蓬勃发展，使旅游业崛起为世界第一大产业。旅游业的兴起以及它的综合性、关联性、国际性、开放性等特点，都要求旅游商品发展必须与国民经济和社会许多部门的发展相协调，既要解决旅游商品开发、规划与市场需求的矛盾，又要建立旅游商品市场运行的规范，做到有计划、有组织、有监督。

2. 旅游商品管理是旅游业发展外部环境的需要

在旅游经济活动中，各旅游企业向旅游者提供了不同的旅游商品，在旅游市场上处于不同的地位，起着不同的作用，形成有机的分工和协作关系，因此产生不同的利益分配，这种利益分配关系依靠旅游商品的经营者自身是无法解决的，这就需要旅游管理机构对其经营行为进行监督和调节，以规范旅游市场秩序，维护旅游业的健康有序发展。

3. 旅游商品管理是现阶段我国旅游业发展的需要

我国旅游业起步晚，旅游业管理体制不完善，旅游管理的现代化水平还不高。改革开放为我国旅游业注入了新的活力，旅游业取得飞速发展，但旅游业发展中的诸多矛盾也日益突出，特别是旅游商品生产与旅游市场需求还不能较好地衔接，为解决旅游业发展的障碍，必须加强对旅游商品的管理。为加快我国旅游业的发展，全国有许多省份都实施了政府主导型发展旅游业的发展模式，大力开发本地区的旅游商品，发展壮大旅游产业。

二、旅游商品管理的任务

社会主义市场经济的性质，决定了旅游商品管理的职能和性质，也决定了旅游商品管理的任务。旅游商品管理的任务，就是按照客观规律的要求，运用法律、经济、行政等手段，对旅游商品进行计划、组织、指挥、协调、监督，促进旅游商品的协调发展，保障旅游市场的有效供给，实现旅游商品的经济效益、社会效益与环境效益的统一。旅游商品管理的任务具体有以下四个方面：

（一）制定旅游商品的发展目标和发展战略

制定旅游商品的发展目标和发展战略，是旅游商品管理的首要任务，是企业经营管理的奋斗方向。发展战略是企业全局性方向性的决策，而制定发展目标，做出战略决策，必须以市场为导向，从当地实际出发，依据自身条件，有计划、有重点、有步骤地进行。譬如，若在缺乏旅游资源、商业经济不发达、交通又不便利的地区修建三星级以上的饭店，就脱离了市场需求，不会有发展前途。又如在缺乏旅游资源、可进入性差的地区，花费大量资金，开发旅游，建设景区，可以肯定，经济效益是不会好的。

（二）制定并实施旅游业发展计划

旅游企业有了发展目标和发展战略，还必须制定具体旅游发展计划，确定管理任务，建立组织机构，分工协作，行使管理职能，协调平衡各方面的关系，全面实施计划规定的任务。

旅游业是一个综合性行业，它涉及社会领域的许多部门，这就要求旅游企业制定严密的计划，以平衡各方面的关系。在计划实施过程中，还必须组织和调节各部门以及旅游部门内部的各种经济分工和协作关系。譬如，一个旅游区（点）的开发，涉及建筑、园林、林业、文化、宗教等部门的协作。又如一个旅游者到达旅游目的地，要乘坐飞机、火车、轮船、汽车等，涉及民航、铁路、水运、公路运输等部门，这些部门同样要搞好协作，假如某一个中间环节出现问题，就会影响旅游者的旅游计划。

（三）推行旅游质量标准化工作管理

质量是旅游商品的生命，而推行标准化管理，则是旅游企业提供高质量、高文化品位旅游商品的最重要的保证。我国国家旅游局颁布的《旅游饭店星级划分与评定》和《旅游区（点）质量等级的划分与评定》，都是围绕着质量标准化管理制定的，国家旅游局又于 2000 年 3 月 3 日专门颁布了《旅游标准化工作管理暂行办法》。可见，推行旅游质量标准化工作管理是旅游商品管理的重要任务，是旅游行业和旅游企业管理工作的重要组成部分。

加强旅游质量标准化工作管理，促进旅游标准化建设，是为了全面提高旅游服务工作的质量和管理水平。因为旅游标准化工作是旅游行业各项工作的技术基础，是提高旅游业整体效能、实现科学管理的重要手段。

旅游标准化工作的主要任务，就全国旅游行业的管理来说，是在旅游全行业范围内组织制定有关旅游国家标准化和行业标准，贯彻实施标准，并进行监督检查，推动旅游企业开展标准化工作，推动旅游行业标准化各项工作的制度化和规范化建设，提高旅游行业的安全保障能力、质量水平和管理水平。

就旅游企业的管理来说，是在本企业贯彻实施国家行业标准，开展标准化的工作，并进行本企业的制度化和规范化建设，全面提高企业各项工作的质量水平和管理水平。

（四）贯彻国家政策，加强企业自身的监督

国家政策是企业行为的准则，是企业持续、健康、有序发展的保障，旅游企业应把国家的各项政策落到实处，并作为企业自身有序管理和服务质量监督检查的依据，从而为企业自身营造一个良好的旅游市场环境。

三、旅游商品管理的内容

旅游商品管理主要包括质量管理、价格管理、计划管理、设施建设管理和安全管理五个方面。

（一）旅游商品的质量管理

旅游活动作为旅游者的精神文化消费，决定了旅游商品不同于一般商品的特殊性，旅游服务则成为主要的旅游商品。旅游服务商品的特点主要表现在管理、卫生、安全、舒适、方便、乐趣和环境等方面。旅游服务质量管理在旅游业中显得特别重要，通常以旅游服务活动的质量来综合反映整个旅游业的水平。

旅游服务质量，是指旅游服务满足旅游者旅游消费的满足程度和服务的技能水平，它包括满足旅游者的物质消费和精神消费两个方面。商品具有使用价值，即指其有用性。旅游服务是旅游经营部门为旅游者提供的一种使用价值，只不过这种使用价值是由有形形态和无形形态构成的，故被称为特殊的使用价值。马克思说：“服务这个名词，一般地说，不过是指这种劳动所提供的特殊使用价值，就像其他一切商品也提供自己的特殊使用价值一样；但是，这种劳动的特殊使用价值在这里取得了‘服务’这个特殊名称，是因为劳动不是作为物，而是作为活动提供服务……”因此，旅游业质量的含义包括两个方面：一是服务设备、设施的质量和已获得服务的质量（其中包括服务技巧和服务态度）；二是旅游服务活动的质量与旅游服务的有关部门的工作质量，只讲旅游部门的服务质量，不谈其他部门的服务质量，是十分片面的。

以上说明旅游服务活动是一个综合性的活动。旅游服务质量管理也应该是全面质量管理。首先，它是综合性的管理。包括满足物质消费和满足精神性消费两个方面，而这两个方面又分别由各自因素构成。其次，它贯串于旅游服务活动的全过程。如从准备服务（委托代办）开始，到提供食、住、行、游、购等，直至旅游结束的各个环节的服务；从旅游点、旅游设施的建筑设计开始，到信息反馈为止，都要有质量要求。再次，它是全员性的质量管理，即要依靠全体从业人员来实现，而不是仅仅依靠少数领导人员和管理干部，从领导到职工，人人有责。总之，件件工作都有质量要求，人人都有明确的质量职责。目前在旅游质量管理中还引入了标准化管理的理念，使我国旅游质量管理日趋规范化。

（二）旅游商品的价格管理

1. 旅游商品价格管理的意义

旅游商品价格制定得是否正确，旅游管理部门和物价管理部门是否有一套科学的价格管理体系，既关系到旅游业的发展，又关系到国家的旅游声誉。

2. 旅游商品价格的类型

（1）单项价格

旅游商品单项价格是指对旅游者所提供的各项服务的价格。主要包括：饮食价格、住宿价格、交通（飞机、船、车票）价格、参观游览点门票价格、旅游纪念品价格、导游服务价格以及其他服务项目价格。

（2）综合统包价格

综合统包价格包括：从旅游出发国（或地区）至旅游目的地来回的交通费，旅游目的地（或地区）向旅游者所提供的各项旅游服务的价格的总和，旅行社的经营成本的盈利。

（3）其他价格

按照价格的高低来分，通常有旅游旺季价格、旅游平季价格和旅游淡季价格。

3．旅游商品价格制定的主要依据

（1）价值是旅游商品价格制定的基础

价值是商品价格的基础，因为价值是凝结在商品中的无差别的社会必要劳动量，旅游业虽属于非物质生产部门的服务行业，一般不生产物质商品，主要是借助旅游资源和旅游设施并提供各种服务来满足旅游者的需要。但这种设施与加工组合的旅游资源和提供的服务，也都凝结着社会的必要劳动量，因此价值也是旅游商品价格制定的基础。高等级的旅游区（点）大都包含着更多的物化劳动，因此价格高一些。高星级饭店旅游设施数量多、质量高，体现着更多的价值，价格自然要高。旅游服务人员为游客提供的导游服务、乘车服务、客房服务、餐厅服务等，体现着旅游服务人员的业务素质，体现着更多和更复杂的活劳动，因此高质量的旅游服务应该有更高的收费或更高的价格。

（2）旅游价格受市场供求变化的影响

旅游商品与其他商品一样，在市场销售过程中受到价值规律的调节。在价值规律的调节作用下，旅游价格与其价值发生背离，旅游价格受旅游市场上旅游商品供求变化的影响而围绕价值上下波动。当旅游商品供大于求时，旅游价格趋向下降；当旅游商品供小于求时，旅游价格趋向上升。因此，旅游商品价格有淡、旺季价格的不同以及不同地区价格的差异。

（3）旅游价格受市场竞争的影响

竞争往往是旅游资源、旅游设施、旅游服务质量和旅游价格之间的综合对比。而市场竞争能力的大小，除了旅游资源、旅游设施和旅游服务质量这三方面因素之外，旅游价格的高低，是一个非常重要的因素，所以旅游市场商品的竞争状况对旅游价格会产生较大影响。要想对旅游者产生较强的吸引力，必须具备旅游资源，豪华、舒适的旅游设施，优质量的旅游服务，同时又有较低的旅游价格，才能保证旅游业在竞争中取得胜利。

旅游价格管理保障了旅游者的利益，保障了我国旅游业的信誉。

（三）旅游商品的计划管理

对旅游商品实行计划管理是我国现阶段的发展水平决定的。因为旅游业是一个综合性很强的产业，是一个由许多部门、环节组成的有机整体。旅游业的发展不仅要与国民经济其他部门协调发展，而且旅游部门内部也必须有一定的比例关系才能相互协调。同时我国各地区旅游资源、经济发展水平差别较大，旅游设施以及发展旅游业的条件也不同，为保障旅游业有序地发展，也必须实行计划管理，为此国家和各省、自治区、直辖市以及各级地方政府都依据自身条件制定了不同的旅游业发展计划。

计划管理的主要任务是在调查研究、市场预测的基础上确定旅游业的发展目标；根据旅游业必须综合性发展的要求，围绕既定目标，统筹兼顾，合理安排旅游业发展中的各种比例关系，并在最优方案上进行计划决策；组织计划的实现，保证计划的全面完成。

计划管理主要包括旅游资源开发及旅游设施计划、旅游基本建设（含旅游区点、饭店、宾馆等的建设，以及路、水、电的配套建设等）计划、服务质量计划、人才计划、旅游纪念品和工艺品开发计划、旅游市场营销计划等。

（四）旅游商品的设施建设管理

旅游商品是旅游者的购买对象，虽然大多不是物质商品，但又必须凭借一定的物质条件，包括各种建筑物。如地面建筑，有旅游饭店、旅游区（点）、各种娱乐场所和体育活动设施；如地下基础建筑，有水、电、气等输送和供应设施；如各种交通设施，有机场、车站、车库、码头、车辆、游船及飞机；如各种机器设备，有旅游饭店所需要的电化设备、空调设备、音响设备、监控设备、消防设备等，旅行社所需的电话、传真电脑，还有部分高级的家具设备等。没有这些物质设施，旅游经营活动便无法实现。为此，有计划地进行设施建设和管理，是有计划地发展旅游业的一项重要内容。

旅游商品设施建设管理是按照旅游业发展规划的要求进行的。在市场经济条件下，允许个体或外资经营旅行社、建设饭店，甚至开发旅游资源。对处于弱势的旅游商品，特别是制约旅游业发展瓶颈的旅游商品，政府对其设施建设要给予引导扶持；而对处于饱和甚至供大于求的项目，政府则要采取限制其设施建设的措施。

（五）旅游商品的安全管理

1.旅游商品的安全管理的方针和原则

我国旅游安全管理工作的方针是“安全第一，预防为主”。旅游安全管理工作应遵循统一指导、分级管理、以基层为主的原则。根据国家旅游局制定的《旅游安全管理暂行办法》和《旅游安全管理暂行办法实施细则》的要求，旅游安全管理工作实行在国家旅游行政管理部门的统一领导下各级旅游行政管理部门分级管理的体制。各级旅游行政管理部门依法保护旅游者的人身和财产安全。

2.国家旅游行政管理部门安全管理工作的职责

(1)制定国家旅游安全管理规章，并组织实施；

(2)会同国家有关部门对旅游安全实行综合治理，协调处理旅游安全事故和其他安全问题；

(3)指导、检查和监督各级旅游行政管理部门和旅游企事业单位的旅游安全管理工作；

(4)负责全国旅游安全管理的宣传、教育工作，组织旅游安全管理人员的培训工作；

(5)协调重大旅游安全事故的处理工作；

(6)负责全国旅游安全管理方面的其他有关事项。

3.县级以上(含县级)地方旅游行政管理部门安全管理工作的职责

(1)贯彻执行国家旅游安全法规；

(2)制定本地区旅游安全管理的规章制度，并组织实施；

(3)协同工商、公安、卫生等有关部门，对新开业的旅游企事业单位的安全管理机构、规章制度及其消防、卫生防疫等安全设施、设备进行检查，参加开业前的验收工作；

(4)协同公安、卫生、园林等有关部门,开展对旅游安全环境的综合治理工作,防止向旅游者敲诈、勒索、围堵等不法行为的发生;

(5)组织和实施对旅游安全管理人员的宣传、教育和培训工作;

(6)参与旅游安全事故的处理工作;

(7)受理本地区涉及旅游安全问题的投诉;

(8)负责本地区旅游安全管理的其他事项。

4.基层单位安全管理工作的职责

旅行社、旅游饭店、旅游汽车和游船公司、旅游购物商店、旅游娱乐场所和其他经营旅游业务的企事业单位是旅游安全管理工作的基层单位。其安全管理工作的职责是:

(1)设立安全管理机构,配备安全管理人员;

(2)建立安全规章制度,并组织实施;

(3)建立安全管理责任制,将安全管理的责任落实到每个部门、每个岗位、每个职工;

(4)接受当地旅游行政管理部门对旅游安全管理工作的行业管理和检查、监督;

(5)把安全教育、职工培训制度化、经常化,培养职工的安全意识,普及安全常识,提高安全技能,对新招聘职工必须经过安全培训,合格后才能上岗;

(6)新开业的旅游企事业单位,在开业前必须向当地旅游行政管理部门申请对安全设施设备、安全管理机构、安全规章制度的检查验收,检查验收不合格者不得开业;

(7)坚持日常的安全检查工作,重点检查安全规章制度的落实情况和安全管理漏洞,及时消除不安全隐患;

(8)对用于接待旅游者的汽车、游船和其他设施,要定期进行维修和保养,使其始终处于良好的安全技术状况,在运营前进行全面的检查,严禁带故障运行;

(9)对旅游者的行李要有完备的交接手续,明确责任,防止损坏或丢失;

(10)在安排旅游团队的游览活动时,要认真考虑可能影响安全的

诸项因素,制定周密的行程计划,并注意避免司机处于过分疲劳状态;

(11)负责为旅游者投保;

(12)直接参与处理涉及本单位的旅游安全事故,包括事故处理、善后处理及赔偿事项等;

(13)开展登山、狩猎、探险等特殊旅游项目时,要事先制定周密的安全保护预案和急救措施,重要团队需按规定报有关部门审批。

第二节　旅游商品管理的方法

旅游商品管理,是指旅游商品管理者执行管理职能和实现管理目标所采取的方式、手段和措施的总称。从履行管理职能上去考察,管理方法是执行管理职能的手段;从实现管理目标上去考察,管理方法是进行劳动分工和协调关系的各项具体措施与途径;从管理对象的作用上去考察,管理方法又是管理者对管理对象施加影响或引导形式的表现。根据旅游商品管理方法的内容、特征,管理方法可分为标准化方法、经济方法、行政方法和法律方法。

一、标准化方法

(一)旅游区(点)质量等级的划分与评定

1.旅游区(点)的概念和质量等级的评定范围

旅游区(点)(Tourist attraction)是指经县级以上(含县级)行政管理部门批准成立,有统一管理机构,范围明确,具有参观、游览、度假、康乐、求知等功能,并提供相应旅游服务设施的独立单位。包括旅游景区、景点、主题公园、度假区、保护区、风景区、森林公园、动物园、植物园、博物馆、美术馆等。根据国家旅游局《旅游区(点)质量等级评定办法》规定,凡在中华人民共和国境内正式开业接待旅游者一年以上的旅游区(点)均可申请参加质量等级评定。

2.旅游区(点)质量等级标志

开展旅游区(点)质量等级评定是依据《旅游区(点)质量等级的划分与评定》的国家标准进行的。旅游区(点)质量等级划分为五级,从高到低依次为AAAAA、AAAA、AAA、AA、A级旅游区(点),即A越多表示旅游区(点)的品质越高、设施越完善、服务质量越好。旅游区(点)质量等级的标志、标牌、证书由国家旅游行政主管部门统一规定并颁发。

3.旅游区(点)质量等级划分的依据与方法

旅游区(点)质量等级的确定,依据"服务质量与环境质量评价体系"、"景观质量评价体系"的评价得分,并参考"游客意见评价体系"的得分数。

"服务质量与环境质量评价体系"包括旅游交通、游览、旅游安全、卫生、通讯、旅游购物、综合管理、旅游资源与环境保护等八个评价项目。

"景观质量评价体系"包括资源要素价值与景观市场价值两大评价项目。每一评价项目分为若干评价子项目。对各子项目评给分值,各旅游区(点)按各评价项目及子项目的相应得分数确定其等级。

"游客意见评价体系"是旅游区(点)质量等级评定的重要参考依据。包括总体印象、可进入性、游路设置、旅游安排、观景设施、路标指示、景物介绍牌、宣传资料、讲解服务、安全保障、环境卫生、旅游厕所、邮电服务、购物、餐饮、旅游秩序、景物保护等评价项目。每一评价项目分为很满意、满意、一般、不满意四个档次,并依此计算游客意见得分数。

为使评价体系更趋科学性、合理性、客观性、公平性,国家旅游局又根据《旅游区(点)质量等级的划分与评定》国家标准,制定了一套《服务质量与环境质量评分细则》、《景观质量评分细则》及《游客意见评分细则》,从而使这一评定更具有可操作性。

4.旅游区(点)质量等级的评定与监督检查

(1)旅游区(点)质量等级评定按国家和地方两级进行

为了全面推行旅游区(点)质量等级评定工作,规范旅游区(点)质量管理,提高服务水平,促进旅游区(点)质量等级评定工作的规范化、制度化，国家旅游局制定了《旅游区(点)质量等级评定办法》，规定旅游区(点)质量等级评定按国家和地方两级进行。

国家旅游局负责全国旅游区(点)质量等级评定工作。国家旅游局设立旅游区(点)质量等级评定委员会，负责全国旅游区(点)质量等级评定的组织、领导工作，并具体负责评定 AAAAA 级、AAAA 级和 AAA 级旅游区(点)。

各省、自治区、直辖市旅游局设立地方旅游区(点)质量等级评定委员会，在国家旅游局旅游区(点)质量等级评定委员会的指导下，负责本地区旅游区(点)质量等级评定工作，具体负责本地区 AA 级和 A 级旅游区(点)的评定和向国家旅游局推荐本地区符合条件的 AAAAA 级、AAAA 级、AAA 级旅游区(点)。AA 级、A 级旅游区(点)评定需向国家旅游局备案。

(2)旅游区(点)质量等级评定的文件和细则依据

旅游区(点)质量等级评定，依据国家旅游局制定的下列各项评分细则：

①《旅游区(点)质量等级的划分与评定》。

②《〈旅游区(点)质量等级的划分与评定〉服务质量与环境质量评分细则》。

③《〈旅游区(点)质量等级的划分与评定〉景观质量评分细则》。

④《〈旅游区(点)质量等级的划分与评定〉游客意见评分细则》。

(3)旅游区(点)质量等级评定的程序

旅游区(点)质量等级的产生，严格按照“自检—申报—初评—评定—审批—公告”的程序。

①各旅游区(点)根据国家标准及各项评定细则进行自检，认为达到要求的可向当地旅游局申报。经当地旅游局审核后，报上级具有评定权限的旅游局旅游区(点)质量等级评定机构进行初评。

②初评合格的 AAAAA 级、AAAA 级、AAA 级旅游区(点)，各省、自治区、直辖市旅游局负责向国家旅游局推荐，经国家旅游局质量等级评定机构评定，由国家旅游局审批、公告。

③初评合格的 AA 级、A 级旅游区(点)，由各省、自治区、直辖市旅

游局组织评定、审批、公告,并向国家旅游局备案。

(4)旅游区(点)质量等级评定后的监督检查

对已经评定质量等级的旅游区(点),每年采取部分复核,至少每三年完成一次全面复核。旅游区(点)达不到标准规定要求的,质量等级评定机构将根据具体情况,通过签发警告通知书、通报批评、降低或取消等方式进行处理。

(二)旅游饭店星级的划分与评定

旅游饭店星级的评定,1993 年国家技术监督局发布了《旅游涉外饭店星级的划分与评定》(GB/T14308－1993)。此项标准对指导与规范旅游饭店的建设与经营管理,促进我国旅游饭店业与国际接轨,发挥了巨大的作用。为适应新形势发展的需要,1997 年对该标准进行了修订。2004 年,国家旅游局又提出新的《旅游饭店星级的划分与评定》标准。该标准指出:“本标准代替 GB/T14308－1997《旅游涉外饭店星级的划分与评定》。”

1. 旅游饭店的概念、评定范围及标志

2004 年,国家旅游局提出的标准指出:用“旅游饭店”取代“旅游涉外饭店”,并按国际惯例明确了旅游饭店的定义:“旅游饭店 Tourist hotel,能够以夜为时间单位向旅游客人提供配有餐饮及相关服务的住宿设施,按不同习惯它也被称为宾馆酒店、旅馆、旅社、宾舍、度假村、俱乐部、大厦、中心等。”

旅游饭店用星的数量和设色表示旅游饭店的等级。星级分为五个等级,即一星级、二星级、三星级、四星级、五星级(含白金五星级),最低为一星级,最高为白金五星级。

旅游饭店还有预备星级 Probationary star-rating,这是指作为星级补充的饭店,其等级与星级相同。

星级以镀金五角星(★)为符号,用一颗五角星表示一星级,两颗五角星表示二星级,三颗五角星表示三星级,四颗五角星表示四星级,五颗五角星表示五星级,五颗白金五角星表示白金五星级。

因为以星(★)表示旅游饭店的等级和类别,所以人们又通常把已获得星级的饭店,称为星级饭店。

饭店开业一年后可申请星级，经星级评定机构评定批复后，可以享有五年有效的星级及其标志使用权；开业不足一年的饭店可以申请星级，有效期一年。

2.旅游饭店星级的划分

旅游饭店划分为五个星级，即一星级、二星级、三星级、四星级、五星级。星级越高，表示饭店档次越高。

星级的划分，以饭店的建筑、装饰、设施设备及管理、服务水平为依据，具体的评定办法按照国家旅游局颁布的设施设备评定标准、设施设备的维修保养评定标准、清洁卫生评定标准、服务质量评定标准、宾客意见评定标准等五项标准执行，特别强调的是旅游星级饭店的建筑、附属设施和运行管理，应符合消防、安全、卫生、环境保护现行的国家有关法规和标准。

3.星级饭店评定与监督检查

(1)星级饭店评定的机构设置和评定的范围

为适应我国旅游业和饭店业发展的需要，提高旅游饭店的设计、建设、管理和服务水平，使之既有中国特色又符合国际标准，保护饭店经营者和旅游消费者的利益，国家旅游局先后制定并不断修订了我国评定旅游饭店星级的规定。

旅游饭店星级评定工作由全国旅游星级饭店评定机构统筹负责，其责任是制定星级评定工作的实施办法和检查细则，授权并监督省级以下旅游星级饭店评定机构开展星级评定工作，保有对各级旅游星级饭店评定机构所评定饭店星级的否决权。

省、自治区、直辖市旅游星级饭店评定机构，按照全国旅游星级饭店评定机构的授权和督导，组织本地区旅游饭店星级评定与复核工作，保有对本地区下级旅游星级饭店评定与复核工作，保有对本地区下级旅游星级饭店评定机构所评定饭店星级的否决权，并承担推荐五星级饭店的责任，同时负责将本地区所评星级饭店的批复和评定检查资料，上报全国旅游星级饭店评定机构备案。

其他城市或行政区域旅游星级饭店评定机构，按照全国旅游星级饭店评定机构的授权和所在地区省级旅游星级饭店评定机构的督导，实施本地区旅游饭店星级评定与复核工作，保有对本地区下级旅游星级饭店评定机构所评饭店星级的否决权，并承担推荐较高星级饭店的责任，负责将本地区所评星级饭店的批复和评定检查资料，逐级上报全国旅游星级饭店评定机构备案。

(2)星级饭店评定的文件依据

①《旅游饭店星级的划分与评定》(本标准代替GB/T14308－1997《旅游涉外饭店星级的划分与评定》)。

②《旅游饭店星级的划分与评定》附录A(规范性附录)《设施设备及服务项目评分表》。

③《旅游饭店星级的划分与评定》附录B(规范性附录)《设施设备维修保养及清洁卫生评定检查表》。

④《旅游饭店星级的划分与评定》附录C(规范性附录)《服务质量评定检查表》。

⑤《旅游饭店星级的划分与评定》附录D(资料性附录)《服务与管理制度评价表》。

申请星级的饭店，如在《旅游饭店星级的划分与评定》国家标准中，达不到必备项目的要求，则不能得到所申请的星级。即申请星级的饭店，如达不到《旅游饭店星级的划分与评定》附录A，即设施设备评分标准规定的应得分数，或达不到《旅游饭店星级的划分与评定》附录B，即设施设备的维修保养及清洁卫生评定标准规定应得的分数，以及达不到《旅游饭店星级的划分与评定》附录C，即服务质量评定标准规定应得的分数，则不能得到所申请的星级。

申请星级的旅游饭店得到所申请的星级后，旅游饭店星级的标志和证书由全国旅游星级饭店评定机构统一制作、核发。

(3)星级饭店的复核及处理

对已经评定星级的饭店，旅游星级饭店评定机构应按照《旅游饭店星级的划分与评定》中的相应标准，即《设施设备及服务项目评分表》、《设施设备维修保养及清洁卫生评定检查表》、《服务质量评定检查表》中所列项目的标准指标进行复核，每年一次。

复核工作应在饭店对照星级标准自查自纠，并将结果上报的基础上，由星级评定机构以明查或暗访的形式安排抽查验收，总结上报。

已取得星级的饭店，经复核如达不到上述标准的要求，旅游饭店星级评定机构将根据具体情况签发警告通知书、通报批评、降低或取消星级。被降低或被取消星级的饭店，一年后方可重新申请。

（三）游船星级的划分与评定

1. 内河旅游船的星级概念、评定范围及标志

星级（Star-rating system）表示内河旅游船的服务设施和服务质量的等级。

阳光甲板（Sun deck）供旅游者室外观光或开展其他室外活动的甲板。

本标准适用于我国内河水域具有24小时以上营运能力的旅游船。

星级用五角星表示，一颗五角星表示一星级，二颗五角星表示二星级，三颗五角星表示三星级，四颗五角星表示四星级，五颗五角星表示五星级。

2. 内河旅游船星级的划分和依据

内河旅游船划分为五个星级，即一星级、二星级、三星级、四星级、五星级。星级越高，表示旅游船的服务等级越高。

内河旅游船星级划分的依据是以内河旅游船的装饰、设施、设备及管理水平、服务水平、旅游者满意程度为依据，具体的评定办法按旅游船设施设备评定细则、设施设备的维修保养评定细则、清洁卫生的评定细则、服务质量的评定细则及宾客意见评定细则执行。

3. 内河旅游船星级的评定与监督检查

星级评定，按标准星级的划分条件和各项评定细则全面考核，综合评定。

内河旅游船星级评定一次，有效期限三年。内河旅游船星级每年按标准进行复核。

各旅游船有责任据实向检查员提供旅游船的情况和资料，反映宾客的满意程度，为检查员提供工作便利。凡已评定星级的内河旅游船，其安全营运、经营管理和服务水平达不到与星级相符的标准，国家旅游船星级评定机构可视不同情况作出口头警告、书面警告、通报批评、暂

降星级并限期整顿、降低星级、取消星级的处罚。

二、经济方法

(一)经济方法管理的概念

旅游商品管理的经济方法,是根据客观经济规律,运用经济杠杆,调整各种不同的经济利益关系,刺激引导旅游商品开发、生产、经营,执行管理职能的一种方法。经济杠杆包括价格、税收、信贷、利润、工资、奖金、津贴、罚款、定额、经济合同、经营责任制和经济核算等。作为宏观经济调控,主要是运用价格、税收、信贷三大经济杠杆,而作为微观的企业管理,主要是运用工资、奖金、津贴、罚款等管理手段。我们这里主要介绍旅游商品的宏观管理。

(二)宏观经济管理的三大杠杆

1.价格

价格是国家调节各种经济利益关系的主要杠杆,价格的作用就是价值规律作用的表现。运用价格管理,可通过价格的杠杆作用,来调节生产和流通、调节供求关系等。我国的价格原来由国家进行高度集中管理,长期价格不变,忽视了价值规律的作用,致使价格体系存在相当紊乱的现象,不少商品价格既不反映价值,也不反映供求关系。改革开放后逐步建立起社会主义市场经济,对商品定价逐步放开,实行了指导性价格和对旅游商品的最高和最低限价管理,这样旅游商品的价格主要靠市场供求关系来决定。例如,1994 年 6 月 17 日国家计委和国家外汇管理局联合制定了《涉外价格和收费标准、计价管理暂行办法》,就是运用价格管理方法指导旅游行社、涉外饭店的。价格作为国家宏观调控的范围和作用正在缩小和减弱。

2.税收

税收是又一重要经济杠杆。税收取之于民,参与国民收入的分配与再分配,调节国民经济,对国民经济产生重要影响。税收杠杆的调节功能是通过税种、税目、税率、加成或减免来实现的。税收杠杆的具体调节过程,体现了国家对企业以及相应经济活动的鼓励或限制政策。税收杠杆具有强制性、固定性,用以调节国家同企业、经济单位同个人的利益关系。

3.信贷

信贷是银行存款、贷款等信用活动的总称，是银行根据国家信贷政策、国家经济计划和市场经济运行的实际需要调节存款和贷款利率，确定不同的贷款方向、贷款条件和贷款数量，通过对资金运动的控制，调节和控制整个国民经济发展的重要经济杠杆。从宏观调控上看，银行信贷控制着货币投资方向，从而控制着有货币支付能力的基本建设投资总量和投资方向，对于合理调节产品结构、协调积累与消费比例以及保持市场商品供求平衡具有十分重要的作用；从微观上看，银行与每一个企业和单位都建立着信贷关系，企业的一切经济活动都要通过银行进行，从而使银行可以通过信贷关系对企业的经济活动进行监督和施加影响，中国旅游信托投资公司就是为发展旅游业提供信贷的机构。当前国家设立了旅游国债项目资金，就是为了引导旅游业的健康发展。

三、行政方法

（一）行政方法管理的概念

行政方法，是指依靠旅游管理机构和管理者的职权通过下达指示、命令、任务等形式，直接控制管理对象，执行管理职能的一种方法。行政方法的实质是通过企业管理机构中管理者的职务和职位来进行管理。它特别强调通过职责、职权、职位来进行管理，而不是凭借个人的能力和特权。任何一个组织为了管理，总要建立起若干行政组织。它的主要职能，就企业而言，是接受上级领导的授权和命令，向下级授权和命令。它实行的是严格的组织制度，每一级的职责和权力范围都有严格的规定，做到对上级命令的执行负责和对下级的行动后果负责。

（二）行政管理的具体方法

1.行政命令

命令是上级对下级发出的带有强制性并有明确要求的决定。命令对下级能做什么、不能做什么、如何做、何时做、何时完成、不做或不按要求做的如何惩罚，都有明确规定。命令下达，必须执行，没有松动的余地。如 1995 年 1 月 1 日由国家旅游局发布的《旅行社质量保证金暂行规定》就是一个命令。

命令又分为指令和禁令。指令,是规定下级做什么、如何做的命令。禁令,是规定下级不准做什么的命令。执行时要做到有令必行,有禁必止。

2. 指示

指示,是上级对下级工作的指导性意见。它也带有强制性,下级对指示中规定的任务也必须执行,但在具体执行的方式方法上有一定的松动,不像命令规定那样十分严格。下级可以根据情况选择有利于完成任务的适当执行的方式和方法。如1990年4月20日国家旅游局发布的《旅游基本建设管理暂行办法》,就属于一个指示性的管理办法。

3. 建议

建议,是上级组织和领导对下级组织和人员提出的工作要求。下级组织和人员可视具体情况在管理工作中予以体现和参照执行。与行政命令和指示相比较,建议的强制性更弱一些。如1990年3月20日国家旅游局发出的《关于试行涉外旅游业务经济合同制度的通知》,在当时就是一个建议。

四、法律方法

(一)法律方法管理的含义

法律方法,是指运用法律和具有法的属性的某些规定,执行管理职能的一种方法。法律方法有两层含义。第一层含义是由国家制定和颁布的法律、法规,并建立相应的司法机构和制度,以保护旅游商品管理的各项经济政策、经济制度、经济方法的实施,它包括依照各级国家制定和颁布的有关法律、法规来管理旅游,也包括依照各级国家机构、各级管理部门依法制定的有关规范性文件来管理企业。法律方法的第二层含义,是由旅游商品行业自身制定的具有法的属性的规章制度。规章制度不得与法律相抵触。规章制度是行业协会对旅游企业经济活动制定的各种规则、章程、程序和办法。规章制度是对旅游商品进行行业管理的重要依据,现主要是行业协会管理,是企业生产经营等活动中共同遵守的规范和准则。

目前由于我国市场经济刚建立起来，行业协会的规章制度还不够完善。

(二)旅游商品管理所依据的相关法律

当前旅游商品管理所依据的相关法律主要有《中华人民共和国宪法》及其修正案、《中华人民共和国民法通则》、《中华人民共和国合同法》、《中华人民共和国消费者权益保护法》、《中华人民共和国产品质量法》、《中华人民共和国外国人入境管理法》、《中华人民共和国公民出境入境管理法》及其实施细则、《中华人民共和国民事诉讼法》、《中华人民共和国仲裁法》、《中华人民共和国赔偿法》、《中华人民共和国行政处罚法》、《中华人民共和国铁路法》。行业管理法律法规有《旅行社管理条例》及其实施细则、《导游人员管理条例》、《中国公民自费出国旅游管理暂行办法》、《旅游汽车、游船管理办法》、《旅游安全管理暂行办法》及其实施细则、《旅行社办理旅游意外保险暂行规定》、《旅行社质量保证金暂行规定》及其实施细则、《旅游投诉暂行规定》等。

案例分析一　科学管理，使广西旅游业插上腾飞的翅膀

自党的十一届三中全会以来，广西的旅游业取得显著成就，旅游产业规模不断扩大，旅游收入快步增长，旅游业促进了经济发展、社会繁荣以及精神文明建设，加快了广西改革开放、脱贫致富的步伐。到2000年，全区共有旅行社约282家，其中国际旅行社49家；旅游涉外饭店292家，其中星级饭店162家，床位6.54万张；旅游车船公司11家，有各种旅游船只396艘，旅游客车1425辆；取得资格的导游员3000多人；全区旅游行业拥有固定资产61.67亿元；全区旅游从业人员约150万人。

然而，在20世纪90年代大多数年份，广西与全国旅游业快速发展形势相比，一直处于徘徊不前、缓慢发展的状态，如1990年接待海外旅游者为51.8万人次，在全国排名第6位，到1998年这两个数字分别是52.3万人次和第10位，接待海外旅游者在8年中仅增长0.5万人次。与全国各省、市、自治区相比，大多数省份越来越重视发展旅游业，呈现

你追我赶的态势，出现了旅游业大发展局面，如北京、广东、上海、福建、江苏、浙江六省市，“八五”期间旅游创汇年均增长率达28.32%～46.76%，而同期广西年均增长仅11.6%，在此期间，有不少省份超过了广西。面对有着丰富旅游资源却发展缓慢的广西旅游业，1998年自治区党委、政府果断作出要像抓工业、农业、外经贸以及其他经济工作那样来抓旅游业，尽快把广西建设成为特色鲜明、设施完善、服务一流、驰名中外的旅游先进省区的战略决策。自治区党委和政府专门成立了由分管旅游的副书记、副主席领导的自治区旅游产业发展领导小组，制定出《广西壮族自治区旅游产业发展总体规划》并付诸实施，出台了《广西壮族自治区旅游管理条例》和《广西壮族自治区党委、自治区人民政府关于进一步加快旅游业发展的实施方案》，这一系列政策法规，是运用经济、行政和法律方法，对旅游管理的多管齐下，是对旅游商品的质量管理、计划管理、建设管理的具体操作。从1999年到2001年三年中，自治区财政共拿出8000万元建立旅游发展基金。各级政府进一步健全旅游管理机构，强化旅游行政管理职能，实施政府主导发展旅游业战略，理顺部门、行业关系，完善旅游法规，加快旅游标准化步伐，加强旅游行业管理，规范和维护旅游市场秩序，树立“山美水美环境美，安全舒适服务佳”的广西旅游形象。通过科学有效的管理，各景点景区和旅游中心城市努力完善旅游基础设施和配套设施，增强城市的旅游功能，提高景区景点可进入性和综合服务质量，加快景区景点的A级评定工作步伐，抓好中国优秀旅游城市的创建工作。1999年和2000年连续两年广西旅游业创下全国增长最快的纪录，成为广西经济中的新亮点。1999年全区共接待海外旅游者77.07万人次，居全国第8位，比上年增长47.29%，旅游创汇2.023亿美元，居全国第12位，比上年增长29.51%；国内游客3668万人次，收入137亿元，分别比上年增长6.2%和8.2%；旅游总收入达153.66亿元，比上年增长10.08%，相当全区当年GDP总值的7.68%。2000年，全区旅游业发展势头更猛，接待海外旅游者首次突破百万大关，达123万人次，同比增长59%，旅游外汇收入3.1亿美元，同比增长50%；接待国内旅游者4000万人次，收入145亿元；旅游总收入172亿元，同比增长11%，约相当于当年

GDP 的 8.45%。旅游业已成为广西国民经济中的重要经济产业。

新的时期，新的机遇，新的挑战，赋予广西旅游工作新的历史使命，自治区提出："充分发挥我区旅游资源优势，大力发展特色旅游业……到 2005 年，全区旅游总收入占区内生产总值比重达到 10%左右。"为实现这一奋斗目标，自治区提出：坚持以景区景点建设为中心，打造桂林山水、北海银滩、德天瀑布、壮苗瑶侗风情、乐业大石围(天坑)、乐满地主题乐园等一批国际品牌。突出山水、滨海、边关、民族等特色，加快开发旅游产品。围绕这项中心工作，广西旅游业初步形成"四区一带一龙头"的战略布局(即桂北、桂东、桂南、桂西旅游经济区，桂林至北海高速公路旅游带和桂林市)；建设和完善桂林山水民俗旅游线、北部湾滨海边境旅游线、南国边关风情旅游线、桂东历史文化和宗教名胜旅游线、桂西奇山秀水生态旅游线等五条旅游线路；突出开发桂林山水风光游、北海银滩休闲游、南国边关揽胜游、壮乡大观之旅、瑶苗侗乡采风游、千年灵渠寻古游、金田风云之旅、邓小平足迹之旅、巴马寿乡探秘游等十大旅游精品；重点抓好漓江补水、乐业大石围、兴安乐满地、南宁壮乡之旅、北海银滩改造等 38 个重点旅游项目；完善 40 个重点旅游市县。调整优化旅游产品结构，在改造提高观光型旅游产品的同时，着力开发商务旅游、会展旅游、特种旅游等新产品。同时要抓好旅游服务质量这个重点；加大宣传促销力度，开拓旅游市场；加大投入，完善旅游基础设施和配套设施；加快结构调整，把旅游业与工农业及其他第三产业和社会发展有机结合起来，努力提高旅游业的综合经济效益。

案例分析二　　"宾馆惯例该废除"吗？

改革开放 20 年来，我国经济发展取得了前所未有的高速度和辉煌成绩。然而，随着经济和物质的高速发展，也出现了人们的思想意识不能同步的问题，很容易出现用传统思维去看待现代事物，以落伍的标准去衡量与国际接轨的动态，甚至用非法制性的观念来判断已经法制化的事物的现象。

正是这个原因，近年来，一些在国际上、在旅游行业中已不是问题的问题,又被提了出来。在我国与国际市场接轨最早的现代饭店业,显得尤为突出。

近年来,我国经济快速发展,大众旅游蓬勃兴起,我国现代饭店业的“涉外”性质发生了很大变化,国内客人成了重要的、不可忽视的客源补充。以北京市为例,近年来涉外饭店接待的国内游客数量一直两倍于入境游客的人数。饭店经营者和消费者之间的矛盾冲突,正是在这个时期大量出现的。

不能否认,我国饭店业在经营管理和服务质量上还存在不少需要改进的地方。但是,我们也应该承认,经过 20 年来不间断的“客人第一”、“客人是上帝”意识的强化培训,我国星级饭店的服务质量已经接近了国际水平。目前我国实施的国家标准《旅游饭店星级的划分与评定》是吸取了世界各国饭店星级评定标准的长处制定的,无论是从饭店设施建设、服务项目设置,还是服务标准制定等方面,都可谓是一部世界上最严格、最完整的国家级行业标准。实施这个标准 13 年来所取得的成就,也说明了这一点,入境游客近年来对我国饭店业服务质量的投诉大量减少就是是证明。

既然这样,投诉来自何方呢?根据北京市旅游局的统计数字说明:“在该市星级饭店接到的投诉中,来自外国客人的不到 2%,98%以上是国内客人,其中有助于完善管理、改进服务的并不多……特别是名气大、星级高、服务优质的饭店,投诉反而相对集中……”这其中可能有个别店大欺客、不够尊重国人的现象,但更多的情况下是游客的消费心理同星级饭店的消费氛围不相符合造成的。就说饭店客房收费计算方法合理与不合理的问题,迄今提出疑问的只有国内客人。几十年来,没有一个入境客人,包括我国港澳台同胞提出这个问题。因为这确实不仅是约定俗成的行规和国际惯例,而且也是符合相应国际公约和世界旅游组织制定的国际标准的。

由于我国目前旅游立法还很不完善,旅游法学的研究也不发达,现代饭店业在我国虽已出现了 20 年,但无论是对饭店服务产品的定性,还是对饭店企业权利和义务的界定,国内都还没有形成一个权威性的共识和解释,业内千呼万唤的《饭店法》也迟迟未出台。一旦饭店和客人之间出现纠纷，调解缺标准，判决少依据。在“同情弱者”的原则前提下，十有八九还是饭店承担责任，在很多情况下，饭店只好采取“花钱消灾”的方式解决问题，经营者的合法权益得不到或不能完全得到保护。反之，一些人滥用《消费者权益保护法》来为自己权益申辩的现象不能得到及时的明确的纠正，更使得那些损害饭店企业权益的提法和做法不断出现。

案例思考

1. 通过广西旅游业发展一例，结合本章内容，谈谈旅游商品管理的方法和意义。

2. 就案例分析二提出的问题，请结合当前全国旅游商品管理，谈谈如何贯彻和推进旅游商品管理的标准化。

思考题

1. 什么是旅游商品管理？简述旅游商品管理的任务。

2. 试概述旅游商品管理的内容。

3. 目前我国旅游行业哪些方面实行了标准化管理？它们各自依据的标准是什么？

4. 以 AAAAA 级旅游区(点)为例，试述其评定程序。

5. 试述国家是如何运用经济方法对旅游企业进行管理的。

6. 试概述五星级饭店的评定程序。

参考文献

1. 何光暐:《新世纪、新产业、新增长——旅游业成为新的经济增长点研究》,中国旅游出版社。

2. 魏小安等:《中国旅游业新世纪发展大趋势》,广东旅游出版社。

3. 邹统纤等:《现代饭店经营思想与竞争战略》,广东旅游出版社。

4. 冀连贵:《商品学概论》,中国财经出版社。

5. 万融等:《现代商品学概论》,东方出版中心。

6. 刘敦荣:《旅游市场营销学》,漓江出版社。

7. 刘敦荣:《市场学原理与应用》,湖南大学出版社。

8. 马波:《现代旅游文化学》,青岛出版社。

9. 钟敬文:《民俗学概论》,上海文艺出版社。

10. 周向频:《主题园建设与文化精致原则》,见《城市规划汇刊》。

11. 孙高法:《面对二十一世纪的选择——中国旅游业发展战略》,人民出版社。

12. 甘枝茂、马耀峰:《旅游资源与开发》,南开大学出版社。

13. 林南枝、陶汉军:《旅游经济学》,南开大学出版社。

14. 傅文伟:《旅游资源评估与开发》,杭州大学出版社。

15. 吴广孝:《旅游商品开发实务》,复旦大学出版社。

16.《深圳华侨城旅游文化特色探析》,《旅游学刊》1999 年 5 月。

17. 宋小敏、宋光道:《中国企业市场营销学》,武汉工业大学出版社。

18. 李天元、王连义:《旅游学概论》,南开大学出版社。

19. 谢贵安、华国梁:《旅游文化学》,高等教育出版社。

20. 徐得宽、王平:《现代旅游市场营销学》,青岛出版社。

21. 洪银兴:《可持续发展经济学》,商务印书馆。

22. 马勇:《旅游学概论》,高等教育出版社。

23. 邓永进等:《民俗风情旅游》,云南大学出版社。

24. 山东省旅游局研究室编:《旅游法规选编》。

25. 罗明义:《旅游经济学》,高等教育出版社。

26. 余秉文、朱玉槐:《旅游经济管理》,南开大学出版社。

27.《旅游区(点)质量等级的划分与评定》国家标准。

28.《旅游饭店星级的划分与评定》国家标准。
29.《内河旅游船星级的划分评定》。
30.《中华人民共和国旅游涉外饭店星级的规定》。
31. 约翰・斯沃布鲁克著,张文等译:《景点开发与管理》,中国旅游出版社。
32. 孙文昌:《现代旅游开发学》,青岛出版社。
33.《广东人谈旅游文化》,广东旅游出版社。
34. 林南枝:《旅游市场学》,南开大学出版社。
35. 甘朝有、齐善鸿:《旅游心理学》,南开大学出版社。
36. 王柯平:《旅游美学》,旅游教育出版社。
37. 乔修业:《旅游美学》,南开大学出版社。
38. 吴必虎:《地方旅游开发与管理》,科学出版社。
39. 姜学民:《生态经济学通论》,中国林业出版社。
40. 邹统钎:《旅游开发与规划》,广东旅游出版社。
41. 王兴斌:《旅游产业规划指南》,中国旅游出版社。
42. 林越英:《旅游环境保护概论》,旅游教育出版社。
43. 杨正泰等:《旅游景区开发与管理》,福建人民出版社。
44. 戴新环:《创绿色饭店的构想》,《社会科学家》1998 年第 6 期。
45. 李娟文:《中国旅游地理》,东北财经大学出版社。
46. 刘伟等:《旅游学》,广东旅游出版社。
47. 徐进:《旅游开发规划及景点景区管理实务全书》,燕山出版社。
48. 黄树德:《中国旅游业要览》,广东旅游出版社。
49. 叶文虎等:《可持续发展之路》,北京大学出版社。
50. 国家环保局监督管理司:《中国环境影响评价》,化学工业出版社。